索·恩

THORN BIRD

忘掉地平线

By
Daniel Schreiber

〔德〕丹尼尔·施赖伯 著
郭逸豪 译

苏珊·桑塔格

SUSAN SONTAG: GE UND G MOUR

精神与魅力

社会科学文献出版社
SOCIAL SCIENCES ACADEMIC PRESS (CHINA)

图书策划人 视觉设计师

联合创立

Contents /

Contents /

捍卫“不死性”（代译序）

2001年，年近七旬的苏珊·桑塔格在旧金山图书馆的一次公共演讲中回忆起一段年轻时的往事，她曾在意大利机缘巧合地认识了一位同龄学者，当时尚未一夜成名的翁贝托·艾柯（Umberto Eco）。在桑塔格面前，这位年轻气盛的语言学教授并未隐藏自己的抱负，他坦言正在准备一本小说，一本绝对的畅销书，并因此而学习大仲马。同样心高气傲的桑塔格心中不免认为这又是一个“盲目自大”的案例，随后艾柯告诉她，这事关人的“不死性（immortality）”，他设想200年后还会有人从图书馆的书架上取下他的小说来阅读。追叙这段往事时的桑塔格身穿她晚年最爱的深紫色外套，缓缓地倚靠在图书馆的讲台上，微笑着告诉下面的听众，她第二次患了癌症，久站疲乏，但她的微笑却一如往常，倔强又睥睨。

我想，无需艾柯的提醒，桑塔格也明白对于严肃写作来说，“不死性”意味着什么，那是在人类历史上存在了三千年的被称为“文学”的精神内核，是所有严肃写作者心照不宣的秘密领地。桑塔格终其一生都在捍卫它：她不停地阅读，不停地被吸引，不停地另辟蹊径；她变换角色，变换立场，甚至变换气质；她在许多死去的人身上寻找和重塑写作、文化与审美标准，她通过描绘死去的偶像来讲述自己，以及本雅明、齐奥朗、罗兰·巴特、卡内蒂、托马斯·曼和W. G. 泽巴尔德，这样的清单可以一直罗列下去，或者说，这种无限的清单都是为了有意地拼贴出一个独特的苏珊·桑塔格，以完成她的“苏珊·桑塔格计划”。

桑塔格写小说，也写散文；但她更钟爱小说，却又不得不写散文。因为她那些横空出世的散文极具风格又无比睿智，在赢得同行和大众认可的同时，也给了她愈发接近“不死性”的幻觉。而她的小说如同梦呓般使人困惑，难以卒读，抑或表现为将齐奥朗式的哲学片段塞进号称小说的结构和对话中。她的小说被文学批评家们一再地批评为是对法国新小说的拙劣模仿，而她的屡次否认也显得毫无说服力，因为是她亲手将法国新小说和艺术先锋主义带到了美国。桑塔格把自己写作散文的睿智带进了小说创作，风格化的文字破坏了小说，却符合她先锋的审美标准——艺术的形式高于内容。

然而，散文的成功让她愈发觉得，严肃写作者的

“不死性”只能通过小说来实现，或者说，作为写作者的她再一次验证了自己内心早已确认的东西。在前两本哲学小说《恩主》和《死亡匣子》沉寂之后，桑塔格一度断了再创作小说的念头；后来，她在1992和2000年分别发表了《火山情人》和《在美国》，那时她已步入晚年，这段关于“不死性”的回忆便是她在宣传最后一本小说《在美国》时所作。无从得知的是，桑塔格自己是否确信，在200年后这些小说仍会有人从书架上取下来阅读。

*

让严肃写作者苏珊·桑塔格始料未及的是，摄影成全了这种“不死性”。这是一段极为吊诡的微观社会史，同时，在桑塔格这个个体身上也展现了现代主义的无孔不入和无从拒绝。有关现代主义的描述，在桑塔格的偶像本雅明的作品中体现得淋漓尽致，本雅明以他锐利的嗅觉和表现手法剖析了现代主义在欧洲大城市中的不同面向，摄影是首先需要解释的对象。它不仅给了自文艺复兴以来不断衰落的手工作坊式绘画致命的一击，同时也开创了艺术品复制的时代。桑塔格在本雅明和罗兰·巴特讨论摄影这种媒介的基础上，认为摄影是观看世界的现代主义方式，对我们的伦理感受产生了无可估量的影响。摄影通过一个复制的影像世界来装饰这个已经拥挤不堪的世界，使我们觉得这个世界比它实际的样子更容易理解。桑塔格极具洞察力地认为，工业社会使它的公民患上了影像瘾，这是最难以抗拒的精神污染形式，并预言，一切事物的存在都是为了在一张照片中终结。而这一切，都在她身上得到了应验。

2006 年，桑塔格的最后一位女友安妮·莱博维茨出版了她的自传体摄影集《一个摄影师的一生》，在她为那些光鲜亮丽的明星政客所拍摄的照片中，不断穿插着这位摄影师所深爱的作家女友的影像。与常见的书房中的桑塔格不同，这些影像揭露了她非常私人的一面：在威尼斯大运河旁的酒店吃早饭，在田野中骑单车，在尼罗河上裹着毛毯看日落……而其中一张摄于约旦佩特拉古城的照片颇具震撼力，黑白影像中渺小的桑塔格抬头观望山谷尽头陡然出现的宫殿。桑塔格后来听取了发型师的建议，在额前留出一片白发，与满头浓密的黑发形成对比，这个决定鬼使神差地成就了她的“不死性”，而她念兹在兹的持续了一生的严肃写作，尤其是小说创作却没有帮她捍卫内心的这块私密领地。

在曾经的那个世界，那个斯特凡·马拉美的世界，一切事物的存在都是为了在一本书里终结，而如今影像取代了书的位置，这是桑塔格研究摄影这一媒介的历史后得出的令人惋惜的结论。但桑塔格自己对摄影的态度却十分暧昧。她一生酷爱摄影，她谈论摄影，她将摄影与政治和战争联系在一起，甚至为自己在杂志上发表的每一篇文章配上相应的照片，这些照片中的桑塔格兼具男性的英姿与女性的妩媚，坚定的眼神透露着某种隐而不发的权威之势，嘴角也永远藏着狡黠。如果说桑塔格对摄影的暧昧态度纵容了图像的泛滥，那也不啻一种苛责，因为她预见了在人类历史上，图像将不可避免地取代文字，如同文字在文学诞生之初不可避免地取代了声音。然而，正是由于这种暧昧的态度，桑塔格回避了文学在图像时代将遭遇的结局，也避开了人类逻辑在图像时代自然的蜕化。

文字与图像这组关于人类再现、呈现与象征经验的复杂关系，在哲学、符号学、语法学、结构语言学、艺术史等学术领域已经得到了深入又广泛的分析。图像泛滥时代的人们，逐渐对文字形成的逻辑感到陌生，看似透过图像而获得的无穷经验实际上代表着人类经验的贫乏，图像吞噬了一切，甚至将人类塞得过饱。2001 年，在麻省理工学院举办的一场名为“图像与意义”的论坛中，桑塔格进一步就图像的语法提出了她的观点，她认为，我们对浩如烟海的图像的认知最终会停留在“著名图像”之上，人类的历史将以这些“著名图像”的逻辑来呈现，那么也就意味着，图像诞生以前的历史可能会遭到不可避免的遗忘。

自德国古典艺术史学家和考古学者温克尔曼的著作《古典艺术史》于1764年问世以来，同时代的德国诗人莱辛尤其感到惴惴不安，他惧怕生机勃勃的视觉艺术将侵入诗歌的领地，于是撰写了《拉奥孔》，比较了雕塑和诗歌在表现同一主题时的不同侧重点，提出了“分而治之”的原则，以保全诗歌的灵魂不受侵犯。但桑塔格放弃了扮演现代版的莱辛，她对摄影欲拒还迎，欲迎还拒，任由自己不断被吸引，尽管她所讨论的方式依旧是严肃的、哲学式的。

*

1950年代的美国人肯定无法相信，一位哥伦比亚大学哲学系的学生会去看低俗的地下电影，出现大量松垂阴茎和硕大乳房特写的《热血造物》；更让人难以置信的是，这位无论从任何角度看都属于高雅文化阵营的学生居然会用“新感受力”来为这部荒淫的电影辩护，更盛赞其画面上的直接性、丰富性和感染力。苏珊·桑塔格的惊世骇俗在于，她开始创造自己独特的艺术批评话语，包括“新感受力”、“坎普”和“反对阐释”，发明了一套为了形式而非为了内容的描述性词汇，由此避开了高雅文化擅长的道德伦理之维的批评。她在《反对阐释》中发出了振聋发聩的声音，认为阐释是智识对艺术和世界的报复，文章最后那句在当时看来十分“大逆不道”的话成了她的审美标准——为取代艺术阐释学，我们需要一门艺术色情学。

1960年代是美国文化的分水岭，自此之后，美国文化开始走上一条无法回头的大众化道路，对于高雅文化阵营的知识分子而言，那是一次从詹姆斯·乔伊斯、埃兹拉·庞德和T. S. 艾略特向安迪·沃霍尔和麦当娜的重重跌落。而几乎公认的是，桑塔格在这场剧变中毫无疑问地担负了催化剂的作用，甚至，她就是这场运动的发起人。高雅文化的卫道士欧文·豪认为，这是一场“新感受力”对“旧感受力”的战争，新感受力派的先锋战士桑塔格用她的辩证法技巧和丰富的智识，拿祖母的边角料做出了绝美的床单，将新感受力解释为对愉悦的感知，消解了传统的解释话语。老一派的知识分子不仅感受到自己在文化和智识上的话语权正在丧失，同时也感觉到整个美国的文化正在一步步地跌入万劫不复的低俗大众化深渊。

桑塔格自始至终都不承认自己是在消弭高雅文化和大众文化间的隔阂，因为她认为文化必然有高雅和低俗之分。在《反对阐释》出版三十年之后，桑塔格将当初写作这篇文章的动机解释为“不安于现状”，世界每天都有新奇的事物发生，有那么多无法命名和无法归类的东西，又有那么多值得称赞却没有得到应有重视的东西，于是她对这些新的品味投入了自己的关注。她认为，某些对立的组合，比如“高雅和低俗”有碍于理解她所赞赏的无法命名的新事物，而为被忽略的新作品摇旗呐喊并不损害那些古老的充满禁忌的势力。她对高雅和低俗对立的态度十分明确，声称如果必须在大门乐队（The Doors）和陀思妥耶夫斯基之间作选择，她必然会选择后者，但她难道一定要进行这种二选一吗？

又是一种暧昧又不失智慧的态度。但它已经摆脱了桑塔格早期果断的先锋主义风格和“激进的时髦”，这透露着一种保守主义的桑塔格晚期风格。

*

萨义德受到阿多诺的启发，将“晚期”理解为一种放逐的形式，晚期风格内在于现存又远离现存。对阿多诺而言，“晚期”这个概念本身还包括一种理念，那就是人们不可能从根本上超越“晚期”。而对桑塔格来说，“晚期”仅仅意味着时间上的“晚年”。正如前已提及，桑塔格从不顾忌调整自己的观点、改变立场，甚至变换气质。桑塔格的晚期又回到了她年轻时便开始攀登的“魔山”，重新浇灌起那颗自幼便在心里种下的欧洲文化的种子。2000年，她出版了最后一部小说《在美国》，用极为古典的笔调描述了一个在新千年显得十分不合时宜的主题，托马斯·曼的“魔山”被置换成了美国市郊的乌托邦庄园，欧洲又开始在桑塔格的笔下若隐若现。

晚年的桑塔格时而变得十分暴戾，对记者老生常谈的问题毫无耐心，在某位记者问起她是否知晓卡米尔·帕利亚（Camille Paglia）时，她表示对此人一无所知。而后者是美国当时著名的社会评论家，推崇女权主义，谈论性别、视觉艺术、音乐和电影史。帕利亚后来接受了同一位记者的采访，在被问及如何看待苏珊·桑塔格时，她毫不留情地说，桑塔格早已过时，她十分自恋，对现代世界一无所知，她没有电视，还写了那么风格古老的小说，她是过去那个世界的遗老。晚年的桑塔格最终变成了欧文·豪。

桑塔格的一生不断遇到她几乎无法逃避的矛盾，小说与散文、文字与图像、高雅与低俗，而另外一对隐藏在智识背后的矛盾在她的晚年时光中更加凸显——欧洲与美国。欧洲文化是桑塔格整个智识的土壤，即便在解释先锋艺术和大众文化，在阐释摄影、电影、现代音乐和舞蹈、话剧甚至疾病时，她都离不开尼采、弗洛伊德、安托南·阿尔托、本雅明、托马斯·曼或者弗吉尼亚·伍尔夫。1993年，桑塔格在被围城的萨拉热窝上演了《等待戈多》的第一幕，没有电，也没有水，演员和导演冒着枪林弹雨来到剧场排练，所有的道具都由象征着战争的物品组成：弹药盒、沙袋和一张病床。

然而，贝克特也没有阻止桑塔格对欧洲的失望。对于桑塔格而言，欧洲各国政府对波黑战争的迟迟不介入宣告了欧洲价值的破灭。多样的、严肃又厚重的欧洲文化曾经是一个阿基米德支点，桑塔格靠着它撑起了自己的整个世界，这是美国文化所无法赋予的。而在晚年，她质问道，那个拥有高雅艺术、伦理严肃性，那个尊重隐私和思想深刻性的欧洲，孕育了克日什托夫·扎努西（Krzysztof Zanussi）的电影，托马斯·伯恩哈德（Thomas Bernhard）的散文，谢默斯·希尼（Seamus Heaney）的诗歌和阿沃·帕特（Arvo Pärt）的音乐的欧洲如今还剩下什么？那个严肃的欧洲的版图正在变小。

于是，桑塔格将小说的场景安置在美国。她开始在美国寻找乌托邦。可是，9·11 事件让她再度幻灭，她至死也没有看到小布什政府发动的那场战争的终结。

*

苏珊·桑塔格经常被誉为“最后的知识分子”，而就她个人而言，这个荣誉应该属于瓦尔特·本雅明。桑塔格在《在土星的标志下》的最后写了一段让人十分动容的话，这段话不仅标志着一个个体存在于世的使命，更标志了知识分子时代的终结。不妨揣测，这段话不啻桑塔格为自己一生所定下的基调，她写道：在末日审判时，这位最后的知识分子——现代文化具有土星气质的英雄，带着他的残篇断简、他睥睨一切的神色、他的沉思，还有他那无法克服的忧郁和俯视的目光——会解释说，他占据许多“立场”，并会以他所能拥有的正义的、超人的方式捍卫精神的生活，直到永远。

呈现在读者面前的这本传记讲述了桑塔格人生中的种种“捍卫”，捍卫严肃写作，捍卫精神生活，捍卫“不死性”。此外，作者采访了历经桑塔格人生各阶段的亲友，使用了桑塔格的日记，用十分祥实的材料和学术性与文学性兼具的笔调对以上诸种矛盾作了精到的分析。期望该书的出版能让读者感受到苏珊·桑塔格“不安于此”的一生，以及智识上的愉悦。而翻译是遗憾的艺术，译者虽已勉力认真，但错讹在所难免，希望借此就教于读者。

郭逸豪

2018 年 8 月

中文版序

我喜欢旅行，也经常旅行，旅行中我最喜欢做的一个事情便是逛书店，翻阅那些用陌生文字写成的书籍。每个国家都有它自己的书籍美学，有它自己制作和尊重书籍的方式。在德国，书籍倾向于紧凑；在美国，书籍都是大开本的，里面的字体比较大，书页的边缘也不平整，好似在印刷厂被人们用手工切开一般；在意大利，他们并不顾忌用花哨的封面装饰严肃的书籍，以致人们会怀疑那是一本拙劣的作品；在法国，出版人倾向使用朴实的封面，这能代表他们悠久的知识传统；而在以色列，缘于希伯来语的特征，所有的书比世界上其他地方的都要薄很多，即便是托尔斯泰的《战争与和平》也只有250页。

几年前我曾为报道一个艺术展而飞往深圳，在座谈会和游览期间我同样逛了一些书店。在一个对我来说完全陌生的语言和世界中，握着中文图书是一种独一无二的体验。在搜索书籍的过程中，我的注意力被一本空白的笔记本吸引，实际上它没有什么不同，可它的封面是一张我非常熟悉的苏珊·桑塔格年轻时的照片。当拿起这个笔记本时，我不得不思考，桑塔格对于她的照片被这么使用一定会感到开心。她不仅热爱名气，如这里表现出来的那样，而且一生都痴迷于中国，在她的童年时期，她的父母经常来到这个国家，作为年轻女性，她在这里寻找政治的答案，作为成熟的世界公民，她对其他文化永远保持着无法满足的好奇。

桑塔格不是一个简单的人。截至目前，每当有人跟我聊起她时总会问我，当我在 2004 年 12 月她去世后开始撰写传记时，对她是否存有矛盾心理。直到如今，认识她的人仍会不断地告诉我，与她交往是多么困难。女性作家很少会因其创作而收获如此多的崇拜，也很少有女性作家在私生活中遭遇过如此多的失望和痛苦。她可以很热心，可以疯癫得让人喜爱，也可以是一个很好的建议者。但她同时也自私、傲慢，她的行为有时十分残酷无情。即便这些个性成就了她许多文章中出众的智慧、鲜明的风格和锐利清晰的观点，却也为她的私人生活带来了巨大的不幸。

确切地说，我是因为偶然的机会才开始写这本传记的。我当时生活在布鲁克林，正决定放弃我的学术生涯，因为继续从事学术就需要回到德国，而对此我并没有作好准备。对我而言，桑塔格的散文一直非常重要，它是一线希望，一条救命绳索。因此我一直想，人们也可以写知识性的文章，而不是学术型的，也可以思考许多话题。而即便是她那些我不赞同的文章实际上也影响到了我。桑塔格在《纽约客》上发表了一篇关于 9·11 恐怖袭击的冷冰冰的文章，引发了诸多争议，争议过后，我在纽约大学的一次讨论会上与她有过短暂的碰面。我不赞成她的观点，她不能这样，因为我还在为这座城市遭到的事感到悲伤，而我在不久前才刚搬到这里。但是我知道这是有意义的，她为当时“我们要战争（Wie ziehen in den Krieg）”的媒体大合唱带来了另外一种声音。这种言论一致和大合唱让我想起童年时期德意志民主共和国的公共讨论。

桑塔格 2004 年 12 月的死对我触动极大。我沉溺于她的人生，并写了一篇在德国被广泛阅读的关于她迷人的一生的悼词。这是写作这本传记的开始。一开始我计划的是一本小书，一幅肖像，更多地关注苏珊·桑塔格的公共形象和她在纽约知识文化领域中的活动，而非她私密的生活。这应该是一部关于一个史无前例的知识分子如何逐步完成她世界主义事业的编年史。这也应该是第一幅囊括桑塔格整个人生的肖像。她的唯一一部传记——卡尔·罗利森（Carl Rollyson）和莉萨·帕多克（Lisa Paddock）的《铸就偶像》完成了重要的传记工作——在某些方面带有倾向性，并遗漏了桑塔格生命中尤为活跃的最后十年。

写作这本传记的三年时光很迷人，但也十分艰难。迷人，是因为我可以和一些生活在纽约的有趣的人谈话，一直以来我都很崇敬他们，其中有伟大的伊丽莎白·哈德威克（Elizabeth Hardwick），很可惜她如今业已去世。艰难，是因为我很快就清楚，某些特定的门已经关上。戴维·里夫（David Rieff），桑塔格聪明的儿子，我与他在一个让人喜爱的、有启发性的下午碰面，他明确告诉我，在桑塔格的日记出版之前，我无法阅读到它们。艰难，还因为桑塔格和大多数人一样，在讲述她自己的人生时，并没有那么真实。艰难，最后也在于，桑塔格的性格让赞美的语调变得不太可行，而作家的传记通常都是用这种语调写成的。我在写作这本传记时才学会了如何承受这种矛盾——接受我们所有人身上同时存在的好与坏的潜能。

这本传记在德国获得了巨大的成功，这震惊了所有人，当然最主要的还是震惊了我。后来，桑塔格的两本日记出版，那是两本桑塔格在其中扮演了重要角色的回忆录：戴维·里夫的《死海搏击》（*Swimming in a Sea of Death*）和西格丽德·努涅斯（Sigrid Nunez）的《永远的苏珊》（*Sempre Susan*）。我十分急迫地阅读了它们，脑中一直萦绕着这样一个问题：现在的我究竟会否写出一本不一样的传记。让我极其震惊的是，我不会。我透过同时代的见证人、数不清的采访和少数传记文章而认识的桑塔格，在私下和公共领域中很大程度上是一致的。

我可能会在某一点上补充更多的细节，或者更强调某些方面。我可能会更加强调她是以怎样的勇气无视所有 1950 年代和 1960 年代的传统，以一个写作者、同性恋和单亲母亲的身份在巴黎和纽约过着独立的生活——这既令人印象深刻又让人难以置信。或许现在的我会赋予桑塔格在 1964~1980 年依赖安非他命的生活以更多的意义。或许我会用更多的心理分析去走近她的生活，联系她母亲的酗酒，联系她一长串极度不幸福的恋情。或者我会更加批评她的自我形象，它经常看起来摇摆于宏大与自怜、自私与自责之间。或许我会更多地探讨她那有着不安全感的内心监狱，这种不安全感决定了一切，她似乎就生活在这个监狱里。我会探讨她永远在尝试着弄明白自己应该是什么样子，或者如何影响他人。她常常自我欺骗，这种自我欺骗致使她一直对在遇到青年时期的偶像托马斯·曼（Thomas Mann）时的年纪上撒了谎。在洛杉矶拜访曼时，她只有 16 岁，作为一个天赋异禀的年轻人她已开始了大学之路。这为什么还不够呢？为什么她一生都要让人觉得，所有这一切都是在她只是个 14 岁的高中生时发生的？

但最重要的是，我仍会这样写这本传记。我也不认为我有其他的选择。因为这本书给了我一种印象，它是由自己或者生活本身写成，由一个最令人印象深刻和最自相矛盾的精神生活写就，并且曾经有人经历过这种生活。我很开心这本传记现在要被译成中文。我希望，它能让苏珊·桑塔格，以及她全身心投入的重要的事物在中国也被铭记。

丹尼尔·施赖伯

柏林

2016 年 11 月

序 言

2005年1月17日，天空飘着蒙蒙细雨，一个由来自全世界的艺术家、作家和出版人组成的小圈子聚集在巴黎的蒙帕纳斯公墓，为了下葬苏珊·桑塔格。英国文学家萨尔曼·鲁西迪（Salman Rushdie）、法国女演员伊莎贝尔·于佩尔（Isabelle Huppert）、罗伯特·威尔逊（Robert Wilson）、摇滚明星帕蒂·史密斯（Patti Smith）、桑塔格的德国出版人迈克尔·克鲁格（Michael Krüger）和摄影师安妮·莱博维茨（Annie Leibovitz）同时到场。戴维·里夫选定了他母亲的最后栖息地，并在他们巴黎朋友的帮助下组织了这场葬礼。于佩尔朗诵了波德莱尔《恶之花》中的跋诗，"我爱你，哦，污浊的首都！"以影射桑塔格与法国首都偶尔艰难的关系，这是她在纽约之外的第二个家。现场没有悼词，人们朗读了桑塔格的偶像罗兰·巴特（Roland Barthes）和埃米尔·齐奥朗

（Émil Cioran）的文章选段，他们的墓地从今以后将相互比邻。现场也有人朗诵了桑塔格自己作品的节选，[1]包括九本著名的散文集、四本有争议的小说、两个一直不出名的电影剧本和一个相对隐晦的戏剧剧本，它们总共被翻译成32种语言。葬礼的象征意义似乎很明显：这位女作家在精神的世界里找到了她最后的休息地，从亚利桑那州忧郁荒漠中的童年早期时光开始，她便想成为这个精神世界的一部分。桑塔格葬在贝克特、萨特和波伏娃墓地的不远处，从今往后，西方战后知识分子的仰慕者也可以一并拜访她的墓地。

对于大部分的欧洲人来说，苏珊·桑塔格或许是以智慧的散文家和美国批评家的形象保存在他们的记忆中，并于2003年在全世界持续不断的闪光灯前接受了德国书业和平奖（Der Friedenpreis des deutschen Buchhandels）。如同洛塔尔·缪勒（Lothar Müller）在《南德意志报》（*Süddeutsche Zeitung*）或者海宁·里特（Henning Ritter）在《法兰克福汇报》（*Frankfurter Allgemeine Zeitung*）上所说，德国人都怀念桑塔格时而以戏剧的方式表露的“异见的光芒”，[2]也怀念她“批判式督促者和道德审判者”的角色。[3]因此在这种意义上，他们强调桑塔格的文化批判作品，至于她的小说以及媒体上的角色反而被视作次要。

当时，桑塔格去世的消息与骇人的东南亚海啸新闻一道占据了美国最重要日报的头版。《纽约时报》出色的悼词代表了美国对桑塔格的感受。它这么写道："四十年来，桑塔格的作品已经成为当代的经典，它们被广泛地讨论——从博士研讨班到流行杂志再到好莱坞电影《百万金臂》(*Bull Durham*)[4]。"她不仅是"精神世界里最受崇拜的人，也是最激进化的人"，"她的影像"目前还是"20 世纪流行文化中能被快速辨认的艺术品之一"。[5]她到处拥有"最高级(superlative)"的名号。桑塔格的家乡则以另外一种方式悼念她，纽约在 3 月 30 日举办了一场纪念会。这位女作家的 500 名朋友、同伴和熟人为了缅怀她于这一天聚集在卡内基音乐厅，聆听了布伦塔诺弦乐四重奏团(Brentano String Quartet)演奏的贝多芬《第 15 号弦乐四重奏》，以及传奇钢琴家内田光子演奏的勋伯格《钢琴小品六首》和贝多芬《第 32 号钢琴奏鸣曲》。在发给每位客人的纪念册上都印着桑塔格直至年老时的照片，她的美极具戏剧性。这本传记不仅记录了一段积极的人生，安迪·沃霍尔(Andy Warhol)、亨利·卡蒂埃－布列松(Henri Cartier-Bresson)、罗伯特·梅普尔索普(Robert Mapplethorpe)、安妮·莱博维茨、彼得·哈贾尔(Peter Hujar)、吉尔·克里门茨(Jill Krementz)、理查德·阿维顿(Richard Avedon)和托马斯·维克多（Thomas Victor）拍摄的照片为这本含有桑塔格传记的令人印象深刻的成长小说，以及她在公共生活中热情扮演的不同角色配上了插图：先锋批评家、反越战游行的被逮捕者、政治激进主义者、在瑞典的严肃的电影创作者、年岁增长却表现年轻的知识分子，最后，一位热衷于艺术家和浪漫主义风格的小说家。苏珊·桑塔格虽然没有墓碑，却以一组图片铭刻在西方文化的媒体记忆中，她自己也成了这个文化不可或缺的组成部分。

一个所谓童年的回忆（1933~1944）

与我的根源之间的这种距离让我倍感舒适。我无处还乡。[6]

回忆是脆弱的，不仅是那些随着时间流逝而逐渐被淡忘的关于“何人”“何时”“何地”的赤裸裸的事实缺乏说服力，关于我们童年的回忆更是如此。这是每一个童年的本质，它永远只能以回忆的集合形式存在，而且还很不清晰。我们在 3~12 岁时并不具备特别清醒的意识。一个下午的时光看起来绵延不绝、永无止境。一日的光景在激昂、委屈或者自我陶醉的深刻感受之时却好似永恒。每一个回忆都只能接近于真实发生的事。它由我们的父母、兄弟姐妹和亲戚的故事共同塑造，或者它会以一张照片的形式来反映。回忆在现实事件中获得新的评价，或者会因为心理治疗而得到重新解释。我们有时也无法确定自己是否因一时冲动捏造了这些回忆。我们的回忆具有选择性。我们将它切割成一段段单独的时刻、信息或图像。当我们揭露回忆时，不管是否愿意，它们永远服务于自我塑造的欺骗过程。

令人吃惊的是，尽管桑塔格曾在散文集《论摄影》（*On Photography*，1977）和《重点所在》（*Where the Stress Falls*，2001）中严肃冷峻地分析了记忆机制，但她的童年记忆却尤其不确定。在桑塔格对自己童年的描述中，某些特定的场景尤为突出：小心照亮的小插图，它们有时看起来像出自一本属于一个早熟且沉迷于书籍的少女的微微泛黄的相簿。

桑塔格一生都极其关注她的私人空间和对她公共形象的掌控。因此，探究桑塔格自己勾画的童年形象的背后成因就有所困难。仅从她在讲述童年时展现的前后矛盾以及之后向朋友所透露的事情中，我们就能看到一个被情感冷漠的单亲酗酒母亲所忽视的，智力非凡的女孩的孤独人生。

直到她40岁以后，尤其是在她60岁生日过后，这位女作家才小心翼翼地将童年记忆的一部分公之于众。她的自传体短篇小说《中国旅行计划》（*Project of a Trip to China*，1972）的中心就是对她早逝父亲踪迹的追寻和对这个远东国度的迷恋，对桑塔格来说，这个国度与她的父亲密不可分。相反的，桑塔格在一篇至今未出版德文版的散文《朝圣》（*Pilgrimage*，1987）中，以一种忏悔的口吻记录了在洛杉矶的太平洋帕利塞德（Pacific Palisades）与流亡者托马斯·曼会面的情形。这两则故事的细节都是真实可信的，桑塔格的儿子戴维·里夫可以证明——如今他是美国的著名记者和政治书籍作家，曾为《纽约时报》《洛杉矶时报》《华盛顿邮报》报道发生在南斯拉夫、伊拉克和南美的冲突。[7]

在20世纪七八十年代的报纸采访和人物肖像中，桑塔格对于自己的家庭和童年只愿透露只言片语，转变发生在1990年代初，桑塔格开始乐于和记者分享她的回忆，并向记者敞开她位于纽约切尔西城区的光线充裕的公寓大门。成为一个被刻画者，桑塔格似乎并没有感到不适，她常常让自己的回忆自由流动，尽管有时会被一些不受欢迎的情绪控制，然后停止说话，眼眶泛泪。

*

1933年1月16日，苏珊·李·罗森布拉特（Susan Lee Rosenblatt）出生于纽约曼哈顿的妇女医院，因为她的母亲米尔德丽德（Mildred）——娘家姓雅各布森（Jacobson）——害怕会在亚洲生产。桑塔格的父亲，杰克·罗森布拉特（Jack Rosenblatt）拥有一家总部位于中国天津，谐音为“昆成”的皮毛贸易公司。米尔德丽德的身上散发着典型的殖民者家庭主妇的气息，偶尔会协助家族企业的事务。罗森布拉特家族年轻却极其富有，并且具有鲜明的美国企业家精神。桑塔格出生后，米尔德丽德在纽约仅作了短暂的停留，不久便独自回到天津，并将苏珊，以及三年后出生的苏珊的妹妹朱迪斯（Judith）托付给了爱尔兰裔美国人南妮·罗丝·麦克纳尔蒂（Nanny Rose McNulty），即罗茜（Rosie），苏珊就是这么叫她的。

在桑塔格的父母购置位于纽约长岛富人区格雷特内克（Great Neck）的房产前，这个由保姆和儿童临时组建的家庭最初寄居在祖父母家里，之后又转投其他亲戚家中。

在《中国旅行计划》中，桑塔格如此回忆她父母位于格雷特内克的房子，它由象牙、蔷薇石英以及宣纸制成的书法卷轴等中国元素装饰而成。那段时期，她曾收到过一份来自中国的礼物，对此她记忆犹新：那是一只价格不菲的翡翠手镯，她从不敢轻易佩戴。

而这些父母从中国带回来的殖民战利品，主要让苏珊想起了她从未见过的父母在中国的房子。生活中父母的缺失，正如桑塔格自己在短篇小说中回溯过去时分析的那样，对于这个正在成长的孩子来说是一段极为痛苦的经历。她的父母在纽约永远只待几个月，然后又起程返回中国，去扮演“英国殖民地上的了不起的盖茨比和黛西”，这正如桑塔格在影射弗朗西斯·斯科特·菲茨杰拉德（F. Scott Fitzgerald）的某部描写上流社会的小说时所暗讽的那样。[8]

这是心灵长期遭受创伤的标志，与此同时，她灵魂的激励潜能也在持续增长。与这种经历保持的距离越大，倾诉它的需求往往就越强烈。童年记忆对于年长的桑塔格来说，与大部分人一样，不仅充满着动人的乡愁，诙谐的回忆，有时更带有神秘的弦外之音。一种异常痛苦的滋味也常常偷偷潜入，有时甚至是勃然大怒。这可能是对某个人生阶段比较确切的感触，正如桑塔格自己形容这个人生阶段那样，“她那毫无说服力的所谓的童年”。[9]许多迹象表明，对于高度敏感的孩子来说，被父母反复抛弃意味着对自我的个人想象的价值的反思。桑塔格记录和讲述的一些回忆，有如聚光灯忧伤地照射在伤口上。因此，她儿时切身体会的迫切愿望就是能与父母一同前往中国。勤奋聪颖的苏珊在孩童时期就已学会如何使用筷子，并且试着成为某种意义上的中国人，这样就能让父母带着她共赴他乡。50 岁的桑塔格曾自豪地回忆，她父母的外国友人有一次曾称赞 4 岁的她长得像一名中国姑娘。或许这个小姑娘认为，父母不断离她而去却无法给出解释是她的过错，而抹去这个过错的方式就是准备好适应这个世界。米尔德丽德·罗森布拉特看似也在用一种无聊又无心的方式，挑唆和支持她的女儿玩这种认同游戏。为了让她安静下来，米尔德丽德告诉苏珊，中国的小孩不讲话。但这个善于观察的女孩很快意识到，这种教育寓言毫无逻辑可言。虽然她的母亲坚持认为，饭后打嗝在中国是好的习惯，但对于小桑塔格来说，这在饭桌上是绝不允许的。

桑塔格最早的记忆与母亲并不相关，而是与她的保姆罗茜有关。苏珊并没有接受过宗教教育，但她的犹太家庭则是宗教化的，不论是宗教节庆还是礼拜仪式他们都会参加。桑塔格在 15 岁前后才踏进犹太会堂。但她信仰天主教的保姆偶尔会带她参加周日的弥撒。她在 4 岁时，有一次曾跟罗茜以及妹妹去公园玩，桑塔格后来在不同场合经常提起这个故事，她听到罗茜保姆跟另一个保姆说，“苏珊是一个非常早熟的孩子”。对这个小女孩来说，两个穿着浆硬白色制服的保姆好像巨人。苏珊惊讶地思考着这句话的含义，以及其他人是否也这么评价她。[10] 这个小插曲清楚地说明，这个早熟的 4 岁小女孩试图理解她与其他小朋友的不同；桑塔格在经历许多最重要的事情时罗茜都在场，她以一种母亲的形象陪伴在桑塔格身边，直到她年满 14 岁。罗茜后来再度回到桑塔格的生活中是因为要照顾桑塔格的儿子戴维。

每当桑塔格谈及米尔德丽德，她并不爱的母亲，一位漂亮、沮丧、热爱酗酒的女性时，那种苦涩就变得尤为难以遮掩。桑塔格回忆，为了遮盖岁月的痕迹，母亲相当迷恋美容。由此她荒谬地禁止她的孩子在公众场合与她交谈时称她为“母亲”。这条禁令肯定更加严重地打击了这个孩子，因为她已经遭到了父母长期的抛弃。桑塔格一生都称她的母亲为“M.”，一个缩写，可以同时指代“米尔德丽德（Mildred）”，以及隐秘的“母亲（Mother）”或者“妈妈（Mum）”，用来表达她一生中对母亲悲伤又倔强的愤怒。桑塔格的亲密恋人不仅见证了她的家庭回忆，更是见证了成长中的桑塔格与母亲的关系，比如桑塔格后来的伴侣和女朋友，舞蹈家和编舞艺术家卢辛达·柴尔兹（Lucinda Childs）认为，米尔德丽德“对苏珊来说不是一个对的母亲”。[11]

当桑塔格于1992年向《洛杉矶时报杂志》（*Los Angeles Times Magazine*）的女记者描述她与母亲之间的情感距离有多么巨大时，我们可以看到她是多么的激动。米尔德丽德在大部分时间里都躺在自己的床上，拉上窗帘，床头柜上则放着一个杯子，小孩子自然认为里面倒满了水。桑塔格后来才发现杯子里是伏特加。无论何时，如果小苏珊有事恳求母亲，都会被她以疲惫为由打发走。[12]

苏珊5岁时，米尔德丽德独自从中国回来，并告诉她她的父亲不久也将回国。过了四个月，米尔德丽德仍未告诉女儿究竟发生了什么。终于在有一天用过午饭后，可能出于震惊而依旧麻木的“M.”表现得很冷漠，她把女儿带到沙发上，告诉她，父亲已经去世了。1938 年 10 月，杰克·罗森布拉特在天津的一家德美合资医院中病故，死于肺结核，年仅 34 岁。[13]“电影中的某个场景常常使我拭泪，那就是一个父亲在令人绝望的长时间离开后返乡并拥抱他孩子的场景”，[14] 59 岁的桑塔格坦率地讲道，但痛苦的记忆也会带来不曾克服的日益加剧的哀伤。

这种经历带来的精神创伤进一步体现在桑塔格回忆的无规则性上。她在《中国旅行计划》和不同的访谈中坚称，当得知父亲去世的消息时，她已经上了小学。然而，在比对她父亲的死亡证明和学校的成绩单后，这被证明是不可能的。[15] 因为 1939 年 9 月桑塔格才在小学注册。桑塔格也曾讲述，她完全理解当下发生的事，只是无从应对。至于她完全认识到父亲已然离世，倒可能是上小学以后的事。

桑塔格在描述她拥有的父亲的遗物时写道：“一条用黑丝线刺着父亲名字首字母的白色丝巾，一个用小的烫金字母在内侧印着父亲名字的猪皮钱包，这就是我拥有的所有属于他的一切。”[16] 正如 40 岁的桑塔格在《中国旅行计划》中所描述的，她从来不知道父亲手写的字是何种笔迹。除此之外，她还拥有一些黑白照片，照片中的父亲坐在黄包车或者骆驼上，不过那都属于她出生之前的事。即便那些保存在她脑海里的关于父亲的具体回忆也都是以快照的形式存在:“我回忆起他是如何将一块桌布那么大的手帕折好后，插入他胸前的口袋中。我也可以回想起，我当初是怎样仰视着这个庞然大物，并思考着这或许是世界上最激动人心的事，可以将手帕叠起来使它变小，以便放入口袋中。”[17]回忆和物件的怀旧力量与折磨人的未知紧密相连，从今往后，苏珊不再仅仅将这种未知与她父母的中国之行联系起来，她父亲无可挽回的死亡也同样如此。她甚至无法想象那片国度的样子，她的父母曾生活在那里，而她的父亲也在那里死去。这些黑白照片更是突显了一个“失语”孩子的悲恸。一方面，它们制造了父亲真实健在的假象；另一方面，随着时间的流逝，它们让她越来越清晰地觉得，父亲永远也不会回来。父亲在苏珊身上留下的是她对于远方不同寻常的渴望和不安分，以及为了寻找解答而去旅行的愿望。

1975年，桑塔格在一次与《新波士顿评论》(*New Boston Review*)的美国记者杰弗里·莫维斯(Geoffrey Movius)的访谈中——采访谈及了她的祖父母塞缪尔(Samuel)和格西·罗森布拉特(Gussie Rosenblatt)——描绘了这样一种场景。在场景中经验不断重复出现，对于小苏珊·罗森布拉特来说，它与一种混合了哀伤和渴望远方的难以抗拒的情感无法分开："大部分的美国人都是移民后代，他们来美国的决定本质上是为了降低损失。他们的主要动力是遗忘。有一次我向在我 7 岁时便去世的祖母问道，她来自哪里。她回答说：'欧洲。'当时的我即便只有 6 岁，也知道这不是个很好的答案。我问道：'但是是欧洲的哪里呢，奶奶？'她态度强烈地重复着：'欧洲。'至今我仍旧不知道我的祖父母究竟来自哪个国度。但我留有他们的照片，我非常喜欢看它们，它们好比所有我一无所知的神秘象征。"[18]

对于这个小姑娘而言，欧洲突然变得跟中国一样的遥远、梦幻、迷人和陌生，也变得更为重要：因为对自己的来历讳莫如深的祖父母的死亡，欧洲成了一个同样具有重大意义的地方。这个小孩可能或者说应该对那场发生在波兰 19 世纪末 20 世纪初的反犹大屠杀一无所知，而这大概就是她的祖父母移民的原因。即便桑塔格在 1975 年依旧矫情地宣称她并不知晓自己家庭的来历，但她其实清楚自己来自罗兹（Lodz）、加利西亚（Galizien）以及维尔纽斯（Wilna）的周边地区。二十五年后，当在写关于波兰裔美国女演员海伦娜·莫德耶斯卡（Helena Modrzejewska）的半自传体小说时，桑塔格有时甚至也以同样的矫情把波兰视作故乡。波兰裔美国诗人亚当·扎加耶夫斯基（Adam Zagajewski）回忆，她这样做"不是为了突显自身所取得的成就"，就是"为了强调主要潜伏于她维尔纽斯家族中的智慧潜能”。[19]即便在几十年后，家族的身世秘密所隐含的对于孩子来说焦虑的不确定性，仍旧可以在桑塔格恣意玩耍认同游戏时被人发觉。

父亲去世后，皮毛贸易公司相继关闭，罗森布拉特家族的社会地位开始走向下坡，这种情况因为美国 1930 年代的经济大萧条而更趋恶化。他们必须解雇大部分的员工。那些中国的工艺品，由蔷薇石英和象牙雕刻而成的大象也已出售。此外，苏珊患了严重的哮喘病，在一位明显缺乏此类医疗知识的医生的建议下，她的母亲坚持认为有必要更换气候环境。在罗茜和一名肥胖的黑人厨师的陪同下，米尔德丽德带着两个女儿搬去了充满海岸气息的迈阿密，6 岁的桑塔格的生活再一次被搅乱。桑塔格曾跟儿子戴维讲述，在佛罗里达居住一年的童年回忆对她来说仿佛回到了 19 世纪，即处于椰子树和装饰着摩尔人饰品的白色房子的模糊画面之中。[20]这与纽约基本上属于温带大陆性气候的寒冷天气形成了极其强烈的对比。桑塔格后来经常提起的某种飘忽不定和居无定所感正是形成于这种地理上的困惑。

几个月后，孩子的哮喘由于迈阿密潮湿的亚热带气候而加重，这个家庭再一次搬迁，这一次是搬往美国西南部亚利桑那州的图森（Tucson）。在桑塔格童年居住过的所有地方里，南方的亚利桑那州因绵延不绝的荒漠在她心里留下了最为深刻的印象。图森"至少在幻想中"能与她的童年挂钩，被桑塔格称为她的成长之地。[21] 当罗森布拉特一家搬往亚利桑那时，现今已是联邦州中最大城市之一的图森，在当时仅是一个拥有30000居民的中等小城，居民中的大部分人是拉丁美洲移民。这座城市以气候宜人闻名。在图森的市区和周边有将近30家医院和疗养院，可以接纳各种肺病患者。而围绕着图森的绵延荒漠则是美国最美的景色。

亚利桑那州的荒漠童年增加了苏珊的孤独感。尽管保姆罗茜也一起搬到了图森，米尔德丽德的外出旅行却一直那么频繁，苏珊对母亲的去处和目的一无所知。后来，桑塔格接受母亲有了情人的事实。此外，不断的搬迁也导致罗森布拉特一家的社会地位在持续衰落。我们不清楚他们依靠什么生存。米尔德丽德至少表面上看起来偶尔会去地方中学当老师。她们的新家位于城市边缘一条名为"德拉克曼（Drachman）"的未铺路的大街上。当桑塔格的文学经理人和好友安德鲁·怀利（Andrew Wylie）在半个世纪后拜访亚利桑那时，他向他的客户拉里·麦克默特里（Larry McMurtry），同时也是桑塔格的朋友指出了桑塔格长大的房子，那是一座建在水泥地基上的移动式平房，位于荒漠的边缘，好像世界的尽头。"这太令人惊讶了，"怀利描述道，"我看到的是一种自我建构，是它塑造了苏珊。从图森边缘一间如此破败不堪的矮小平房出发，它几乎是这个国家中所能生存的最荒芜的地方之一，而她成了一个具有如此权威性和深受文化教育的世界知识分子，这太令人难以置信了。”[22]

苏珊 3 岁时就已经学会了阅读。遵循当时的风潮，她收藏了许多漫画。从 6 岁起她便开始阅读所谓“正确的书籍”。[23] 在桑塔格关于自己童年文学经历的回忆中，人们首先可以清晰地看到她的认同需求是多么强烈。由于在寻找角色和榜样的道路上父母完全失位，桑塔格只好寻求文学来帮助她弥补这种空缺。

桑塔格常常把艾芙·居里（Ève Curie）写的关于她诺贝尔奖得主母亲居里夫人的传记[24]视为对她童年影响最大的读物之一。在某个时期，这个聪颖的小女孩在家庭之外寻找不到任何值得一提的精神视角和角色榜样，而这本关于一位拥有高度道德感的、辛勤工作的、在一个清一色由男性主导的领域中有出色成就的诺贝尔奖获得者的传记，为这个孩子提供了一个完整的认同场所。桑塔格后来也解释说，像她那个年纪所有雄心勃勃的女孩一样，她更情愿自己是个男孩，因为对他们来说一切看起来都会更加容易。[25]

值得注意的是，玛丽·居里的人生发展经历主要发生在波兰和法国，也就是说是欧洲，即苏珊幻想中那个忧伤又迷人的地方。居里夫人成了桑塔格童年早期的绝对英雄。从那一刻起，她放下手中的书本，也想成为一名科学家。诺贝尔化学奖在一个雄心勃勃的孩子的眼中自然也不会很遥远。[26]

桑塔格后来常常为自己描绘一个强烈的形象，一个孤独不合群的小孩，独自游荡在亚利桑那州的荒漠中。每当一放学，她不直接回家，而是把时间消磨在贯穿荒漠的石子路上，在那里可以欣赏到巨大骇人的树形仙人掌和血红带刺的仙人果。她搜集漂亮的石头——这是她坚持一生的习惯——寻找蛇和箭矢，她喜欢设想自己迷了路或者是灾难的最后一位幸存者。她独自扮演印第安人，一个“独行侠”。[27]

“当然，我也曾认为自己是《小妇人》里的乔”，她在 1995 年同知识分子爱德华·赫希（Edward Hirsch）的一次访谈中回忆道。同时还提到了路易莎·梅·奥尔科特（Louisa May Alcott）那本著名的关于美国内战的作品。或许桑塔格是看了乔治·库克（George Cukor）导演的《小妇人》（*Littel Women*，1933），以及里面光彩耀人又不循规蹈矩的，由年轻的凯瑟琳·赫本（Katharine Hepburn）扮演的乔·马奇（Jo March），这是 1930 年代最成功的好莱坞电影之一，许多年后依旧在全美的电影院里放映，尤其是因为它为战争年代人们的家庭生活带来了乐观的憧憬。小说和电影的情节为桑塔格的生活制造了一条明显的平行线，也为这个小女孩展现了强烈的认同潜能。《小妇人》讲述了一个由女儿、母亲和保姆组成的家庭的故事，由于美国南北战争期间父亲的离去，她们不得不为经济问题和私人感情进行抗争。比如女主角的名字乔，是男性名字“乔瑟芬（Josephine）”的缩写，这已经表明了她拥有男子气概。她无礼又多嘴，喜欢比剑，在自己的舞台上自导自演，对写作充满热情。最后一项她甚至成功了，她卖给了杂志好几篇涉及鬼怪的小说。乔的最大梦想是去欧洲，在这个古老的世界里学习文明的起源。就像对苏珊那样，欧洲对于乔瑟芬来说也是个向往之地。而如同苏珊的经历，乔最终来到了纽约，一改往日的情感小说风格，开始了严肃文学的写作。

这个未来的作家在直觉上捕捉到了文学的信息。这个相当严肃、热情、热爱沉思的孩子，在4岁时保姆罗茜就发现她想要写作，但“不是……乔所写的那种”。[28]凯瑟琳·赫本，那个年代最著名的电影明星之一，可能同样也对桑塔格产生过影响。电影银幕外，这名女演员也有着“男人婆”的声名。美国当时的八卦杂志尽情嘲讽赫本的行为缺少女人味，不化妆，毫不理会好莱坞的游戏规则。

*

1939年9月，也就是“二战”在欧洲爆发之时，苏珊·罗森布拉特开始上小学。她对《芝加哥论坛报》（*Chicago Tribune*）的记者罗恩·格罗斯曼（Ron Grossman）讲述，由于出众的阅读能力，入学第一天她就跳了半级。第二天她又继续跳级，直到一周结束，苏珊·罗森布拉特已经是三年级的学生了。[29]桑塔格的中小学时光很少留下美好的回忆。她后来经常在无意中说明，她是美国声名狼藉的失败的公共教育系统的牺牲品，但幸运的是，她在“儿童心理医生”时代之前即已入学。[30]她告诉同学们她生于中国，即便她知道真相并非如此。[31]

桑塔格后来回忆起她在1941年12月7日那天所经历的恐怖。那一天，日本的飞机袭击了夏威夷的珍珠港，使得美国第一次成为世界大战的发生地。此后的参战行动则被美国政府渲染成“人类的战争”和“为全人类而战”，至少依据罗斯福的宣传，美国是为了拯救欧洲的犹太人而战。依据出身，苏珊·罗森布拉特是一名欧洲犹太人，她被紧接着的四年战争时期传来的消息深深震撼。学校和小城呲呲作响的收音机播报着前线的战况和战败的消息。图森的肺病治疗医院塞满了士兵，食物和消费品要定量分配，电力也随着日程间或中断。同时还伴有夜间的空中巡逻和警报，以及急救课程和紧急的新闻影像，在这些新闻中人们可以看到被轰炸的欧洲城市、被炸毁的家园和无止境的难民队伍。当时非常流行的一种说法叫“为了战争的继续（for the duration）”，桑塔格对此记忆犹新，正如她后来讲述的那样。这句流行语标志着某种乐观主义，它让小女孩既能够关注她童年阶段正在发生的事，又能暂时地忘却它。“为了战争的继续”意味着，当下过后便是更好的未来。[32]

苏珊对更好的未来的一个投资就是理查德·哈里伯顿（Richard Halliburton）的旅游书。因为哈里伯顿，苏珊才有可能追寻她渴望达到的更远的地方，至少可以在她的幻想中畅游中国和欧洲。当 68 岁的桑塔格提起她多年来搜集的哈里伯顿的古老初版旅游书时，依旧会深陷在迷恋中。[33]桑塔格后来的伴侣、女友和摄影师安妮·莱博维茨在她的回忆录序言中回忆，正是这些书激发着桑塔格毕生的旅行热情。[34]哈里伯顿将桑塔格带进了旅行的浪漫世界里。她阅读了一切能够获得的冒险类书籍，这些对她来说都是纯粹的幸福和“成功的意志实践”的源泉。[35]这些读物对她而言是想象力逃亡的一种需求，对此她欣然接受。与之相关的还有关于写作的想法。桑塔格回忆道，哈里伯顿的榜样作用让她明白了作者到底意味着什么，这是“所有生活方式中最具特权的一种”：“……一种充满无尽的好奇和能量以及无尽热情的人生。成为一名旅行者和一位作家，在我童年的感知中，两者并无二致。”[36]

童年的热忱促使她将这些想法转变成现实。她精心制作了一本四页的杂志，里面收录了自己的文章，她想以5美分一本卖给她的邻居。这本杂志实现了她人生中的第一次文学尝试，同时她也尽心尽责地在杂志上总结了有关“二战”战役的报纸文章。[37] 1978年，《滚石》(*Rolling Stone*)杂志记录了桑塔格的话，她说自己曾是一个极其不安分的小孩，永远必须要摆弄一些事情，八九岁时就开始不停地写作。[38] 在1985年的一次采访中，她甚至将首次尝试写作的时间往前推到了七八岁。[39] 最终，桑塔格在1987年说，她六七岁时就已经写作，并补充道：“戏剧、诗歌和短篇故事。”[40] 虽然在后来的采访中桑塔格常常显得正屈服于自我表现的诱惑，但可以肯定的是，她很早就开始了写作。

桑塔格喜欢在一些场景中刻画一种形象：一个在精神上独立于她的家庭和学习环境的孩子，没有任何值得一提的鼓励，只是自我满足地吞噬着世界文学中那些艰难的作品，有时则是完全生活在这些作品之中。她不仅想得到一个化学积木，同时也希望在德拉克曼大街的平房的车库中搭建一个居里夫人式的实验室。桑塔格常常怀旧地回忆起她后来的童年生活，好比一趟充满文学和智力高峰的旅程，一次世界文学和哲学天空中的自由落体。在她10岁时，她在图森的一家文具店中发现了“现代图书馆(Modern Library)”系列丛书。“总之我明白了，”她说道，“这是一套经典丛书。我喜欢阅读百科全书，因为我能想起许多名字，这就是他们！荷马、维吉尔、但丁、乔治·艾略特、萨克雷、狄更斯。我下定决心要读完他们。”[41]桑塔格说，每本书对她而言都是一个小小的王国。[42]

然而，在桑塔格浪漫化她的童年阅读时，也会时不时地潜入某些幽暗的画外音。对她而言，阅读是一种胜利，而作家则是另外一种“不必成为自己的胜利”。[43]阅读让这个孩子能够逃离她那逼仄的生活。随之而来的，是一个极具天资但缺乏安全感的孩子的自我构想，她企图逃离自己尚未成熟的肌肤。最终，作家的自我构想成形了，她成功地从地方性的、孤独的和缺乏认同感的童年压迫中逃离，因此这种自我构想也倾向于浪漫的理想化，有时甚至是过度的。即便像桑塔格这样的天才儿童，人们也很难想象，她会自愿阅读叔本华，并且——正如她经常表明的那样——还读懂了。倘若我们认为桑塔格在多年的采访中所说的话都是真的，那么她童年时期的阅读量已经远远超出了一个天资极高的成年人的阅读速度。桑塔格后来关于她阅读的描述主要都是为了渲染她的天才光芒，越到后来就越有意识地让自己被这种光芒笼罩。在桑塔格的这些描述中，人们很难得出一个孩子的真实形象，而对桑塔格来说，对童年的理想化描摹似乎是知识分子人生构想的一个预备阶段。

根据桑塔格的密友、南非的诺贝尔文学奖获得者纳丁·戈迪默（Nadine Gordimer）讲述，她常常与桑塔格相互聊起各自“不怎么幸福的童年”。尽管从根本上说她们的童年经历迥异，但也不乏相似之处，好比两人都意识到自己“对文学生活和阅读的自发式热情”。[44]尽管如此，两位女作家都深深地反感“许多人的习惯，即他们的童年要对他们的人生负责，而这流行了很长一段时间”。[45]

在桑塔格对其“所谓童年”的回忆中，自始至终贯穿着一种义务论，那就是人们在成长过程中应该积极地摆脱出生环境。成年的桑塔格毫不犹豫地将她的早年生活解释为事件的一种联结，在这个联结中，她后期智识和文学活动的光谱已然显现。一方面，她事后赋予自己称不上幸福的童年一种确凿的、关于生活技艺的含义；另一方面，她对这个观点的投入并不少于她在后来人生中取得的成功，如果没有这个成功，她童年的痛苦将无法被合法化（Rechtfertigung）。除了成功之外，桑塔格并未给予自己其他选项。所有其他的可能性对她孤独又沉醉于文学的童年来说都是一种背叛。

发明“苏珊·桑塔格”（1945~1948）

在美国我们一直相信，我们可以从头开始，翻阅书籍，发现自我，改变自我。[46]

苏珊·桑塔格12岁时，她的母亲嫁给了战争老兵内森·桑塔格上尉（Captain Nathan Sontag）。桑塔格曾是美国陆军航空兵团（U. S. Army Air Corps）的一名飞行员，他在一次坠机中负伤，随后在图森的一家疗养院休养，这次坠机事件发生在1944年6月，盟军登陆诺曼底的五天后。尽管内森没有收养这两个女孩，但米尔德丽德恳求两个女孩接受他的姓。苏珊对此感到异常兴奋，因为在图森她被人屡次三番地辱骂为“肮脏的犹太佬”，她希望“桑塔格”这个听起来不那么犹太的名字能让她免受打扰。[47]

除此之外，这次改姓使得这个独来独往的小女孩能够尝试一种新的认同，这种认同正是由那些她在亚利桑那通过不断阅读内化而成的幻想所构成。对于桑塔格而言，这个转折点至少是她一生感触深刻的自我发明的开始。有了这个押头韵式的、听起来是电影明星的新名字，苏珊·桑塔格不久便把自己视作智识和城市世界的公民。从此刻起，她带着孩童般的决心，将自己的大量精力投入到她的“苏珊·桑塔格计划（Projekt Susan Sontag）”中，连同那些贯穿她整个人生的复杂多样的观点、兴趣、行为和雄心。

大部分步入青春期的青少年都不无例外地关注浪漫和性经历，而桑塔格却主要试着通过进入高雅文化的世界来切断同她父母的关系。

1946 年，米尔德丽德、内森、苏珊和小朱迪斯·桑塔格，连同南妮·罗茜和狗一起搬去了洛杉矶。他们三年的加利福尼亚时光将对桑塔格带来深远的影响。她的许多朋友都回忆，她的整个人生是多么的“加利福尼亚化”。作家、哥伦比亚大学的创意写作教授斯蒂芬·科赫（Stephen Koch）至今仍津津乐道于桑塔格经常让他联想起的“加利福尼亚女童子军”。《洛杉矶时报书评》（*Los Angeles Times Book Review*）的前任编辑史蒂夫·瓦瑟曼（Steven Wasserman）也回忆道：“在她对人的坦率和经验中都存在一些我们可以理解为属于‘加利福尼亚式’的东西。那些通常使人联想到纽约人愤世嫉俗的讽刺的东西，在她身上却看不到……桑塔格将加利福尼亚理解为自我发明的共和国，美国中的美国。”[48]

加利福尼亚是自我建构身份认同的首都，在那里，葛丽泰·洛维萨·古斯塔夫森（Greta Lovisa Gustafsson）可以变成葛丽泰·嘉宝（Greta Garbo），阿奇·利奇（Archie Leach）可以变成加里·格兰特（Cary Grant），露西尔·费伊·勒萨埃尔（Lucille Fay LeSueur）变成琼·克劳馥（Joan Crawford）或者弗朗西斯·古姆（Frances Gumm）变成朱迪·加兰（Judy Garland）。在她的自传体小说《朝圣》（*Pilgrimage*）中，苏珊·桑塔格热情地回忆起电影院消息栏上记录的迷人的电影首映计划。豪华轿车停靠在好莱坞大道上，电影明星们从里面出来，进而面对着闪光灯和上千个被骑警管制的请求签名者。[49]然而，年轻的苏珊·桑塔格喜欢这般喧闹的场景，但在她身上烙下了最深刻印迹的却是所谓的“文化名人”。她极其敬重那些被纳粹从欧洲驱赶到美国的流亡名人，这种程度仅次于狂热的电影明星粉丝对待明星的态度。在《朝圣》中，桑塔格详细描述了她的加利福尼亚青年时光，不仅回忆起她对伊戈尔·斯特拉文斯基（Igor Strawinsky）或者阿诺德·勋伯格（Arnold Schönberg）的崇敬，还有对托马斯·曼、克里斯托弗·伊舍伍德（Christopher Isherwood）、阿道司·赫胥黎（Aldous Huxley）和贝托尔特·布莱希特（Bertolt Brecht）的崇拜。这些从欧洲大陆逃亡过来的欧洲人或者（如伊舍伍德这样的）

自我选择的欧洲人，在她眼里完全是“高雅文化之神”，他们似乎都隐姓埋名于橘子树、棕榈树大道、好莱坞、海滩男孩（Beach Boys）、新包豪斯建筑和汉堡餐厅之间，希冀从他们的“去根化（Entwurzelung）”经历中得到恢复。[50]

亢奋的情绪笼罩着“二战”后的美国，美国各地的经济开始复苏，郊区不断扩张，每个城市周边都有适宜中产阶级家庭居住的社区，它们对苏珊产生了非常具体的影响。桑塔格的新家位于洛杉矶圣费尔南多谷地（San Fernando Valley）的边缘，是一座略微摇晃的、被玫瑰灌木丛和李子树包围的独栋小屋。在这里苏珊拥有一间自己的房间，她可以在一盏台灯和她的书籍的陪伴下度过一个个不被打扰的夜晚。

特别是内森·桑塔格，他看起来十分沉迷于美国战后的乐观主义气氛和重新开始的家庭生活氛围。桑塔格回忆起那些加利福尼亚流行的烧烤之夜，阳台烧烤架上的西冷牛排和涂了黄油的玉米，以及亢奋得近乎可怕的继父。她的妹妹也因为新的家庭生活而感到兴奋，还有那些流行歌曲、周播动画、棒球比赛和广播中的价格战。相反的，这些新的情形对 13 岁的桑塔格来说却像一幅“临摹的家庭田园风景画”，而她扮演的不过是一个可有可无的配角。桑塔格回忆，在她的脑海中自己早已离开。“他们不能到现在才打起家庭牌——已经太晚了！”[51]

家庭烧烤时，米尔德丽德毫无胃口又没精打采地坐在桌边，桑塔格却强迫自己往肚子里塞满大量食物。桑塔格后来认为，一起参与和大肆饮食对她来说似乎是缓解矛盾的最好方式。在这期间产生的对美国小资产阶级生活方式和自我认知的深恶痛绝伴随了她的一生。她将自己定位为家庭里的“常驻陌生人”，一个有着“居住许可的外国人”。她迫不及待地想从这种长期的“监狱生活”中解放出去，对桑塔格而言，她的童年就是一种“监狱生活”。[52]

苏珊·桑塔格提及，她的继父常常跟她说：“苏，你如果读书太多，你会永远找不到男人。”这是一种警告，而她却以一种青少年的傲慢回应道：“我想，这个白痴不知道外面的世界中同样也有智慧的男人。他以为所有的人都跟他一样。而我孤立于这个世界，从未想过外面的世界可能不存在那么多同我一样的人。”[53]桑塔格对她的继父的感情十分矛盾。父母无法理解他们女儿开始表现出的不同寻常的解放式成长历程，与此同时，苏珊也不可能在父母不断累积的失望和攻击下去真正适应他们的世界。更确切地说，她很快便将对精神世界和高雅文化世界的兴趣理解成与她家庭分离的一种可能性，总之就是理解成某种比跟白痴们待在一起要更好的东西。但奇怪的是，她很少意识到，正是这群白痴，或出于忍耐，或出于漠不关心和疏忽，在他们价值观存在极大差异的情况下，给予了她难以想象的自由。

*

1947年初，桑塔格进入北好莱坞高中（North Hollywood High School）上学，这是一所大型的进步教育学校，有着大约2000名学生和一支年轻的教师队伍。[54] 桑塔格立马成为学生报纸《拱廊》（*The Arcade*）的编辑，继续追寻着她的文学志向。她在学生报纸上发表的文章和报道包括电影评论、政见文章以及一些诗歌。[55] 桑塔格认为自己是一个单纯的学生，而大家几乎都没考虑到她比同学们要小两岁。

在北好莱坞高中，她继续她的智识追求。桑塔格在英文课上总结《读者文摘》（*Reader's Digest*），每天课后去好莱坞大道久负盛名的匹克威克书店，畅游在世界文学的海洋中。[56] 而她在这里挖掘出的作家中没有一位来自美国。1980年，她向波兰记者莫妮卡·拜尔（Monika Beyer）讲道："我在青少年时期发现了欧洲，就是……在我开始阅读那些对我来说很重要，并且让我真正感兴趣的作家们时……我自己发明和发现的、对我而言很重要的背景是卡夫卡和托马斯·曼。我在14岁时发现的这些东西改变了我的人生。我与欧洲文化的联系由此诞生，我一直视其为所有文化的源头。我一直认为美国是欧洲的一个殖民地。"[57]

她满足自己在文学领域的巨大胃口就像在家庭烧

烤上填补她的胃一样。苏珊的文学胃口如此之大，正如她所描述的那样，她甚至会去偷书，尽管她要为此羞愧和自我折磨上好几个星期。[58]

她在同样也没了父亲的高中同学彼得身上找到了另外一种填补她欧洲渴望的方式。彼得是匈牙利和法国的混血，在他父亲被盖世太保逮捕和杀害后，他和他的母亲从巴黎逃到了法国南部，再从那里逃到了里斯本，并于 1941 年从葡萄牙逃亡到美国。他们的友谊开始于学校的咖啡馆，在那里他们彼此交换亡父的趣闻轶事。[59] 此后，他们常常一起出入电影院，主要是月桂影院（Laurel-Filmspielhaus），他们手牵着手观看带有字幕的外国电影，比如罗伯托·罗西里尼（Roberto Rosselini）的《罗马，不设防的城市》（*Roma, città aperta*, 1945），让·德拉努瓦（Jean Delannoy）的《田园交响乐》（*La Symphonie Pastorale*, 1919），列昂蒂内·萨冈（Leontine Sagan）的《穿制服的女孩》（*Mädchen in Uniform*, 1931），马塞尔·帕尼奥尔（Marcel Pagnol）的《面包师的老婆》（*La Femme du Boulanger*, 1938）或者让·谷克多（Jean Cocteau）的《美女与野兽》（*La Belle et la Bête*, 1946）。[60] 尽管与其他国家相比，电影院在当时的美国要更加融入人们的日常生活，但他们所选的电影依旧体现了某种追求智性的惊人意志。桑塔格日后人生中一一铺陈的诸多线索，在此处已开始显露端倪。桑塔格毕生都是个狂热的电影迷，尤其热爱法国和日本电影。

这种追求智性的意志也反映在她对杂志的取舍上，桑塔格同样是在匹克威克书店中发现了它们，从而取代了学校指定的读物《读者文摘》。在英国《共和国》(*Commonweal*）杂志1981年对她的一次采访中，桑塔格解释了发掘1940年代末的智识类杂志，如《党派评论》(*Partisan Review*)、《肯庸评论》(*Kenyon Review*)、《塞万尼评论》(*Sewanee Review*)、《政治》(*Politics*)、《重音》(*Accent*)、《虎眼》(*Tiger's Eye*）或者《地平线》(*Horizon*)，对她来说影响是多么深远："我过去从未见过文学杂志，也不认识读过它们的人。我挑了本《党派评论》，开始阅读莱昂内尔·特里林（Lionel Trilling）的《艺术与财富》(*Art and Fortune*)，激动得颤抖不已。从此以后，我唯一的愿望就是赶快长大，然后搬去纽约为《党派评论》撰写文章。"[61]

1948年，也就是桑塔格读到特里林文章的那一年，《党派评论》正处于它的辉煌时期，它对于纽约知识分子和一个"歃血为盟（eingeschworen)"的小集团来说，是个如家一般的组织，特里林则是它的非官方领袖。这些杂志——如那些年的《党派评论》——所宣扬的艺术的意识形态是截至那时为止从未出现过的所谓的"高度现代性

(Hochmoderne)”[1]：一种形式主义，极端得近乎形而上学。特里林的《艺术与财富》论证道，一个社会需要小说来让自己感到勃勃生机，理想的读者只有透过文学关于现实与幻想的辩证法才能找到一条通往道德成熟的自决之路。苏珊·桑塔格正属于特里林在他散文中所期盼的那类新小说读者。这篇苏珊偶然翻阅到的文章与这位迷恋文学、内心期盼最终长大成人的小女孩不能够再匹配了。

晚上，桑塔格阅读她的小说和杂志直至眼睛酸痛，她还写日记，并且制作生词表来扩大自己的词汇量，以便能够理解这帮纽约知识分子的专业术语。史蒂夫·瓦瑟曼回忆，桑塔格曾向他讲述过一个重要的场景：“她告诉我，她带着一本《党派评论》回家，发

① 从 17 世纪前后开始，如果以“现代社会”来理解西方的“现代性”，那么已有至少 400 年的历史，这 400 余年可被粗略地划分为三个发展阶段。第一个阶段为 17 世纪前后至 19 世纪上半叶，可被称为“早期现代性 (early-modernity)”或“低度现代性 (lower-modernity)”时期，也可参照彼得·瓦格纳 (Peter Wagner) 将其称为“自由主义现代性 (liberal modernity)”时期；第二个阶段是 19 世纪下半叶至 20 世纪中叶，即“高度现代性 (high-modernity)”时期，瓦格纳将这一阶段称为“组织化现代性 (organized modernity)”时期；第三个阶段即 1970 年代西方现代社会开始进入的新发展时期，也即一般所谓的“后现代性 (post-modernity)”、“晚期现代性 (late-modernity)”和“新现代性 (neo-modernity)”时期，瓦格纳称之为“扩展了的自由主义现代性”时期。(本书页下注均为译者注或编者注，后不再说明。)

现自己根本无法理解里面的语言。但无论怎样她都有这样一种印象，那就是不管这些人谈论的是什么，对她来说都意义重大，因此她决心要敲开这些密码。”[62]

桑塔格的生活空间被这些需要极大热情和惊人执行力的计划占据，而且等大于其他年轻人所需的浪漫经历和经验的空间。尽管她认识一些年轻男性，但对她而言，美学上的兴趣更为重要。比如在《朝圣》中，桑塔格提到了梅里尔（Merrill），他是彼得之外她最好的朋友；桑塔格和梅里尔来到穆赫兰大道（Mulholland Drive）较高的地方，坐在车内，那是最适合情侣约会的地方，可以远眺整个洛杉矶——一个我们从无数的好莱坞电影中已经熟知的场景。在星光闪耀的夜空下，伴随着远处洛杉矶城的灯海，两位年轻人之间产生的却是对当下室内乐（Kammermusik）的热忱，而非浪漫的情愫，这些室内音乐在战后凭借欧洲移民和电影工作室的财力在加利福尼亚掀起了一次复兴运动。桑塔格说，他们聊完布施弦乐四重奏团（Busch-Quartett）和布达佩斯弦乐四重奏团（Budapest-Quartett）的优点以及勋伯格和斯特拉文斯基之后，就开车回家了。[63]

除了高品位杂志、高雅文学和当时的音乐，桑塔格同样也把热情投入到艺术的世界。14 岁那年她来到纽约，这是她自童年早期以来第一次到访这座城市，并在外祖父母家中度过了整个夏天。五十五年后，在和博物馆学家菲利普·费希尔（Philip Fisher）的一次访谈中，她描绘了当时自己是怎样发掘纽约的博物馆的。她每天都将大量的时间花在53号大街的现代艺术博物馆、非具象绘画美术馆［Non-Objective Painting，古根海姆博物馆（Guggenheim-Museums）的前身］，或者大都会艺术博物馆上，同时也遭遇了一个相当特殊的经历：在书店和音乐会上，经常会有人与她攀谈，因为14岁的她看起来仍像10岁，而在博物馆里她可以不受干扰地到处游逛。[64]年轻的桑塔格吸收了她全部阅读到的、看到的和听到的东西。正如她这些年来在不同的采访中所重复的那样，她当时就有一种感觉，她可以成为一切她想成为的，达到一切她预想的目标。[65]

*

这个成长中的年轻人为自己设立了不同寻常的高标准，因此她在知识和文学领域遭到委屈和羞辱并不令人意外。比如她与来自德国的移民托马斯·曼之间的见面，而后者在流亡美国期间依然享有盛名。

桑塔格与诺贝尔文学奖得主的见面发生在她阅读完1927年海伦·特蕾西·洛－波特（Helen Tracy Lowe-Porter）所翻译的美国版《魔山》（*Zauberberg*）之后。阅读这本讽刺教育小说的经历对于这个年轻人的影响是决定性的。根据桑塔格的回忆，她在1947年

11 月初的几个晚上阅读这本书时激动得无法呼吸，她在这本书中发掘和辨认出了许多东西，她的父亲和小说男主人公汉斯·卡斯托尔普（Hans Castorp）一样，都患有肺结核，并且最后都因此而去世。在她自己患上哮喘后，也曾出现过类似的症状，她也认识图森疗养院的肺结核病人。她十分欣喜托马斯·曼把这个疾病形容为"情感和精神兴趣的缩影"。[66] 此时，桑塔格开始努力研究疾病的隐喻联想，后来她在第一次患癌症时把这些联想写进了《疾病的隐喻》（*Illness as Metaphor and AIDS and Its Metaphors*，1978），而这可能是她最有影响力的一本书。桑塔格将曼关于肺结核精神病理学内涵的思考当作她思索的一个主要来源。在她晚年所写的两本小说《火山情人》（*Volcano Lover*，1992）和《在美国》（*In America*，2000）中，她阅读《魔山》的影响依旧清晰可见。

桑塔格的朋友梅里尔安排了她与这位德国作家的见面。根据桑塔格在《朝圣》中的描述，没有比这更简单的事了：诺贝尔奖获得者的号码就出现在洛杉矶市的黄页上，梅里尔直接拨通了他的电话。而事实上，这次大胆的拨打是成功的。托马斯·曼邀请苏珊和梅里尔在下个周日前往他位于圣雷莫路（San Remo Drive）的别墅享用茶和甜点。

桑塔格对这次拜访的描述轻松愉快，同时又很沉重。这是一篇比例失调的故事，在这个故事里，一位可能是当时最享誉世界的作家与一个 14 岁的小女孩见面，这个小女孩因为无法达到她偶像的智识要求而不肯原谅自己。托马斯·曼似乎觉得这两个早熟又有文学热情的青年人很有趣，但是“以他真正的智识标准”来看，桑塔格认为，“我们对他来说几乎不存在”。[67] 桑塔格描绘了某种“祛魅（Entzauberung）”，就在她突然活生生地坐到她的偶像面前时，同时她还描述了一种认知，那就是文学虚构很少能够企及真正的生活。“此刻我身处文学世界的觐见厅里，这正是我渴望生活的地方……告诉他，我想成为一个作家，这和告诉他我要呼吸一样毫无意义……我在这里见到的这个人只会说一些格言警句，虽然他就是写出托马斯·曼的那些书的人。而我说的尽是些傻乎乎的话，尽管我被复杂的情感填满。我们都不在最好的状态。”[68]

曼并没有问及这对好友对卡夫卡或者托尔斯泰的看法，而是询问起他们高中的课程表和海明威。羞怯的苏珊感到失望、羞愧和沮丧。大作家在她身上并没有看到未来作家的影子，而仅仅把她当作一个有趣的美国高中生。四十年后，当桑塔格将这段见面的回忆撰写成文交予《纽约客》时，她无法嘲笑那位年轻人早熟的严肃，那就是当时的她。她在文章里描述，那次见面的羞耻感持续了一生。

然而，在成为作家的道路上，这次挫败的经验没有阻碍苏珊·桑塔格。1948年12月，在她16岁生日前不久，桑塔格从北好莱坞高中毕业。据她后来透露，这是她的高中校长建议的，她在那里学不到什么东西，纯属浪费时间。她终于可以拿与哈里伯顿公司的精神之旅同真正的旅行作交换了。

学院迷情（1949~1957）

> 半夜从那些生活在这块荒凉之地上的学院人士称为派对的活动中返回，我们不止一次坐在车内忘记回家，直到晨曦照亮街道，我们是如此专注于剖析他那些令人烦恼的同事。许多年就这样过去，无止境的谈话，令人陶醉的亲密关系……！[69]

16 岁，苏珊·桑塔格换了学院，17 岁，她结婚，19 岁，她成了母亲。她如此迅速地步入成人生活，这般毅然决然让人们觉得她主要是想尽快将青春期甩在身后。她似乎对自己设定的人生计划的标准十分确定，因此她无需像其他年轻人一样将精力无端地浪费在困惑、经历或者自我尝试中。那些年桑塔格的许多人生构想都是时代的产物。以往的任何年代都不像

1950年代那样将注意力转移到私人生活上。“二战”时大部分在工厂工作或在办公室上班的女性重新关注起家庭事务，投入到似乎比上一代人更为传统的家庭生活中。背离这种观念的人会遭受普遍的质疑。

联想她后来的政治和写作生涯，人们会惊讶年轻的苏珊·桑塔格这些年在保守的环境中是怎样生活的。以美国当时的大学环境来说，一个未婚男性是无法追求事业的，而对一位女性来说这简直更无法想象。1960年代的学生反抗运动还为时尚早，教授们主要都是受人景仰的绅士，他们中的很多人都是被纳粹驱赶到美国的欧洲犹太人，在美国的大学里寻找到学术的家园。

苏珊·桑塔格在《科利尔杂志》（*Colliers Magazine*）上阅读到关于芝加哥大学的介绍，这所大学拥有当时独一无二的学院体制，提供一套固定的、涉及人文思想的课程，学习历史上的伟大思想家和文学家，并且没有选修课。目前，芝加哥大学仍有极好的名声，但在1950年代初，它被视为美国最有趣且最重要的学术机构。这所大学当时仍受到那位非传统的、在位甚久的校长罗伯特·梅纳德·哈钦斯（Robert Maynard Hutchins）的影响。在洛克菲勒基金会的资助下，他将美国最智慧的头脑，以及“二战”期间来自欧洲的那些头脑统统招来，它的毕业生中有大量的诺贝尔奖获得者，至今为止共有61位。

他禁止成立橄榄球队，而橄榄球队通常是每一所美国学院的招牌和社交中心；他禁止那些通行的高校教科书，因为书本上规定的条条框框会取代自由的思考、论证与辩论。取而代之的是，他让18~22岁的大学生阅读康德和笛卡尔。[70]哈钦斯这种非常规的创新策略将古典的“自由技艺（liberal arts）”重新确立为针对学生的唯一合法的教育。[71]

这就是芝加哥大学提供给学生的有关公民教育的经典鸡尾酒（Kanon-Cocktail）。换句话说，在这里能够不断地学习到有关生命、思想和社会的基本问题，并将它们哲学化，因此这些激起了那个圣费尔南多山谷里极具天赋的年轻人的幻想。桑塔格曾幻想“在这样一个非同寻常的地方……没日没夜地谈论柏拉图、亚里士多德和阿奎那”。[72]她应该不会失望。一年后她将证实，芝加哥的哈钦斯学院是“美国曾设计过的最具野心同时也最为成功的权威教育体制”。[73]

桑塔格的母亲反对女儿搬到中西部声名狼藉的首府。“你在那里看到的只有黑人和共产主义分子”，桑塔格回忆起母亲的话。[74]米尔德丽德的保留意见是典型的美国中产阶级白人思想，他们惧怕与苏联的核战争，同时也恐惧约瑟夫·麦卡锡（Joseph McCarthy）在媒体上大肆渲染的共产主义癔症。此外，大学位于芝加哥南部城区的海德公园（Hyde Park），而那个时代城郊的发展极度萎靡，整个地区的犯罪率在逐渐上升，种族聚居也在不断蔓延。[75]

米尔德丽德·桑塔格建议她的女儿，这个夏季学期先在旧金山附近的加利福尼亚大学伯克利分校注册，反正芝加哥大学到9月时才允许注册。她希望苏珊能好好地适应这所西海岸名校而不再考虑搬去寒冷的、让人疑惑的芝加哥。然而，桑塔格十分顽固，一个学期后她从伯克利结业，注册了芝加哥大学的冬季学期。桑塔格以优异的成绩通过了困难的入学考试。学校规定的文学家和哲学家的作品大部分她早已阅读，因此通常来说需要四年的大学课程，她则缩成了两年。[76]

桑塔格对芝加哥的回忆带有一种返乡的热情笔调。这个16岁的年轻人将她与童年之间窒息的关系抛在脑后，终于感到自己找到了同类。在英国《独立报》（*The Independent*）的一次采访中，她回忆起自己在排队注册新学期时，听到两个高年级的学生谈论马塞尔·普鲁斯特（Marcel Proust）：“我想，该死，这词念‘Pruust’。我从未念过普鲁斯特的名字，它仅仅是在脑海中，我一直以为它念‘Praust’。那其实是很棒的感觉——我终于学会了怎么念这个名字。终于也有人阅读我阅读过的东西。我终于来了，这是真的，这就是我。”[77]《芝加哥论坛报》的一名记者在刻画59岁的桑塔格时说，她带着多么强烈的感受沉溺在不曾间断的学习中。她的母校，桑塔格说，“对于一个 16 岁的年轻人来说是个有魔力的地方”。[78]

桑塔格也参加研究生的研讨课，作为一名本科生她原本没有参加的资格。桑塔格回忆起自然科学家和哲学家约瑟夫·施瓦布（Joseph Schwab）的课程，他在 1934~1973 年间对芝加哥大学产生了决定性的影响，桑塔格称他的课程为“观念世界中的新远征。我狂喜地离开了他的课堂”。[79]施瓦布是一个“天才教师，是芝加哥版苏格拉底教育方法的最佳展现”，桑塔格如是说。施瓦布的哲学导论对她而言已经达到了大师班的水准——尽管她自己在研讨课上很少发言。桑塔格过于羞涩，对自己的能力没什么自信。[80]

在桑塔格完成了她在加利福尼亚儿童房中拟定的作家和哲学家清单后，她又起草了一份新的，将个人的思想万神殿扩展至古典时期的经典哲学家和德国理想主义。即便在学生宿舍，这种智识活动也没有间断，因为选择这所异域风情的学校的年轻人和她一样也有着相似的旨趣。迈克·尼科尔斯（Mike Nichols），《谁怕弗吉尼亚·伍尔夫？》①［*Who's Afraid of Virginia Woolf?*，1966，伊丽莎白·泰勒（Elizabeth Taylor）、理查德·伯顿（Richard Burton）主演］的导演，和桑塔格一起在学校的剧院演出，桑塔格将他视为最好的朋友之一。另外一些

① 影片又名《灵欲春宵》。

芝加哥大学的著名毕业生都是文学家，如索尔·贝娄（Saul Bellow）、菲利普·罗斯（Philip Roth）以及库尔特·冯内古特（Kurt Vonnegut），还有记者西莫·赫什（Seymour Hersh），《纽约书评》（*New York Review of Books*）的创办人罗伯特·S. 希尔维斯（Robert S. Silvers），或者最高法院的法官约翰·保罗·史蒂文斯（John Paul Stevens）。

列奥·施特劳斯（Leo Strauss）是阿多诺、马尔库塞和霍克海默的同时代人，也是桑塔格的芝加哥大学老师。施特劳斯出生于黑森州的基希海姆（Kirchheim），师从埃德蒙德·胡塞尔（Edmund Husserl）和马丁·海德格尔（Martin Heidegger），1938 年来到美国。他于 1949 年取得芝加哥大学政治哲学专业的教席，不久便成为一位美国科学史（Wissenschaft）上最富影响力的人物，作为现代哲学的坚定反对者，他领导了新保守主义政治哲学运动，他的追随者一直延伸到华盛顿的核心权力层，他也被视为乔治·W. 布什政府的教父。[81] 施特劳斯的研讨课和大课在芝加哥的知识圈中拥有绝对的崇高地位。他的广大粉丝群体不仅仅包括学生，甚至还有教授、知识分子和政客。[82]

然而，对年轻的桑塔格来说，著名作家和文艺理论家，美国最具名望的修辞理论家之一，肯尼斯·博克（Kenneth Burke）才是关键人物。她经常兴奋地回忆起博克分析文章的迷人方式。他在研讨课上会花费几乎一整年的时间一个字接一个字、一幅画接一幅画地阅读约瑟夫·康拉德（Joseph Conrad）的小说《胜利》（*Sieg*，1915）。在临终前她还强调："我一直用他教我的方式来阅读。"[83] 博克的语言分析旨在理解人与人之间产生争执的原因，即在沟通过程中存在着戏剧及舞台剧场方面的因素。他的文学批评不属于形式主义范畴，他将其理解为一种对社会施加影响的方式，即一种具体的生活协助和行动指南。桑塔格后来也逐渐相信语言的功效。尽管她的散文和小说一直带有某种解释和思考的姿态，那就是将当下的现象转化成一种清晰、不暧昧的文字。

博克身上同样吸引桑塔格的，还有他与纽约格林威治村（New Yorker Greenwich Village）的波西米亚团体的联系，在那里他与许多作家、剧作家和享乐主义者结为朋友。博克将他那本如今已被遗忘的小说《通往更好的生活》（*Towards a Better Life*，1932）送给了桑塔格，并告诉她，他在格林威治村跟朱娜·巴恩斯（Djuna Barnes）和哈特·克莱恩（Hart Crane）合租。桑塔格在一次采访中如此评价道："您可以想象这对我的影响有多大……作家对我来说就像电影明星一样遥远。"[84]

这位痴迷于文学的年轻人现在有了新的幻想目标：她所景仰的文学家的人生。从许多方面来看，格林威治村都可以被视为美国现代主义的诞生地。博克于 1918 年搬到格林威治，不久便被认为是一名他们最重要的代表人物。他是该城区波西米亚团体的创立者之一，在 1915~1930 年与其他空想家一道被视为美国现代主义的先锋，比如尤金·奥尼尔（Eugene O'Neill）、玛丽安娜·穆尔（Marianne Moore）、马塞尔·杜尚（Marcel Duchamp）、E. E. 卡明斯（E. E. Cummings）、乔治亚·欧姬芙（Georgia O'Keefe）、阿尔弗雷德·施蒂格利茨（Alfred Stieglitz）、埃德蒙·威尔逊（Edmund Wilson）或者威廉·卡洛斯·威廉斯（William Carlos Williams）。博克认为，写作在当时是一项革命性的事业，人们通过写作唤醒读者，并且带来真正的社会变革，比如社会主义、女性解放和对其他生活方式的认同，主要是黑人、男同性恋和女同性恋。[85] 在 1930 年代的经济大萧条期间，在他选择学术生涯之前，他已经将托马斯·曼的《死于威尼斯》（*Tod in Venedig*）翻译到了美国，发表了音乐和文学批评，同时自己也撰写短篇和长篇小说。[86]

当博克向他的女学生讲述和火焰般炙热的作曲人哈特·克莱恩以及离经叛道的朱娜·巴恩斯的同居生活时，格林威治村在美国的想象中还是一个神秘之地，展现了有关反叛、艺术家气息、性解放和自我实现的所有想象。桑塔格十分感激地汲取着主流生活另一端的信息，她也期盼着有朝一日能过上这样的生活。总的来说，博克是苏珊·桑塔格学生时代唯一一个能和后来她在散文、小说和政治活动领域相关联的人。桑塔格从施特劳斯和施瓦布身上学到了严密的哲学论证，而在博克身上则学到了一种先锋姿态，这种姿态正好吻合于她早熟的政治和个人立场。

然而，成为作家的幻想与她的学术目标似乎无法协调。当时的她从未考虑过要成为真正的作家。而且，她对作为一个“心存感激、有纪律、军事化的学生”的新角色感到相当满意。[87]

芝加哥大学冉冉升起的新星菲利普·里夫（Philip Rieff）是一名社会学讲师，研究西格蒙德·弗洛伊德、马克斯·韦伯和社会文化理论。里夫，尽管博士学业仍未完结，但已经有意识地放弃了当下流行的经验主义社会学研究，逐渐成为美国最著名和作品最受广泛阅读的社会学家之一。在朋友们的推荐下，苏珊旁听了他关于弗洛伊德的课程。里夫被这个坐在第一排的沉默、严肃又美丽的女学生吸引，课后找她谈话并邀她共进晚餐。他进而邀请她第二天一块吃早饭，然后是午饭，晚上他就向她求婚了，他说，他第一次听到她声音的时候就知道，她是他要娶的女人。“我还从未被称为过女人。我想，这太美妙了，于是就答应了。这不疯狂吗？当我提议我们得先睡在一起时，他却认为我们应该先结婚。”[88]

他们于十天后结婚了。菲利普·里夫，出身于立陶宛犹太家庭，成长于芝加哥。他看起来不止 28 岁，而苏珊是一个留着深色长发，有着南方肤色的加利福尼亚人，在他旁边看起来既年轻又奇怪。这对罕见的夫妇在学生和教授圈子中引发了部分好奇的流言。在婚礼结束后不久，桑塔格去上里夫的一门课，她听到后面有人在低语："你听说了吗？里夫和一个 14 岁的印第安女孩结婚了。"[89]

这个年轻女学生独特的服装品味更加凸显了她异域般的外貌。结合随意不羁和冷静的戏剧式风格，她经常穿着淡蓝色的牛仔裤和凸显身材的深色套头毛衣，对当时的女性来说这是一种极为古怪的穿着方式，回想一下 1950 年代流行的那种硬邦邦的衬裙和过度裁剪的塑身衣，那么桑塔格的打扮还真算骇人听闻。[90] 就是以这些与主流不符的服装，桑塔格站在了衬裙时代的对立面，她的那代人已经紧接这个时代提前登上了 1960 年代的历史舞台。

菲利普·里夫对桑塔格来说是隆重的首次恋爱。和他一起，她在成长的战场上打了第一场情感和智识的战役。大约在五十年后，当《卫报》(*Guardian*)记者苏珊·麦肯齐(Susan Mackenzie)问桑塔格她是否爱过她的丈夫时，她热情地回答："嗯，是的。我爱过他，那是一次真正的婚姻。"对于他是否也同样地爱她这个问题，她略带苦恼地回道："这我没法回答。我不能说有人曾经爱过我。不，我不能这么说。”[91]在另外一次采访中她将里夫描述为“热情洋溢的书虫……他非常远离世俗。跟他相比我是世俗的”。[92]桑塔格没有遵照宗教传统，而是十分世俗地作了那个年代极不寻常的决定，她保留了自己的而没有冠夫姓。

桑塔格和里夫经营着他们的婚姻，她将其形容为连体双胞胎式的。在她稀有的自传体小说《书信情景》（*The Letter Scene*，1986）中，她描绘了那种狂喜和安全感，这是她在婚姻前几年的幸福岁月中可以感受到的。这对新人从未分开超过几个小时。这种形影不离为桑塔格提供了一种智识和私人的对话，而且似乎从不间断。[93]

1952年，里夫前往著名的布兰迪斯大学任教，这对新人随之搬去了波士顿，就是在那里，里夫在桑塔格源源不断的智力支持下开始写作他的专著《弗洛伊德：道德家的心灵》（*Freud：The Mind of the Moralist*，1959）。在此期间桑塔格怀孕了，19岁的苏珊开始了在不怎么具有挑战性的康涅狄格大学为期半年的英语文学主修课，然后在剑桥市的哈佛大学学习哲学，在这里她最终生下了儿子戴维。两所大学都位于波士顿所在地区。桑塔格早年的保姆罗茜前来照顾孩子，而外祖母米尔德丽德·桑塔格在他18个月大时才第一次见到外孙。这次桑塔格意识到，母亲的话如此深刻地烙在了女儿的记忆里——“哦，他太吸引人了！你知道的，苏珊，我原本是不喜欢小孩的。”[94]

因为有罗茜的帮忙，苏珊才能继续她的英语文学和哲学学业。正如她后来经常回忆的，她继续生活在“一种智识的狂热和迷乱中”。这对夫妇的朋友们都是些上了年纪的老学究，“德国难民，知识分子，主要是犹太人”。[95]比如，桑塔格和里夫会与赫伯特·马尔库塞（Herbert Marcuse）整夜整夜地讨论他们的哲学观点，后者同样也在布兰迪斯大学教书，并且在这对夫妇的家中居住了一年。[96]马尔库塞在这段时期研究出了他著名的“压抑性容忍理论（Theorie der repressiven Toleranz）”，这是学生反抗运动和1960年代左翼哲学家的核心理念，对年轻的桑塔格产生过深刻的影响。

在哈佛，她也会与保罗·田立克（Paul Tillich）和雅各布·陶伯斯（Jacob Taubes）见面，这是她的两位伟大的精神导师和支持者。尤其是雅各布·陶伯斯，他是一位移民美国的奥地利犹太人和有着巨大影响力的教授。当时，他作为洛克菲勒奖学金获得者在哈佛执教了两年。桑塔格学习勤奋，在陶伯斯接受柏林自由大学的聘任离开美国时，他们已经一起合作了好几年。然而，如同人们设想的天赋极高的学生那样，桑塔格的学业并非一帆风顺。她对名气较小的康涅狄格大学的条件并不满意，但即使在哈佛，她也得像在康涅狄格大学一样先学习英语文学，从而错过她在芝加哥大学时很重视的知识导论："哈佛是一所无与伦比的大学，但也依旧普通，学生有很多选择，却缺少完全正确的方法。"[97]尽管如此，不久之后她便在剑桥开始带自己的学生，实际上她在刚读哲学系时就被认为拥有聪明的头脑。通过研究生考试时，她名列哈佛大学哲学考生的榜首。[98]

克里斯玛型的雅各布·陶伯斯影响了整整一代德国和美国知识分子，如今他们都已声名显赫。他看起来是这样一位老师，天赋异禀又难以相处，如同列奥·施特劳斯，他周围不久便聚集起了一个高智商的小团体，他们都沉迷于他的尖锐观点和理论偏好，通过这些理论他思维的抛物线可以包含整个文化和宗教史。他家长式的专制风格有时会突然变成一种苦涩和伤人的冷嘲热讽。总之，他就像里夫和施特劳斯一样，是强势的、占据支配地位的犹太知识分子和异域的欧洲式的家长形象的化身，同时又具备超群的学术能力，桑塔格感到她的整个职业生涯都反复被这种能力吸引。以他为榜样，桑塔格特别训练了自己面对争议和辩论时的勇气。桑塔格后来也认为，陶伯斯把悖论视为思考的一部分，异议则开启了智性的空间，而非关闭它。陶伯斯和桑塔格都倾向于结合那些具有重大文化史意义的连接点，而不是对某些特定的文化切面作小心谨慎的分析。

桑塔格在剑桥认识了陶伯斯的夫人，她同样也23岁，同样也叫苏珊。她也是一个天赋异禀的学生，尽管意志有些消沉，她主要致力于研究西蒙娜·薇依（Simone Weil），一位法国的犹太神秘主义者，在“二战”的灾难时刻试图传播宗教的拯救经验。两位女士的关系很快就变得十分紧密，她们都在相对的孤独中成长，都很少像1950年代的美国妇女那样参加社交活动。两人在年轻时都因学术上的倾慕而结婚。她们的友谊让她们可以从丈夫们日益保守的统治欲中逃离出来，而丈夫们对他们年轻夫人的自我实现都缺乏热情。

这段时期，桑塔格和里夫陶醉在智识中的理想状态出现了第一道裂痕。桑塔格后来很喜欢讲述这段插曲，对她而言那就是转折点。在当时的学术晚宴上，教授和教授夫人之间仍然存在严格的区分。饭后，男性们都要出去抽烟，辩论学校中的政治或哲学，而妻子们则形成她们自己的圈子。年轻的桑塔格不知道该怎么和另外的夫人们聊天，也不知道该聊些什么，经历过许多失败的夜晚，她终于鼓起勇气走向教授，在一系列的震惊后，教授们容忍了她出现并存在于他们的圈子中。[99] 因为这些解放的创举，里夫和他不守常规的年轻妻子之间的裂痕变得越来越大，他后来在美国《绅士》(*Esquire*)① 杂志的一次采访中亲自证实:"我是一个十分传统的男人。我认为,结婚是为了生小孩,是为了组建一个传统家庭。我无法适应她想要的那种生活。您看,家庭和反家庭,我们可能属于第二种类型。"[100]

里夫追求传统的家庭生活,而苏珊则感到某种越来越强烈的愿望,要超越这个仍处于学业中的妻子和母亲的角色,他们之间的利益之争对于 1950 年代的美国家庭结构来说十分典型。这种发生在两个善于言谈的人之间的争论,大多也变得说不出口,却越来越具有意义。桑塔格早在 1951 年便已读过西蒙娜·德·波伏娃(Simmone de Beauvoir)的《第二性》(*Le Deuxième Sexe*),她后来描述,那段时间她变得越来越好斗,尤其是在涉及她作为女性的自我实现以及把波伏娃的理念转变成实践时。[101] 菲利普·里夫也不擅长争论,在回顾自己与年轻夫人的差异时,他将其描述为生活理念的冲突:他的理念包含一个大家庭,相反的,苏珊的则是一个大图书馆。[102]

和孩童以及青年时期一样,苏珊·桑塔格主要在文学中找到了处理他们冲突的空间。桑塔格在她最后一本小说《在美国》的导言中讲述,她 18 岁那年读到了乔治·艾略特(George Eliot)出版于 1871 年的

① 中文版为《时尚先生 Esquire》。

小说《米德尔马契》(*Middlemarch*),在读到全书的三分之一时她号啕大哭,因为她不仅在多萝西亚这个角色身上辨认出了自己,而且就在几个月之前她也同一位卡苏朋先生结了婚。[103]

艾略特的这本小说是维多利亚文学最重要的代表作之一,以一种对那个时代而言不同寻常的清晰笔调探讨了有关性别角色的问题。中心人物多萝西亚·布鲁克(Dorothea Brooke)是一位来自英格兰大资产阶级家族的严肃的年轻女性,她渴望教育,同时也希望把她的理想主义变成现实。多萝西亚拒斥了一位年轻男士身上的优点,却更倾向于年长的牧师爱德华·卡苏朋(Edward Casaubon),她想象着卡苏朋可以带她领略世界上的伟大思想,同时又能在他的教堂里为她提供一份人智学(anthroposophische)的工作。而这场婚姻被证实是个可怕的错误。卡苏朋忽视了多萝西亚学习和协助他学术研究的努力,他轻视又妒忌她身上年轻人的精力,她的幽默和她的朝气。多萝西亚最终才意识到,他的智识野心主要与他对权力和影响力的渴望有关。

就在这种背景下,桑塔格在《在美国》中回忆她和丈夫的关系时贴切地总结道:一方面是一个年轻早熟,生活上却依旧幼稚的女人,她为年长保守的丈夫的学术计划牺牲了自己的生活和自我实现的可能。另一方面,菲利普在写作关于弗洛伊德的学术著作时,他与妻子的对话，妻子实际的研究、写作和思考都对这本书有着非常大的帮助，因此那时候大部分的评论家和朋友都认为《弗洛伊德：道德家的心灵》是这对夫妇的共同创作，尽管里夫不太情愿承认他妻子的学术贡献。[104]

桑塔格越来越感觉自己被生活所缚，而她或多或少已经跌落其中。这里不仅涉及她的婚姻，还涉及与这段婚姻相关的学术圈的世界。不久，她心里就明白，她不愿再继续待在哈佛和布兰迪斯的学术世界里，因为她越来越觉得“所有氧气”都从她身上“跑光了”。[105]

这个时期的另一段插曲特别符合桑塔格当时的内心感触：“我想起有一次，我想大概是1956年……我去了哈佛广场的一家电影院。那天放映的是《昼夜摇滚》(*Rock Around the Clock*)。我坐在那，当时的我23岁，我脑子里想着：老天！这太了不起了！太神奇了！看完电影后，我故意放慢回家的速度。我思索着，我应该告诉菲利普我看了这部电影吗？告诉他年轻人的音乐形式，以及年轻人都在电影院的座位上跳起舞来，这一切都太美好了？然后我想，不行，我不能告诉他。”[106]

流行文化决定了现在的美国，对于熟悉这个现象的人来说，他们似乎无法想象当时的大众文化与公民教育文化和高雅文化之间的严格界限——比如关于

"低俗、中等和高端"的著名划分，1950年代时，这些领域几乎没有任何重叠。学院文化和大众文化毫无交集，一个哈佛的女学生不仅去看摇滚电影同时还非常喜欢，这在当时完全是闻所未闻。[107]比尔·哈利和彗星乐队（Bill Haley & The Comets）的《昼夜摇滚》是第一首决定性的摇滚热曲，连续几周登上了美国的销售排行榜。热情激动的年轻人聚集在哈利和彗星乐队出没的地方，有时甚至会引发真正的骚乱。1955年，这首歌被电影《黑板丛林》（*Blackboard Jungle*）用作片头曲后，唱片的销量激增，也为摇滚电影《彻夜狂欢》（*Rock All Night*，1957）、《我们摇滚吧》（*Let's Rock*，1958）、《加油，约翰尼》（*Go, Johnny, GO*，1959）奠定了基础，它们成为接下来几年最卖座的影片。

桑塔格在电影院看的也可能是这部《黑板丛林》，但是在她的记忆中电影片头曲的名字成了电影的名字。桑塔格在后来的散文中喜欢将至上女声组合（The Supremes）、披头士（Beatles）、帕蒂·史密斯（Patti Smith）的流行音乐与罗伯特·劳森伯格（Robert Rauschenberg）的绘画或者弗里德里希·尼采的哲学进行比较，她对新音乐的反应可以说是源自本能，几乎带有一种欲望的基调，正如她在1975年面对《滚石》（*Rolling Stone*）杂志采访时所描述的："摇滚确实改变了我的人生……是比尔·哈利和彗星乐队……然后我听了约翰尼·雷（Johnnie Ray）唱的《哭泣》（*Cry*）。我是在自动投币唱机上听的，听得皮肤直发麻。”[108]桑塔格在当时所生活的知识圈内，并不认识任何一个可以与之分享这些经历的人。[109]

桑塔格并没有说，如果她将那次的电影院经历一五一十地告诉丈夫，究竟会发生什么。他会取笑她吗？或者责备她？还是忽视或轻蔑？年轻的桑塔格越害怕丈夫的评价，就越少将自己的私人空间定义成这段婚姻的一部分。菲利普·里夫也可能喜欢猫王埃尔维斯·普雷斯利（Elvis Presley），而如果他漂亮、聪颖又年轻的夫人一边能与马尔库塞智慧地对谈，一边又乐于接触流行文化，他可能也会觉得这是魅力非凡、勇气可嘉。他也可能直接认为这很怪诞。他很可能会接受这一点，但表面上不喜欢。所有这些都只是种可能，但都被她以虚假的婚姻和平为名否决了，因为桑塔格觉得丈夫的评价比她的个人意见更重要。

菲利普和苏珊的婚姻看起来正是维系在这种紧张的区域中，在性的压抑和智识的坦诚之间，在对哲学的共同热情和对无法分享的热情的沉默之间。

1957年，在她获得哈佛大学哲学硕士学位之后，桑塔格在保罗·田立克的举荐下获得了美国大学妇女联合会（American Association of University Women）的奖学金，她将前往英国的牛津大学，在那里她会以“伦理的形而上基础（metaphysischen Voraussetzungen von Ethik）”为题撰写博士论文。[110] 里夫也将在加利福尼亚的斯坦福大学谋得教职。戴维则会交由他的祖父母抚养，苏珊和菲利普将要分开一整个学年，他们约定每天都给对方写航空信。[111]

巴黎，一段罗曼史（1958~1959）

> 纽约和巴黎，对我来说就是两个天堂。我生活在纽约，但是我觉得巴黎是我的第二故乡。我成年生活的大部分时间都在那里度过，当我想到法国，它的文化以及作为我人生核心的电影院时，我就感到无比的喜悦。[112]

在苏珊·桑塔格出国的年代，只有4%的美国人认为有必要拥有旅行护照。[113]而当她于1958年9月搭乘飞机前往英国牛津大学的圣安妮学院时——当时这对于跨洋旅行者来说是相当奢侈的，乘坐跨大西洋邮轮依旧是前往欧洲最实惠的首选方式——她只有25岁。呈现在她面前的是光明的学术生涯。而欧洲，她儿时和青年时的梦，隐藏着一系列的惊喜。她第一次从自己的小家庭和哈佛学术圈给她设立的各种要求和强制中解放出来。她因独处产生了解脱的感觉，而她合法化这种解脱感的方法就是每天给菲利普写一封他们约定好的信:“在当时，人们从未想过仅仅为了保持联系而拨打跨洋电话。我们并不富裕，他又吝啬。我发觉，同时也相信，没有他的生活的确是可能的。但是我每晚都写信给他。白天我在脑子里构思要写给他的信，同时也常常在脑子里与他对话。”[114] 苏珊·桑塔格半兴奋半愧疚地偏离了她的婚姻习惯，并遭遇到一个困境，正如上面这段1986年的自白所呈现的，她将其描述为是被动允许发生的，像是一种亵渎，有意且自愿地从原来的家庭结构中脱离。她自己对每晚写信仪式的分析，就是这种矛盾心理的典型反映。而由此创造出的亲密感，对她来说同时也是一种与菲利普保持距离的方式:“当我给你写信时，我不必看见你，触摸你。舌头也不必放在你的皮肤上。”[115]

桑塔格告诉《独立报》记者佐埃·埃莱尔（Zoë Heller）她是多么享受她的欧洲时光，以及在远离和菲利普一起的哈佛生活后，她又是怎样发现了一种全新的自由。在牛津，以及之后在巴黎，她探索了她个性中崭新的、迄今为止备受压抑的部分，她用尽所有的渴望、可能和感官回首享受了她因期盼迅速成长而未曾挥霍过的青春。她感受到了年轻，桑塔格说，以一种之前从未敢于尝试的方式。“牛津实际上意味着我婚姻的结束。”[116] 然而，她第一次有这样的念头可能源自羞耻与恐惧，却也可能源自不安全感，因为她期盼这段日子能赶快过去："我不能告诉他我想要离婚，不能通过书信。我的信必须是充满爱意的。我必须等到我回去。"[117]

桑塔格的牛津时光不太为人所知。尽管在她的出版物和杂志肖像的简介中常常提及她曾求学于牛津，可以想象的是，一个美国哲学系的学生在当时一所极具传统、至今仍用拉丁文举行毕业典礼的大学中并不会感到特别舒适。不仅因为她是一个美国人，同时也因为她是一名女性。英裔美籍知识分子朱迪斯·格罗斯曼（Judith Grossman）如桑塔格一样，同一时期也在牛津大学求学，她在自传体小说《她自己的条件》（*Her Own Terms*，1988）中讲到，比起美国1950年代末的精英大学，女性在牛津的学术环境中更加属于绝对的少数，男性同事们常常以一种厌女式的倨傲而又勉强友善的态度对待她们。同时，传统大学里的课程安排和学术习惯都无法令桑塔格满意。英式哲学的研究路径以逻辑和分析为主，很少有桑塔格在芝加哥的施特劳斯或在哈佛的陶伯斯那里所熟悉的，过度发散的和本质上非正式的哲学讨论，更关键的是，当时牛津的学术文化氛围较少关注学术上的顶尖成就，而更倾向于培养既能把握学术对话又能驰骋网球场的社交精英。

仅仅四个月之后，桑塔格就中断了她在牛津的学业，搬去了巴黎，那座她儿时的梦中之城，也是萨特和梅洛－庞蒂对肉体性问题进行公开哲学辩论的城市——桑塔格想以这场辩论为题撰写博士论文——还是无数美国人享受欧洲波西米亚流亡式迷人生活的城市。1959 年到来前夕，桑塔格搬进了巴黎圣日耳曼德佩（Saint-Germain-des-Prés）的狭小斜屋顶住宅中。

美国记者斯坦利·卡诺（Stanley Karnow），同时也是巴黎作家娜塔丽·萨洛特（Nathalie Sarraute）的女婿，回忆圣日耳曼德佩区在 1950 年代的巴黎属于时髦城区，那些经济优渥的上班族聚集在优雅的画廊、古董店、室内设计工作室、书店和出版社、餐馆、酒吧以及咖啡馆里。当时，卡诺作为《时代周刊》（*Time*）驻巴黎记者，记录了那些来自美国的文化流亡人士是如何深刻地影响了巴黎的城市面貌。数以千计的美国人在“二战”后来到巴黎，巴黎也单就这个名字承诺了所有的可能：“美丽、精致、文化、美食、性、逃离和所有一切无法定义的东西，简称为氛围。”[118] 大部分美国人之前都是军人，军队负担了他们在巴黎的学习开支，他们学习艺术、文学、芭蕾甚至高级厨艺等专业——或者声称要学。在这些巴黎美国人中，有垮掉一代的作家威廉·S. 巴勒斯（William S. Burroughs）、艾伦·金斯堡（Allen Ginsberg）以及诺曼·梅勒（Norman Mailer），后者是美国著名作家，在蒙帕纳斯（Montparnasse）写了他的著名小说《裸者与死者》（*The Naked and the Dead*，1948）。就像对于“二战”前那一代的美国艺术家和知识分子一样，比如约翰·多斯·帕索斯（John Dos Passos）、欧内斯特·海明威（Ernest Hemingway）、格特鲁德·斯泰因（Gertrude Stein）、斯科特·菲茨杰拉德（Scott Fitzgerald）和T. S. 艾略特（T. S. Eliot），战后的巴黎对于新的流亡者来说，依旧是一个拥有巨大文化和现实生活影响力的地方。

这不是桑塔格第一次来到巴黎。18岁那年，她和菲利普·里夫一起在法国待过一个月。搬离牛津去大都市居住的决定与当时年轻恋人们的某种积极印象有关，这种印象混合了热爱阅读的年轻人对于欧洲高雅文化首都的浪漫想象。她曾为旅行手册《世界上有个地方叫巴黎》（*A Place in the World Called Paris*，1994）撰写序言，在这篇回忆巴黎的文章中，她在某种意义上甚至将自己比作契诃夫笔下的玛莎（Mascha），因为她对法国首都的渴望和契诃夫戏剧三姐妹中的二姐对莫斯科的渴望等同。

尽管桑塔格表面上计划在当地的图书馆为她的博士论文作研究，并且继续在索邦大学（Sorbonne Université）上课，但这段时期她个人本质的发展并不在学术领域。桑塔格开始根本性地调整了新的方向。如她在迄今为止所出版的包含1958~1967年的日记中所记载的，就是在这段时间她第一次放纵了自己的情欲。而这与她对另外一种知识生活的构想紧密相连，这种生活完全不同于她之前作为年轻学生和大学教授夫人的经历，它摆脱了大学机构、研究报告、学术人事政策的限制，也远离了狭隘的立场之争、私人仇恨和等级制度。

她在巴黎发现的知识世界主要是咖啡馆中的活动，主角是艺术家群体，初衷是对现代文学和电影的热爱。这一年，桑塔格的法兰西文化癖（Frankophilie）塑造了她的整个生活，因此在后来很长的一段人生中，她都会一再回到这座大都市，生活在塞纳河畔，她不仅将一系列新的哲学概念，同时也将优雅独立的巴黎知识分子理念带返美国。在巴黎，她学到了个人观点的形成并不亚于一场存在主义的戏剧，这远远超出了大学联盟的打造，她更是学到了对一种知识立场的接受可能会受个人直觉、喜好和厌恶的影响，尤其当它并不属于学术话语时。

在 1958 年 12 月 29 日的日记中，桑塔格比较了她在“纽约之行”中所捕获的对格林威治村的印象和巴黎的波西米亚风格，在后者中，很多美国人、意大利人、英国人、南美人和德国人可以一起生活，不受“国家认同或虚假认同”的干扰，也没有“作为犹太人的普遍的悲喜剧”。它们最大的不同是她深爱的咖啡馆生活：“在工作之后，或者想试着写作和画画时，人们就会来咖啡馆找熟人。他们不会单独来或者不会至少有一个确定的约会。每个晚上人们可能会去好几家咖啡馆——平均在四个。”[119]

在另外一处她写道，尽管这座城市早已不是她青年时所幻想的那样，也就是说那个“《天堂的儿童》（*Les Enfants du Paradis*，1945）中的巴黎或者波德莱尔和纪德、福楼拜和瓦莱里想象的法国”，[120]但它依旧能为享乐的局外人提供足够的经历。虽然她很熟悉洛杉矶和纽约，而且她生命中的大部分时间都在小城市度过，现在却享受着独立和匿名的解脱感。巴黎生活的普通一天是这样的：“十一点在‘漂亮的房间（chamber de bonne）’中醒来，中午在一家便宜的便利餐馆吃饭，下午，在迟疑去电影资料馆看第一部（第二部或者第三部）电影前，去老海军或者圣日耳曼大街另外一家不那么嬉皮的咖啡馆吃一个三明治，再和朋友前往爵士酒吧或者臭名昭著的地下酒吧，凌晨三点前，如果做对了所有的事，就不会单独上床。”[121]在她的巴黎时期，桑塔格不仅发现了波西米亚式的生活，而且实现了她的作家梦，这个梦一直埋没在学术的流沙中。

这种文学的野心在一开始就呈现了它的对立面，那是对这种生活方式的结果的恐惧。比如根据桑塔格的描述，聚集在咖啡馆的那些失败的知识分子、作家和艺术家触发了她的害怕与惊恐。她为自己设立的作家要求肯定是另外一副样子。正如她之前的许多作家，她也以写日记的方式开始第一次文学尝试和文学的雄心。她以一种毋庸置疑又自我批判的方式讲道："除了懒惰之外，没有什么能够阻止我成为一个作家。……为什么写作对我来说如此重要？主要是因为我以自我为中心，我承认，我想成为作家，不是因为我必须要说些什么。但为什么也不是因为我必须说些什么而成为作家呢？为了建设那一点点自我——一种更加完善，日记中记录道——我应该自信起来，说出那些应该被说出的东西。"[122]

桑塔格对作家志向的表达反映了她意志坚定的动机，虽然是通过某种自我怀疑的方式，可她明显缺乏统治大部分作家自我认知的启发、创造性和灵感方面的观念。桑塔格主要关注的是作家这个"角色"，她希望能够透过这个角色来缓解她那个不安全的、问题丛生的自我。桑塔格想通过写作来获得那个她长久以来不敢违背时代、家庭和学术生活要求而尽情发展的自我。不同于其他作家，他们写作是**因为**他们有东西要说，相反的，桑塔格写作是**为了**有东西可以叙述。这几行文字让人印象深刻是因为它的清晰性，桑塔格以此表明了她的意图，还有就是它的真诚，她以此承认了自己的虚荣，以及她为自己设定的不同寻常的高要求。桑塔格的许多日记都摇摆于这种自我折磨和野心之间。

桑塔格来到巴黎时，那里已经有几个她的熟人：伯克利认识的作家哈丽特·索默斯（Harriet

Sohmers），当时在做艺术模特，还有来自芝加哥的文学家艾伦·布鲁姆（Allan Bloom）和后来成为电影研究专家的哈佛的安妮特·米歇尔森（Annette Michelson）。他们都属于巴黎的美国波西米亚流亡群体，而桑塔格在巴黎期间就沉浸在这群人之间。尤其是和哈丽特·索默斯的结识，桑塔格与她发展成为恋爱关系，这对她生命的这段时期具有重大意义。她的日记细致入微地描写了与索默斯之间这段迷惘又艰难的关系，这段关系使她陷入自我仇恨的攻击中，促使她做出热情洋溢的爱情宣言。和哈丽特的关系让桑塔格变得没有安全感，尤其在哈丽特谈及她对一场“恋爱关系”的形式和界限要求时。和桑塔格一样，索默斯也有着一段确定的异性恋爱关系，她和一名瑞典画家一起生活在圣日耳曼大街的房子里。当桑塔格的渴望和需求太过分时，索默斯似乎将她对恋爱的不满主要投射到她和桑塔格的这段关系中。

她们从法国出发，一起旅行过意大利、西班牙和希腊，一起加入巴黎的咖啡馆圈子，一起去看电影和参观博物馆。哈丽特和苏珊的关系一直带有某种巨大骚动的戏剧性。在某次她们举办的派对上，哈丽特铆足全力朝苏珊的脸打了一拳。这段时期艾伦·金斯堡也正好生活在巴黎，他问她为什么要这么做，毕竟苏珊比哈丽特更年轻也更漂亮，她回复道：“这就是原因！”[123]

两位女性不断变化的关系最终以失望告终。偶然的机缘下桑塔格读到了哈丽特的日记，发现她的女友主要对和她的性爱激情感兴趣，除此以外并没有那么爱她。桑塔格在自己的日记中描述这段经历的方式十分罕见。她没有受伤和失望，人们看到的是不真实的冷漠。她虽然承认自己很愤慨，但她主要把这段插曲看成一个可以分析她女友性格不同方面的契机。[124]这段关系结束后仅仅两天，她承认自己确实遭受了心灵创伤。她绝望地尝试用理智来控制，但完全无济于事。她写到，虽然不再抱有哈丽特会再爱她的幻想，但她接受哈丽特至少喜欢过她。[125]桑塔格认为，哈丽特之后几年仍然是“美国波西米亚文化中那枝最精致的花朵”——对于桑塔格正在尝试习惯的另外一种摆脱传统制约的生活方式而言，她是一份魅力无限的承诺。

1959 年 2 月，26 岁的桑塔格在一个鸡尾酒会上认识了三个人，他们正好是桑塔格所幻想的那种知识生活的偶像。酒会在法国哲学家让·瓦尔（Jean Wahl）的家中举行。他似乎很少在意自己的外表，桑塔格在瓦尔的裤子上发现了三个洞，人们可以透过这几个洞看到他白色的内裤。科学史家乔治·德·桑蒂拉纳（Giorgio de Santillana）也在场，还有一个长得像让-保罗·萨特的年长男性，“只是比他更丑而且跛脚”，后来他被证实就是萨特本人。[126]有关这次酒会的描述是她日记中最长的片段之一，偶尔也透露出桑塔格在这种社交场合幼稚表现的某种吸引力。发生在让·瓦尔位于佩尔蒂埃大街（Rue Peletier）的嘈杂的房子内的每个细节都被桑塔格如作画一般事无巨细地记录下来——北非的家具、上万的书籍、鲜花、绘画、儿童玩具、沉重的桌布和比瓦尔小三十岁的、漂亮的突尼斯夫人。正如桑塔格对萨特和瓦尔的评价所表明的那样，她的吸引力有时也会变成一种轻率的讽刺。[127]

桑塔格1960年代的文章表明，她从这种对待法国精神生活和法国大家的矛盾立场中受益良多，也深受影响。在这里起主要作用的是她与安妮特·米歇尔森的友谊，后者日后成了电影教授和《十月》（*October*）杂志的创办人，这段友谊被桑塔格的好友斯蒂芬·科赫描述为"苏珊生命中重要的智识事件"。[128]战后的艺术和文化世界对于这个哈佛博士来说或多或少有着一种不熟悉的感觉，米歇尔森帮她探索了这个领域，让她注意有趣的作家，同她谈论艺术家和导演，并且将她介绍进巴黎的文化场合。

桑塔格沉浸在巴黎文化生活的这段时期正值欧美1960年代的开端。1950年代末的巴黎是政治和文化的中心，它决定了文学、电影和政治思想领域今后几十年最重要的发展趋势。1957年5月22日，文化批评家埃米尔·昂里奥（Émile Henriot）在《世界报》

（*Le Monde*）上提出了“新小说（Nouveau Roman）”的概念，用来描述法国文学的新发展，以及娜塔丽·萨洛特、阿兰·罗伯-格里耶（Alain Robbe-Grillet）、玛格丽特·杜拉斯（Marguerite Duras）和米歇尔·布托（Michel Butor）等作家。新一代作家的创作都有严格的智识动力，共同反对传统小说的叙事形式。心理学上的人物发展，叙事的连续性，作家作为叙述者的全知视角，依照他们的观点，所有这些传统的文学习惯已经不再适于描述刚结束的世界大战和正开始的冷战。“新小说”尝试形式上的实验，涉及叙述视角和叙述时间；尽可能致力于清除文本中的作者痕迹，让文学成为一个纯语言的事件，让它的意义更多体现在读者的解释上，而非作者的意图上。作为贝克特、卡夫卡以及她自己那位从事高度现代化写作的老师肯尼斯·博克的热情读者，桑塔格也同样受到新小说风格和知识内涵的启发。尽管她后来可能否认新小说对她的影响，但在她自己的作品中，主要是前两本小说《恩主》（*The Benefactor*，1963）和《死亡匣子》（*Death Kit*，1967）中，其实可以发现诸多新小说的要素。

另一个巴黎生活的面向同样也对桑塔格产生了解放意义层面的深远影响。不久前还偷偷跑去电影院的她，如今可以为了看那些流行电影而完全不受干扰地沉浸在自己的欲望中，有时她白天会去好几次电影院。电影在美国主要被知识分子归类为流行文化，但巴黎不同，它的知识界很尊重电影，以近乎宗教的方式对待他们的大导演，比如让·谷克多（Jean Cocteau）或者雅克·塔蒂（Jacques Tati）。当时同样也生活在巴黎的美国电影批评人埃利奥特·斯坦（Elliott Stein）讲述了他是如何把桑塔格带入巴黎的艺术电影圈的，特别是传奇的法国电影资料馆（la Cinémathèque française）。斯坦也介绍桑塔格认识了大量的法国电影导演，如特吕弗和戈达尔。[129]

当时，拉丁区的电影院习惯在电影放映后举行公众讨论会，文学杂志也会发表深入详细的电影评论。美国的好莱坞电影——德军占领时期曾禁止放映美国电影——也会配有各种各样的评论和响亮的关键词，如“回顾－超现实主义（Retro-Surrealismus）”，而那时尚没有一个美国的严肃评论家从事电影批评。一生都热爱电影的桑塔格将这种热情带回了美国，并始终将探讨电影视为一项重要的任务。

对苏珊·桑塔格的人生产生过很大影响的还有当时法国知识分子对政治热情又激进的讨论，这在1950年代保守的美国，特别是在它的学术圈中根本无法想象。当共产主义在美国被视为死敌，对苏联表现任何些许的同情都会遭到无情的追捕时，巴黎的咖啡馆里却进行着一场激烈的讨论，关于东欧国家提供了哪些社会可能性，直到公开表示对它们的广泛同情，而就在三年前麦卡锡主义盛行的美国，人们很可能会因此被关进监狱。

即便在1956年2月赫鲁晓夫揭露斯大林罪行的讲话过后，这个话题也没有失去现实性，发生在华沙、柏林、布达佩斯和布拉格的镇压和追捕被视作西方知识分子道德困境的范例而被讨论，由此他们提出了一项被西方左翼坚持了数十年的罕见的双重策略：一方面是对共产主义罪行怯懦的谴责，比如发生在民主德国、匈牙利和捷克斯洛伐克失败的工人暴动；另一方面则是对共产主义目标和哲学伦理学基础抱有的迟疑的同情。[130] 直到1970年代末，桑塔格也是支持这种双重策略的。桑塔格为1960年代的美国带来的是极端化的左派立场，美国舆论界对此闻所未闻，而她并不在意政治丑闻，同时还带来了一种普遍的确信，即党派性是西方民主的一种存在性义务。

*

下定决心成为作家和过一种别样的精神生活，势必导致她与学术研究渐行渐远，以及和菲利普·里夫的婚姻生活彻底破裂。1975年，当被问及离婚的原因时，桑塔格说道，她想要“体验更多种人生”，而与丈夫共生般的关系似乎让她无法做到。她必须在“生活和计划”[131] 之间作出选择——那个“苏珊·桑塔格计划”。令人吃惊的是，桑塔格真的选择了离婚。桑塔格用她的戏剧天赋将与菲利普的离婚描述成无尽的悲伤，认为离婚的决定完全搅乱了她的生活，却很少对她丈夫面临的困境表示些许同情。桑塔格回忆，在她从巴黎飞回波士顿时，依旧蒙在鼓里的菲利普·里夫激动地穿过机场的等待区域，只是为了给已经在滑行轨道上的她一个拥抱。取完行李后，在他还没有来得及插入车钥匙时，桑塔格告诉他她想要离婚。几天内，桑塔格从里夫的父母家中接回了儿子戴维，并搬去了纽约。[132]

纽约的关系网（1959~1963）

> 我从未想过，我会没法过我自己想要的生活。我想，是的，我不能轻易放弃。[133]

理查德·霍华德（Richard Howard），美国诗人，普利策奖获得者，米歇尔·福柯（Michel Foucault）、罗兰·巴特（Roland Barthes）和米歇尔·莱里斯（Michel Leiris）的译者，桑塔格的终身好友之一。他回忆桑塔格经常讲述她离婚的戏剧化场面，以及那段日子对她的人生来说是多么重要。据霍华德所说，桑塔格对她保守的丈夫完全坦承了离婚的原因。[134]

1959年3月，桑塔格和她的儿子戴维搬去了纽约。桑塔格以她典型的自我戏剧化的方式在采访中讲述，她仅仅提着两个箱子，带着30美元就来到了这座大都市，在之后的采访中，30美元变成了70美元，[135]而这是一个稍微比较现实的数目，价值大概等同于今天的 450 美元，但鉴于纽约当时仍旧低廉的租金，这个数目对一位初来乍到的人已是完全够用。

桑塔格在这里讲述的听起来又像是一个关于美国梦的著名故事。一个一文不名的 26 岁单亲母亲来到一个不友好的巨大城市，目标是在那里成为作家、电影制作人和知识分子，凭借自己的力量，不惧怕任何阻力也要实现这个计划。对于桑塔格而言，可能没有一个地方比纽约更能实现她对波西米亚式生活的幻想。这座城市对一个有志气的年轻女性来说可谓一切皆有可能。尤其是在那个年代，这座大都市吸引了诸多艺术家来创建亚文化，就美国的任何地方而言这都是无法想象的。尤其是对正在成长中的作家们来说，这种混合了神话、原始素材和天分的东西简直难以抵抗。而这座大都市恰好经历了经济上空前绝后的繁荣。摩天大楼矗立在城区中，从华尔街的地面拔地而起，一面挨着一面，波西米亚的场景明显地体现在上西区的老建筑物上。媒体工业蓬勃发展，不只是因为电视机的迅速走红，纽约还聚集了美国最密集的出版社、杂志社和报社，以及一群最具天赋的作家、艺术家和音乐家，他们在当时的世界范围内都是独一无二的。美国的艺术世界始于与欧洲榜样的分离，并宣称自己为艺术的中心。诺曼·梅勒（Norman Mailer）、戈尔·维达尔（Gore Vidal）和菲利普·罗斯（Philip Roth）定义了文学场域。约翰·

凯奇（John Cage）、尼德·罗雷姆（Ned Rorem）和菲利普·格拉斯（Philip Glass）则开启了他们的音乐生涯，引导了一场现代音乐世界的革命。

根据戴维·里夫的描述，这个小家庭刚到纽约时经济上是比较困难的。[136] 桑塔格在众多采访中透露，出于骄傲，也缘于早期的女权主义意识，她不愿接受丈夫的任何生活费。她也愤怒地拒绝了她的律师为戴维申请的经济援助，尽管她无家可归也没有工作。[137] 在离婚协议中，里夫要求他作为《弗洛伊德：道德家的心灵》的唯一作者，虽然桑塔格也曾不知疲倦地参与撰写过这本书。

由于不确定自己的学术生涯以及何时能够结束博士论文的写作，桑塔格可能通过雅各布·陶伯斯的介绍找到了一份临时的工作，在一家颇具声望但机构臃肿的智识型杂志《评论》（*Commentary*）做编辑。然而，这份工作没能成为桑塔格作家生涯的跳板，并且最终证明这是一份日复一日令人筋疲力尽的工作。安妮特·米歇尔森回忆桑塔格常常跟她抱怨沮丧的编辑工作和单调的办公室生活。[138] 但是这份全职工作保证了她和戴维半年的生活开支。母子俩后来搬到了上西区的艺术家聚集区，住进了位于 74 街和 75 街间的西区大道（West End Avenue）内的一间便宜狭小的两居室里。

1959 年秋，桑塔格离开了《评论》杂志，接受了两份分别在纽约城市大学（City College of New York）和莎拉劳伦斯学院（Sarah Lawrence）的教职，这给了她更多自由的时间。1960 年，雅各布·陶伯斯终于成为哥伦比亚大学的宗教学教授，他为桑塔格提供了一份宗教哲学系的固定讲师工作，以让她有机会能够顺利完成博士学位。桑塔格开设了不同主题的研讨课，比如“宗教社会学”，并开始为校报《哥伦比亚观察家日报》（*The Columbia Daily Spectator*）的文学副刊撰写书评。[139]

年轻学者参加工作要付出代价。“我没给戴维做过饭，”桑塔格有次开玩笑地说，“只加热过。”[140] 然而，尽管戴维可能吃了过多的加热快餐，他依然是在一种艺术和政治氛围浓厚的环境中逐渐长大。桑塔格曾对《纽约客》的女作家胡安·埃克塞拉（Joan Acocella）说，“戴维是在大衣中长大的”，即她带着儿子参加无数个派对时，那些通常扔在卧室床上的大衣。[141]

来纽约两周后，桑塔格开始四处查找城中的艺术场所，在那些地方她很快结识了一系列重要的人物，其中包括著名画家克拉斯·欧登伯格（Claes Oldenburg）。她开始观看一些“即兴表演（Happenings）”①，去超外百老汇（Off-Off-

① 也译“事件剧”“机遇剧”，可笼统地称作“偶生艺术”。

Broadway），去看乔纳斯·梅卡斯（Jonas Mekas）的实验电影，还跳了她生命中的第一支舞。[142]“我母亲真的是那种精力无限的人，”戴维·里夫回忆道，“这是她最突出的品质。我常开玩笑，她想将一天的 24 小时都折进第一个小时。她想尝试各种经历，看每一部电影和每一场舞蹈表演，去每一个酒吧。”[143]

事实上，最让人瞠目结舌的是桑塔格有看起来使用不完的精力，她要做好几份不同的工作，要过奢侈的文化生活，要谈无数场恋爱，同时又要抚养小孩，并打造她的公共评论家事业。她在日记中很少提及初到纽约时的低迷情绪，相反却有许多生动的记录，反映了她生活的永不停歇：比如在某个周六的早晨，她匆匆忙忙地打了辆出租车去博物馆，中午跟朋友吃顿午饭，下午紧接着去电影院看恩斯特·刘别谦（Ernst Lubitsch）的经典电影《天堂里的烦恼》（*Trouble in Paradise*，1932），晚上她一般先会阅读，并尽一些母亲的职责，接着她又会去电影院，看一场肯尼斯·安格尔（Kenneth Anger）的电影，然后再去参加一场派对。最后，同样重要的，她还要去看一场碧姬·芭铎（Brigitte Bardot）的夜场电影。[144]理查德·霍华德回忆，尽管桑塔格的经济条件不是特别乐观，但她从来不乘坐公交车或地铁。对桑塔格来说，放着能够把人准确地带到他想去的地方的交通工具不坐，实在是太荒谬了。[145]

这对母子迅速扩大的熟人和朋友圈主要都是桑塔格通过她的巴黎女友哈丽特·索默斯认识的形形色色的人物。索默斯同样也搬去了纽约，虽然有过巴黎的往事，但她依旧与桑塔格保持着朋友关系，并且还向她介绍了自己的古巴裔美籍女友玛利亚·艾琳·福尼斯（Maria Irene Fornes）和同性恋朋友阿尔弗雷德·切斯特（Alfred Chester）。迷人的福尼斯后来成了美国的一位著名的女权主义戏剧家，在那段时期她也投身绘画事业，但主要还是专注于剧场。切斯特则是一名野心勃勃的作家，起初他以文学批评家的身份在纽约知识分子圈和杂志编辑圈中赢得了显赫的名声。这四位朋友组成了一个密不可分的团体，常常一起出现在派对和其他场合。切斯特和索默斯的密友、作家爱德华·菲尔德（Edward Field）描述，他在包厘街（Bowery）某酒吧的一次诗歌朗诵会上第一次遇到了这三个女人。她们围绕着阿尔弗雷德·切斯特，一个矮小、毫无吸引力的男人，戴着一顶凌乱的假发（他小时候得了一场病，掉光了身上的所有毛发，因而痛苦终生），有如“身临女神的三重奏……一支亚马孙女战士组成的步兵卫队”。[146]

这个四人小组不只是因为法兰西文化癖——玛利亚·艾琳·福尼斯和阿尔弗雷德·切斯特也在巴黎生活过——文学志向以及对波西米亚文化的钟爱而联系在一起，还缘于他们对色情实验的癖好。美国的性解放始于纽约、洛杉矶以及其余的大都市，进而慢慢扩展到整个国家，而作为这场革命的先驱，不仅桑塔格、索默斯和福尼斯三人都互有恋爱关系，而且桑塔格和阿尔弗雷德·切斯特之间也曾有过一段情，后者甚至想和迷人的苏珊结婚。三年后他患上了严重的精神疾病，宣布和三位女友断交，尤其是在给爱德华·菲尔德和保罗·鲍尔斯（Paul Bowles）的信中，他宣称桑塔格是个可恶的文学竞争者，随即搬去了摩洛哥的丹吉尔（Tanger），不久，他因为愈发严重的妄想症变得完全孤立，最终在以色列了断了自己的生命。[147]

阿尔弗雷德·切斯特对桑塔格早年的时事评论事业产生过巨大的影响。依据斯蒂芬·科赫的解释，主要是切斯特向桑塔格展示了离开大学世界从而走自由作家之路的途径。切斯特深受《党派评论》编辑的喜爱，而这是一本桑塔格从青年时代起便很崇敬的杂志。切斯特对纽约知识界的个人权力游戏和阴谋有着良好的直觉，他不仅为桑塔格引荐了有价值的人脉，还告知她事情背后的逻辑。

然而，索默斯、福尼斯和桑塔格之间复杂的三角关系已变得十分艰难。埃利奥特·斯坦将这段关系描述为“女同性恋的疯狂，朝对方头上扔啤酒瓶，互相指责对方并宣称自己不会再爱了”。[148]尽管依照时代精神来看菲尔德和斯坦的回忆十分主观，但许多证据已表明他们抓住了真相的本质。桑塔格长期以来累积的情绪在那时以最大的能量释放出来。她看起来非常享受重新获得的自由，尤其是纽约的文化环境，她这一代人的文化环境第一次变得如此极端。桑塔格后来回忆，那些年她丧失了理智，同时又牢牢控制住了它。她宁愿把自己理解成彼时的波西米亚风的“拜访者”，自愿打探它所提供的事物，然而她同时又一直很明白“自己在一段时间后会撤回到真正生活的地方”。[149]

桑塔格和福尼斯最终开始了一段严肃的恋爱关系，由此索默斯再未原谅她们。[150]理查德·霍华德讲述，桑塔格在后来的人生中依然感受到了与福尼斯的密切关系。桑塔格和她的所有情侣都有过异常复杂的关系，每段关系结束后，她的热情都会骤然变成无法控制的厌恶，她也从来不掩饰这一点。桑塔格喜欢在她的熟人圈中传播她对前女友和前男友强硬、刻薄以及极度失望的评价。福尼斯是个例外，桑塔格很少对她恶言相向，还会定期去欣赏她的新剧作，而且多年来一直与她保持着轻松的联系。[151]

玛利亚·艾琳·福尼斯很快就搬进了苏珊和戴维在西区大道的房子，开始了为期两年的恋爱关系，这是桑塔格生命中最幸福的时光。通过她的古巴血统，福尼斯以拉美文化的极大影响扩大了桑塔格波西米亚式生活和学术工作的范围，而图森时期的桑塔格正是在古巴移民中长大的。她开始学习西班牙语，长期痴迷于古巴和两年前掌权的菲德尔·卡斯特罗，最终在1960年和戴维与福尼斯一起在古巴度过了整个夏天。[152]

从迄今为止所出版的桑塔格的日记中我们可以看出，福尼斯和桑塔格的这段关系既紧密又充盈。在这些日记中，一个极度容易受伤的桑塔格描述了她所经历的妒忌和失望，以及她自己常常对女友提出的过高要求，她们的关系也因为这些要求在仅仅几年后便破裂了。这段重要的经历对桑塔格来说意味着一个她要完全接受的事实，即她的性需求也可以从女人身上得到满足。假如她在巴黎对安妮特·米歇尔森解释过她不是同性恋，以及哈丽特·索默斯对她来说仅仅是一段暂时的“恶罪”，那么在1959年底，她坦承自己也渴望女人。在福尼斯身上桑塔格认识到了一种未曾有过的性满足，她认为自己重新燃起的“写作热情”与之紧密相关。[153]

事实上，桑塔格和福尼斯之间的关系与巨大的写作欲分不开。福尼斯在后来的采访中喜欢回忆两人是如何感受针对写作的原始热情：“我们坐在格林威治村的咖啡馆里，期盼着能够偶遇一位朋友或者派对上认识的某个人，他邀请我们……与此同时，桑塔格开始讲述她是多么的不悦，因为她想开始写作，但是既没有时间，又找不到合适的方向。……我说：‘那就从现在立刻开始吧！’然后她说：‘我知道我会一直推迟。’我接着说：‘那就做！马上开始！我也一起写！’”[154]

两位女作家都将这段插曲视为她们作家生涯的诞生原时。福尼斯开始了她作为戏剧家的写作生涯，而桑塔格也开始了她文学处女作的创作，那本很难理解，但风格明确且拥有高度现代性的小说《恩主》。在这本书中桑塔格致谢了福尼斯，尽管书出版时她们的关系早已结束。

后来，福尼斯也常常怀旧地回顾起这段时光。好几次她都风骚地谈起，一开始她只写剧本，因为她想在桑塔格写作生涯的起步阶段帮助她。她们两个人连续好几周在共同居所的大桌子上面对面坐着，各自面对着自己的打字机，只有在朗读一个人或另一个人的片段时才会停下来。[155]

此外，福尼斯和桑塔格还组建了一个写作小组，只持续了不到一年光景，主要由她们的女性友人组成，其中有苏珊·陶伯斯，即雅各布·陶伯斯的年轻夫人，桑塔格在哈佛时就与她成为好友。阿尔弗雷德·切斯特为这个写作小组起了一个颇为讽刺的名字，“女同的匿名联盟”，一方面暗示了他开始视桑塔格为对手，另一方面也触碰到了某个神经痛点。实际上，桑塔格在那些年越来越明确，她的写作与她对性的渴望密不可分。尤其是她自己也经历了一段复杂的关系，引发了巨大的愧疚。她在日记中写道，她需要作家的身份“充当武器，以对抗那些社会用来反对我的武器。但这没法正当化我的同性恋行为。但它给了我——我觉得——一种许可”。[156]

菲利普·里夫当时执教于宾夕法尼亚大学，前妻生活变化的消息让他相当愤怒，消息很可能是戴维看望父亲时带去的。在他的专著《弗洛伊德：道德家的心灵》的第一版中依旧保留了对“他的妻子苏珊·里夫”的致谢——这对桑塔格来说已经是一种家长式的侮辱，她从未接受过丈夫的姓氏——而在这本书的第二版中，里夫删除了这份致谢。这对离婚夫妇间的嫌隙不断加深。因此，里夫以桑塔格的同性恋身份不适合做母亲为由，企图通过起诉来获得戴维的抚养权。这震惊了桑塔格，她自己也是在没有父亲的情形下长大的，一直非常重视戴维和他父亲之间良好的关系，尽可能经常把他送去里夫任教的加利福尼亚和宾夕法尼亚以便他们父子团聚。[157]

之后就是一场审判，这场审判成了纽约几大日报八卦专栏的头条。马路小报《每日新闻》（*Daily News*）就这场审判写了一篇煽动性的评论——“宗教学女同性恋教授获得了抚养权”。阿尔弗雷德·切斯特当时以他对好故事的敏锐嗅觉描述，桑塔格和福尼斯身穿连衣裙，脚踏便鞋，化了妆，双双“打扮齐全”地出现在法庭上。受到惊吓的法官无法相信，两位魅力非凡的女士竟然是同性恋。[158]

虽然审判结果让人满意，但过程对桑塔格来说依旧十分震惊。尽管从一开始，当时的法庭不太可能将抚养权判给父亲而不判给母亲，但标志着同性恋权利运动诞生的格林威治村石墙骚乱仍在遥远的未来，同性恋在当时的纽约可以被依法判处惩罚，虽然只要是发生在紧闭的大门之内，女同性恋就从未遭到过起诉。理查德·霍华德回忆，出版行业的抹黑行动在桑塔格身上留下了尤为深刻的烙印。依据他的看法，这就是桑塔格此后再也不愿公开她同性关系的一个重要原因。菲利普·里夫后来后悔进行了起诉，“主要是对戴维有影响”。[159]

桑塔格在努力克服离婚判决的同时，没有中断撰写她的小说，主要是在周末以及 1962 年和 1963 年的夏季，因为这段时期她不需要在哥伦比亚大学教书。她后来回忆，在写《恩主》时戴维就坐在她的膝盖上。有时候戴维在早上醒来，发现母亲正靠在打字机上睡觉。[160] 尽管作为单身母亲的生活负担重重，可工作对她来说却像是一袭醉意，“自发地、毫不费力地”发生了。[161]

小说的主人公是一个过着隐居生活的 60 岁的法国人希波莱特（Hippolyte），离这个 29 岁的青年作家以及她的纽约生活不能再遥远了。桑塔格让希波莱特以第一人称的视角讲述了他在两次世界大战期间于巴黎艺术沙龙的怪诞生活。小说最精彩的部分就是梦境和现实间等级的颠倒。希波莱特严格按照他那偶尔荒诞不经的梦来改造现实。而他的人生也成了他以自我为中心的、性欲化的、无意识的幻想的影子。

人们没办法将希波莱特称为“英雄人物”。小说的情节也无从谈起，更准确地说，这些经历是以一种松散的、时常毫无关联的顺序讲述的。希波莱特与他的赞助人安德斯夫人有过一段恋情，在不少的电影中扮演过几个小角色，与实验型宗教调情，和他的朋友让·雅克厮混在一起，后者是个同性恋、滥情种，最后希波莱特和安德斯夫人前往一个阿拉伯国家旅行，在那儿他把她卖作奴隶。书中这些梦的片段逐渐呈现为一幅针对当时美学辩论的扭曲的漫画，并赋予了这本小说半杂文的形式，充满了哲学和神学理论，不懈地探讨个人的幻觉。

在桑塔格开始坚定不移地实现自己人生构想的时刻，她写了一本关于这种坚定的危险性的小说：希波莱特逐渐表现为一个极其没有道德、不问政治且没有良知的人。桑塔格在实现她美学目标的同时也在小说中处理了道德边界问题。《恩主》是一个严格的现代主义文本，一般来说人们必须读上很多遍才能理解小说中众多涉及笛卡尔《沉思录》（*Meditationes*）、伏尔泰《赣第德》（*Candide*）和希腊神话希波吕托斯的讽刺性影射。然而，在她质朴冷酷的严厉中，这凸显了一种对于“文学剧场化（literarische

Inszenierung)”的准确嗅觉，尽管这个文本无法用传统叙事和心理学范畴来衡量。小说情节不知发展到何处，它的不可理解性是检验小说边界的一种策略。法国文学现代主义和新小说的影响明显地体现在桑塔格对现实主义叙事不同寻常的拒绝上，尽管在很多次采访中她对此都严厉否认。[162] 她承认自己无意识地参照了她芝加哥大学的老师肯尼斯·博克的小说《通往更好的生活》(1932)，这本书是她16岁时博克送给她的。博克的小说连同他搜集的珍贵插画，和他极端个人中心主义的言行以及对古典阅读传统的拒绝，都完全可以理解成桑塔格文学作品的楷模，而这一切与新小说的概念并非毫无共通之处。

现在，美国和欧洲的出版界无法想象，一本原创且风格突出、内容却让人无法理解的小说会取得成功。然而，桑塔格以她对新的艺术和社会发展的准确嗅觉，找准了时机。美国文学产业相对于五年前就流行于法国的潮流而言已非常成熟。在桑塔格写完小说的前80页后，她试着为手稿寻找出版社——成功应该不需要等太久。

罗伯特·吉鲁（Robert Giroux）是法勒—斯特劳斯—吉鲁出版社（Farrar, Straus & Giroux, FSG）的总编辑，他回忆年轻时的桑塔格是如何带着手稿走进他办公室的：她告诉吉鲁已经和兰登书屋的编辑杰森·爱泼斯坦（Jason Epstein）见过面了，尽管这位很有影响力的编辑不愿出版她这本名为《瞩目的男人：希波莱特之梦》（*The Striking Man: Dreams of Hippolyte*）的书，却把她推荐给了FSG出版社，并且说吉鲁是纽约唯一能读懂她书的编辑。[163] 众所周知，吉鲁已经作好了将这本书纳入出版计划的风险准备，它可能销量很差，却有极大的文学意义。

桑塔格一生中对这件事的回忆却是另外一种版本，它听起来比吉鲁的要更加浪漫。FSG出版社位于曼哈顿联合广场的办公室是出了名的破旧，地上铺的地毡也都是破洞，那段时期广场上主要聚集着毒贩、流浪汉和小偷小摸之人，他们每天早上都要为出版社老板罗杰·斯特劳斯（Roger Straus）的梅赛德斯汽车让路。FSG出版社是她的第一选择，此外，它的确出版过1930年代格林威治村的美国现代主义主人公们的作品。桑塔格说，由于自己当时"难以置信的天真"，还不知道"什么是文学代理人"，甚至还认为每家出版社都只有一位文学编辑，因此她把手稿放进一个纸盒子里，外面写上"给负责文学的编辑"，直接递给了秘书。[164]

当时，FSG出版社已被公认为美国最有趣的出版社之一，它结合了文学的高标准——体现在著名总编吉鲁身上——和纽约知识圈特有的魅力——体现在它的老板罗杰·斯特劳斯身上，他是这座大都会上流社会的一员。斯特劳斯是纽约上流社会很有影响力的女士格拉迪斯·古根海姆（Gladys Guggenheim）的儿子和多萝西亚·李普曼（Dorothea Liebmann）的丈夫，李普曼是瑞金啤酒帝国（Rheingold-Bier-Imperiums）的继承人。出版社自1946年成立以来，斯特劳斯出版了20位诺贝尔奖获得者的作品，包括T. S. 艾略特、切斯瓦夫·米沃什（Czeslaw Milosz）、纳丁·戈迪默（Nadine Gordimer）、约瑟夫·布罗茨基（Joseph Brodsky）以及谢默斯·希尼（Seamus Heaney），17位国家图书奖获得者的作品，这是美国最重要的文学奖项，还有7位普利策奖获得者的作品。1960年代初，他的作者群体已经涵盖了另外一些代表文学声望的名字：菲利普·罗斯、玛格丽特·尤瑟纳尔（Marguerite Yourcenar）和艾萨克·巴什维斯·辛格（Isaac Bashevis Singer）。

在桑塔格将手稿交给吉鲁不到两周后，她在1961年5月与FSG出版社签订了合同。她的预付款只有少量的500美元。然而，罗杰·斯特劳斯以不遗余力地推销自己的作者闻名，他们的书即便一开始不是特别成功，他还是会设法长期供给书源，将它们翻译成外文送往其他国家出版，还让那些关系极好的杂志和报纸详细地撰写书评。[165]桑塔格找不到比这更好的出版社了。

女作家和她的出版社开始了长达一生的亲密友谊，这段友情也与桑塔格的作家和知识分子事业密切相关。桑塔格的德国出版人米歇尔·克吕格（Michael Krüger），同时也是斯特劳斯和桑塔格的朋友，将他们的关系描述为“纯粹的父女关系，无法想象它能更加的美好与浓烈”。[166] FSG 出版社如今的总编乔纳森·加拉西（Jonathan Galassi）也强调了斯特劳斯与桑塔格的这种关系：“他一定程度上是半个父亲半个同事。……他们经常争论，但也持续通电话。在这段关系中，罗杰对苏珊而言有一种家长式情结，这让苏珊一方面感到舒适，一方面也感到不得已的谦恭。……她从未真正有过父亲，我想，她从这段关系中得到很多的安慰。他是她的保护人。”[167]

尽管依据纽约公共图书馆的 FSG 档案（FSG-Archiv），人们可以推测斯特劳斯一开始都是以相同的出版人关怀对待他的大部分作者，而他和桑塔格的关系却仍旧较为特殊。他欣赏她，并且经常讲述每次在午饭时间遇到苏珊·桑塔格是多么的紧张，后来他发现桑塔格也很紧张，她以为在生意场上吃午饭必须要喝鸡尾酒。遗憾的是她不胜酒力，如果喝了，白天的剩余时间都要在床上度过。[168]

斯特劳斯受到了桑塔格手稿的鼓舞，如同那些年他写给桑塔格的信所显示的那样，在这些信中他写道，《恩主》有“惊人的创造力”，它是“独特的、有力的、动人的”。[169] 斯特劳斯相信，他在桑塔格身上找到了未来一代人中最重要的知识分子和文学家。他把这本书放在1963年秋季出版计划的首位，在手稿完成的几个月内就将《恩主》的版权卖给了英国、法国和意大利的出版社。[170]

此时的桑塔格也被邀请参加斯特劳斯夫妇在他们上东区的住宅中举办的晚宴，这是这座城市最重要的社交沙龙之一，斯特劳斯邀请了纽约出版社和新闻界的重要代表人物，介绍他们与他的作者认识。在这里人们可以遇到公认的批评大家埃德蒙·威尔逊（Edmund Wilson），他在给斯特劳斯的卷毛狗喂吐司，或者遇到《党派评论》的主编菲利普·拉夫（Philip Rahv）以及极具影响力的编辑罗伯特·S.希尔维斯（Robert S. Silvers），不久以后他创办了《纽约书评》。作家亚当·扎加耶夫斯基（Adam Zagajewski）回忆，斯特劳斯喜欢讨论他的那些著名作者。他像"一位著名的教练，以某种和蔼的优越感，讨论着他运动员的价值和劣势……极富情感却有贵族的腔调。他像个王子，欣赏他的作者，但也很注意如何避免自己的手指不被墨水弄脏"。[171]

桑塔格的朋友斯蒂芬·科赫回忆，桑塔格是多么享受这些光彩耀人的派对。"人们到斯特劳斯的家中，"他说，"他家整面整面的墙都被诺贝尔奖获得者填满。"人们会遇到米凯亚·巴瑞辛尼科夫（Michail Baryschnikow）、乔治·巴兰奇（George Balanchine）或者理查德·阿维顿（Richard Avedon），像是直接窜入了纽约著名漫画家阿尔·赫希菲尔德（Al Hirschfeld）的漫画中。[172]

据理查德·霍华德回忆，建立联系、认识朋友和结识有影响力的人物对桑塔格来说都是很自然的事："她在有事相求的人面前可以非常非常的友善，近乎魅惑。但她和蠢人无法交流。"[173]

她也很快打入了别的圈子，这些圈子都与斯特劳斯的圈子紧密相连，比如兰登书屋出版人杰森·爱泼斯坦和他夫人芭芭拉的圈子，或者纽约的传奇艺术赞助人、演员斯特拉·阿德勒（Stella Adler）的圈子，这个圈子聚集的主要是戏剧领域的艺术家和好莱坞明星，比如马龙·白兰度（Marlon Brando）和弗兰克·辛纳特拉（Frank Sinatra），以及一些极其有趣的音乐家和编舞艺术家，如约翰·凯奇，默斯·坎宁安（Merce Cunningham）和玛莎·格拉汉姆（Martha Graham）。

桑塔格凭借直觉领悟到了该如何在这些圈子中与人交往。美国作曲家尼德·罗雷姆在当时的一个派对上认识了桑塔格，他至今仍能回忆起桑塔格与众不同的外表，她明确知道该如何正确地登场。[174]"她的明星气质是有目共睹的，"斯蒂芬·科赫同样如此回忆，"当她出现在某个派对时，在场的人都围绕着她。她美丽的外表极富戏剧张力，能自然而然地吸引所有人的注意力。"[175]

在人们意识到获得一张上流圈子的入场券是多么困难时，桑塔格与这些圈子自然又自信的交往才越发值得关注。在上流社会与纽约的文学家、艺术家和知识分子会面是相当严密的，有严格的准入规则。比如根据尼德·罗雷姆的描述，在一次斯特拉·阿德勒的派对上，安迪·沃霍尔出现在门口，她与安迪的关系在当时已经算比较亲密了，但也不得不打发走这位野心勃勃的波普艺术家（Pop-Art-Künstler），因为他轻率无礼的行为举止在这儿可能太过显眼以致引发不快。[176] 桑塔格看起来则散发着某种让人难以抗拒的结合了智识、时髦、性与美丽的光芒，以至于正如她自己喜欢说的，艺术传奇贾斯伯·琼斯（Jasper Johns）、政治明星"鲍比"罗伯特·肯尼迪（Bobby Kennedy）和好莱坞性感代言人沃伦·比蒂（Warren Beatty）统统拜倒在她脚下。[177]

1962 年春，在罗杰·斯特劳斯的一次派对上，桑塔格认识了《党派评论》的主编威廉·菲利普斯（William Phillips），这是那本她 14 岁时就在儿童房里阅读并摘录的杂志，她认为这是美国最好的杂志。菲利普斯愿意帮她发表一篇散文。[178] 她的第一篇《党派评论》文章发表在 1962 年的夏季季刊上，是一篇有关艾萨克·巴什维斯·辛格的小说《奴隶》（*The Slave*，1962）的评论；她探索了现代反心理和反现实主义小说的可能性，如同她自己尚未完成的小说那样，这种小说摒弃了传统的叙事形式。我们在这里已经可以看到一种凸显的清晰性，结合这种清晰性和学院派的理论工具，桑塔格用简明易懂的方式分析和解释了美学的新发展。在一篇有关法国新小说作家娜塔丽·萨洛特作品的文章中，她继续完善了关于小说可能性的新观点，从文学的教育功能转向上着手，这篇文章在当时读起来几乎像是桑塔格自己的一项文学创作计划。尽管批评了新小说，她依然坚决支持尝试将文学从19世纪的布尔乔亚中解救出来，进而把文学放置到20世纪艺术、音乐、戏剧和建筑领域的新的激进现代主义运动中去。

桑塔格的一系列散文迅速出现在《党派评论》以及另外一些小型知识分子杂志上，比如《看电影的人》（*The Moviegoer*）、《图书周刊》（*Book Week*）、《国家》（*The Nation*）或者《常青评论》（*The Evergreen Review*），涉及各种话题，比如纽约艺术圈中正在发生革命性变化的"即兴表演（Happenings）"，意大利现代主义作家切萨雷·帕韦哲（Cesare Pavese）的小说，或者法国导演阿伦·雷乃（Alain Resnais）的电影。与此同时，她似乎主要将自己定位为那些年文学、艺术和电影领域所经历的先锋派转变的记录者。所有新的、陌生的、晦涩的东西都能激发她的兴趣。她以极为尖锐的方式分析这些大多数知识分子不会严肃对待的现象，强调它们在她眼中所蕴含的重大社会意义。

1962 年 12 月，《纽约时报》的印刷工人开始罢工。这场罢工持续了大约两个月，在此期间，罗伯特·希尔维斯、伊丽莎白·哈德威克、罗伯特·洛威尔（Robert Lowell）以及杰森和芭芭拉·爱泼斯坦见面并讨论了该如何取代这艘纽约新闻界享誉盛名的老战舰——文学杂志《纽约时报书评》（*New York Times Book Review*）。这本副刊的书评质量已显著下降，它更偏爱那些商业性书籍，而高雅文学则常常被一些无知又自鸣得意的评论随意打发。因此，这场罢工看起来提供了一次难得的创建自己杂志的机会，可以为文学的新闻写作提供一个新的平台。杰森·爱泼斯坦走访了各大因罢工而无法推广春季出版宣传单的出版社。希尔维斯、哈德威克和洛威尔利用他们的人脉来寻找杂志的作者和出资人。1963 年 2 月，《纽约书评》（*New York Review of Books*）发行了创刊号，因高质量的文章和对政治辩论的敏锐嗅觉，它在 1960 年代发展成为美国知识界的核心，并延续至今。

《纽约书评》的第一期囊括了诺曼·梅勒、戈尔·维达尔、W. H. 奥登（W. H. Auden）、玛丽·麦卡锡（Mary McCarthy）、伊丽莎白·哈德威克以及年轻的苏珊·桑塔格的文章，正如伊丽莎白·哈德威克所说，当她为这本杂志思考可能的作者时，桑塔格“肯定属于其中之一”。[179] 桑塔格贡献了一篇关于法国哲学家西蒙娜·薇依（Simone Weil）《论文集》（*Selected Essays*）的文章，薇依也是她的朋友苏珊·陶伯斯的研究课题。她在这篇文章中只是顺带讨论了薇依作品里的宗教哲学意涵——这原本是她自己的学术课题。取而代之的是，她描写了她与女哲学家的“灵智主义（Gnostizismus）”[①]理论、对苦行宿命论式的倾爱和知识殉道之间的矛盾关系，这些话题既让桑塔格感到厌恶，同时也在吸引着她。

桑塔格关于薇依的散文是她忠诚于《纽约书评》的开端，这份忠诚并不复杂，却长达一生，直到生命结束的一刻她仍在为它撰文，而且桑塔格最著名的散文全都首先发表在《纽约书评》上。她散文的风格兼具严肃性与流行性，结合了这一代已经成名的纽约知识分子的品质以及对亚文化的巨大好奇，又特别关注当下的发展和时代情绪，切中“时代精神（Zeitgeist）”的要害。

正如美国文化批评家、记者大卫·登比（David Denby）以及历史学家亚瑟·马威克（Arthur Marvick）所言，1960 年代初是美国文化最后真正严肃的时刻。随着全球文化交流的兴起，主要是和欧洲，以及艺术和政治领域的亚文化在纽约与其他地方的蓬勃发展——从艺术界的革命性发展到实验剧团与建筑学领域的实

① 即诺斯底主义。

践团体，再到第一次女权主义和人权运动——美国的文化生态发生了极大的转变，观念的流转不断加速，因此媒体对新的和能引起轰动的事物的需求在急剧增加，然而，此时的流行文化尚未登堂入室，也并非无所不包，电视还没有统治日常的美国家庭生活，美国社会也还没有因为越战的影响而变得同心协力。混杂的娱乐产业尚未控制大众文化。讽刺是一种攻击的形式，它将知道的人与社会上的剩余部分区分开，而媒体图片泛滥后嘈杂不堪的时代还需一段时间方能到来。[180]

*

当《恩主》在 1963 年秋出版时，桑塔格在纽约知识界已经小有名气。罗杰·斯特劳斯获得了纽约有影响力的评论家和文学家写的几篇出色的先导评论，打算印在小说的封面上。比如汉娜·阿伦特（Hannah Arendt），她称赞桑塔格为“大作家”，尤其欣赏“她如何能用梦境和思想来编织一个真实的故事”。肯尼斯·博克称赞《恩主》是“一个不寻常的美好幻觉”，“有智慧”并且“有深度”。桑塔格之前所在的《评论》杂志的前任主编罗伯特·弗林特（Robert Flint）被源自“欧洲文学现代主义”的主题吸引，他在小说中看到了“一种高度冷静的、充满想象力的、关于拒绝情节的所有可以想象的原因的探讨”。[181] 罗杰·斯特劳斯甚至给他的好友，那位受人尊敬的历史学家兼约翰·肯尼迪总统的白宫特别助理小亚瑟·施莱辛格（Arthur Schlesinger，Jr.）送去了一本样书，提示他这是近十五年来最好的图书之一。

尽管进行了这样的宣传活动，苏珊·桑塔格的处女作在纽约知识圈之外却反响平平，小说的销售量也反映了这个现象。虽然纽约公共图书馆的FSG档案没有记录小说的实际销量，但从出版后桑塔格所获版税的记录上可以推出，她的处女作虽然没有遭遇经济上的滑铁卢，却也不算成功赢利。能够接受这本书的除了典型的《党派评论》和《纽约书评》外，还有就是《纽约时报书评》。这本小说还被恶意斥责为“反小说（Anti-Roman）”和“进口了时髦的新存在主义哲学与复杂的当代写作技巧”，小说中的“主人公没有生活只有姿态”。[182]

引起注意的是，桑塔格的出版社从一开始就利用作者的外貌做文章。不同于原先计划的，小说在正式出版时背面也没有印上前面提及的博克和阿伦特热情洋溢的评语，一整面就只有一张这位29岁女作家的照片。这张黑白照片由摄影师哈里·赫斯（Harry Hess）拍摄，它展现了一位年轻女性可以恣意挥霍的美丽，同时也表现了桑塔格所具备的成为高级时尚杂志模特的潜质——一身流行的设计时装，时髦的深黑色中长发型，她精致高雅的容貌则散发着一种威严的严肃性。智性的主体和漂亮女性的真实图像在这里第一次得到了共同且持久的展示。《恩主》的出版不算是一次震撼的成功，却为女作家此后的职业生涯和她与众不同的肖像奠定了关键的基础，而她的影像至今仍在发挥作用。正如她的许多朋友讲到的，桑塔格以游戏般的轻松和一种混合了无辜与明确的态度成功维护了这种象征，它将一种关涉魅力与浪漫的观念带进了这个干涸的男性知识界。恰恰也是因为这幅图像，它让桑塔格这位艰难的先锋作家成了媒体感兴趣的焦点。因为《恩主》，她在1963年的冬天与芭芭拉·史翠珊（Barbra Streisand）、瓦莲京娜·捷列什科娃（Walentina Tereschkowa）[1]一起获得了由康泰纳仕集团（Condé Nast）发行的著名女性杂志《女士》（*Mademoiselle*）所颁发的杰出贡献奖，这本杂志除了刊登普通的美容小贴士、占星术、时尚信息和一些无关紧要的报道之外，也发表具有严肃文学性的短篇小说。桑塔格日后的好友莱奥·勒曼（Leo Lerman）是这本杂志的主编。《女士》杂志表彰桑塔格为“年度最有趣的青年作家”，刊登了哈里·赫斯拍摄的小说书背照。评论家卡罗琳·埃尔布伦（Carolyn Heilbrun）在《纽约时

① 世界首位女航天员，人类历史上进入太空的第一位女性。

报》上对这种结合魅力和智识的新做法给出了中肯的评价:“如果说苏珊·桑塔格以‘作家’的身份出现……那么芭芭拉·史翠珊表现得不能再像‘女歌唱家’,瓦莲京娜·捷列什科娃也不能再像‘女航天员’了”。[183]

从此刻开始,在桑塔格肖像往后的事业中,她图像的“偶像化”一直扮演着重要的角色。没有人比约瑟夫·康奈尔(Joseph Cornell)更需要为此负责,他是美国20世纪最重要的艺术家之一,也是欧洲以外为数不多的超现实主义运动的代表人物。为了他著名的拼贴画小盒子《埃利普希安》(*The Ellipsian*),他使用了哈里·赫斯拍摄的这张桑塔格照片,他将它扯碎后放在角落里,像是为了说明时间的流逝。艺术评论家德博拉·所罗门(Deborah Solomon)描述了它的艺术效果:“桑塔格的照片占据着盒子右上方的角落,她以一种冷酷的自我克制从那个高度看着整个空间。纸张的磨损和太阳系的模型以及铅笔画的同心圆为她给予了一种彼岸的感觉。”[184]

坎普（1964）

> 如果我不得不在大门乐队和陀思妥耶夫斯基之间作出选择，那么，当然我会选择陀思妥耶夫斯基，但是我必须作出选择吗？[185]

在美国，人们普遍认为1964年是“1960年代”的开端——它并非意味整整十个年头，而是指代一个反抗和社会变革的神秘时代。源自1950年代末1960年代初的关于社会批判、亚文化、流行文化和自由政治的主题，似乎都在1964年与不同的激进运动产生了联系，这些运动将它们的战场开辟到政治、大众传播、艺术、剧场等领域，深深打击了典型的美国生活方式。1964年，马丁·路德·金（Martin Luther King）获得诺贝尔和平奖，美国国会通过《民权法案》（Civil Rights Act of 1964）——为种族隔离的终结迈出了重大的一步。这一年，和平运动（Friedensbewegung）①和美国新左派开始成形，一支来自利物浦的流行组合成功跃过大西洋，披头士热逐渐开始在美国蔓延。这一年，反抗的姿态、毒品体验、东部神秘主义和性解放从波西米亚区域爆发，美国的中产阶级突然谈论起艾伦·金斯堡，学习禅修并吸食大麻。同样也是在这一年，沃霍尔的缪斯女神伊迪·塞奇威克（Edie Sedgewick）搬去纽约，安迪·沃霍尔则搬入了位于曼哈顿中城47大道的一间完全由铝箔装饰的新工作室，不久之后传奇的“银色工厂（Silver Factory）”以这种方式诞生。就在同一年，苏珊·桑塔格开始变得有名起来。[186]

桑塔格继续巧妙地处理生活中各种互相矛盾的要求，在她的儿子戴维、纽约的先锋艺术场所和她的地下影院之间，在实验剧场、大学教学以及她的小说和散文生涯之间。这种快速的生活不可避免地使她作出了诸多影响持久的决定。玛利亚·艾琳·福尼斯与这位偶尔难以相处的女伴愈发疏远，两人最终分手。[187]《恩主》出版后，桑塔格的大学事业与文学野心间的冲突变得尖锐起来。她的博士学业未能完结，却更频繁地在文学圈子中活动，这成为她与哥伦比亚大学之

---

① 指“二战”后世界和平民主力量团结反战、争取和平的运动。世界和平运动主要出现过三次高潮，第一次是1940年代后期至1950年代中期，第二次是1960年代中期至1970年代中期，第三次发生在1970年代末1980年代初。

间紧张关系的导火线。罗杰·斯特劳斯将他的作者推荐给了洛克菲勒基金会和美林基金会，并就相关事宜向他的熟人、美林基金会的哈利·福特（Harry Ford）谨慎又急迫地解释："如你所知，她［桑塔格］是哥伦比亚大学哲学系的一员，她的所有文学努力在那儿受到了年长同事极度非哲学式的欢迎。因为愚蠢的态度，她正遭遇经济上的窘迫。"[188]

而桑塔格的学术导师和支持者雅各布·陶伯斯在这一时期要处理返回德国以及在柏林自由大学任教的事宜，所以桑塔格无法指望得到他的进一步支持，导师离开后她的教职不再有任何保障。最终，在她出版人的努力下，桑塔格维持住了生计。鉴于她在文学和文化批评领域出版的作品，洛克菲勒基金会为她在1964~1965学年提供了位于新泽西的当时仍名为罗格斯大学（Rutgers University）的一个职位，即常驻作家（Writer in Residence）。在接下来的1965年，美林基金会（Merrill Foundation）也答应提供给桑塔格一份奖学金，以便她能离开哥伦比亚大学哲学系令人讨厌的讲师职位。

她的朋友安妮特·米歇尔森似乎对此感到十分震惊。艺术史家米歇尔森将她的学术事业建立在当时还很不流行的电影学上，她不明白为什么桑塔格如此迅速地放弃了大学事业而选择做一个极度没有保障的自由作家，还看起来毫无眷恋。[189]然而，离开大学圈子对桑塔格来说并不是非常顺利。直到三年后她还在后悔自己没有修完博士，甚至打算过要写完学位论文——可能是关于最新的法国哲学，从而获得哈佛大学的博士学位。[190]桑塔格没有实现这个计划，虽然后来很多大学都邀请她前去授课，并授予她荣誉博士学位和教授头衔，但大都被她拒绝了，此外她还给出了一个傲慢的理由，出于对真正博士头衔的完全尊重，她无法接受一个荣誉博士的头衔。虽然她一如既往地阅读关于文学、电影和文化史领域所有主题的学术出版物，但她散文表现的姿态却是反学院派的。她一直反复严厉地强调，作家的生活和学者的生活会互相排斥，终究她会看到“大学里的生活是如何毁掉她这一代的最好的作家”。[191]从这个观点背后，人们很难不捕捉到一种忧伤的傲慢。桑塔格作为那一代最好的女作家之一，在学术世界的失利不仅要归咎于她对非学术生活的向往，而且还要归咎于她在这个家长式大学体制里的女性角色。[192]

在哥伦比亚大学1964年夏季学期的教学任务结束之后，桑塔格开始了她作为自由作家和散文家的生活，她一开始需要费力地赚钱来维持生计，之后因为写作稍微轻松了一些。

从她这一年的少量日记来看，桑塔格的个人问题偶尔会转移到自我仇恨上来。她明确地对抗自己，责备自己因为自身的弱点而惩罚他人，常常让她的友情变成恋爱，而她对爱情的要求又太过绝对。[193] 此时，遭到损伤的是桑塔格的小说创作。在 1962 年写完《恩主》之后，桑塔格几乎只写散文。一部已经开始创作的新长篇小说因为篇幅较短，最终在 1963 年 9 月以短篇小说的形式和《假人》(*The Dummy*) 的名字发表在流行杂志《哈珀芭莎》(*Harper's Bazaar*) ① 上，除此以外直到 1965 年秋，她的主要发表都是时评类文章。对此她有很好的理由：其一是她在纽约密集生活的成本很高，而时评性散文和文章的报酬要比文学创作高得多。例如，在《大西洋月刊》(*Atlantic Monthly*) 上刊登一篇 3000~3500 字的文章可以获得 500 美元的报酬，而这是她的出版社为整本小说书稿支付的全部数目。此外，与她的小说相比，她那些非同寻常的文章似乎能让她从同事和朋友处获得更大和更快的认同。

但人们可以从她的日记中推断出，在这段时间写作变成了一个内心的严峻考验，对桑塔格来说这甚是折磨。"一份刚打出的手稿，"她写道，"在它完成的那一刻就开始发臭。这是一具打印出来的涂了防腐材料的死尸，必须掩埋掉它。"[194] 正如桑塔格自己讲的，她为了写作必须制造某种压力。当她足够自信自己脑子里有成熟的想法并能把它写下来之时，她的工作完

① 中文版即《时尚芭莎》。

成得相当密集。[195] 另外，她习惯于不断重复地修改自己的文章，直到修改到十稿左右。[196] 据桑塔格的朋友、《纽约客》和伊萨克·迪内森（Isak Dinesen）① 传记的作者朱迪斯·瑟曼（Judith Thurman）回忆，桑塔格对待写作困难的方式给她留下了深刻的印象。她不断地生气并讲道，写作对她来说简直“不可能完成，这太愚蠢了！”[197] 桑塔格的另外一些朋友回忆了她是怎样戏剧性地解决那次写作障碍的：在那些连续工作的夜晚，她无法入睡也无法进食，因此她暴瘦下来，而且只有在精疲力竭时才躺在打字机旁的地上睡上两小时。[198]

此外，这种桑塔格自己称作“无纪律”的写作习惯，不仅让长篇小说的持续写作变得愈发困难，而且也难以符合新闻写作的严格要求。她非常厌恶截稿日期和指定的写作主题。因此，《党派评论》的威廉·菲利普斯为她提供了一份为杂志写稿的工作，撰写剧场纪事，之前它一直由当时纽约最知名的知识分子玛丽·麦卡锡承担。尽管桑塔格不愿写戏剧评论，但她一开始还是接受了这项任务。桑塔格自我挖苦地回忆道：“在写完第二篇文章后，我告诉菲利普斯，我不能再做这份工作了。”[199] 尽管后来收录到散文集《反对阐释》（*Against Interpretation*，1966）中的这两篇文

① 丹麦著名女作家，原名凯伦·布里克森（Karen Bixen）。

章具有桑塔格当时的典型文风——睿智、风格化且观点鲜明——却与她原本的戏剧评论职责越走越远，相反，她详细地写了电影，电影对她来说能够产生联想，除此之外她与戏剧再无关系。在那些年的其他散文中，她写作的实践方式表现为一种深刻的热情，她激进的美学思想与纽约当时臃肿的自然主义戏剧很少相符，她对这种戏剧缺乏热情，且同她驰骋于文化所有面向的散文式思考与写作也不协调。桑塔格想写她自己选定的主题，针对她欣赏的艺术作品以及相对不出名的作家、艺术家和电影。她将她的散文理解为一种“文化工作”。她后来强调，针对选定的主题进行写作主要是因为自己感受到了它们的重要性，以及出于“应该书写什么”的考量。[200]

“艺术，”桑塔格在 1964 年 7 月 24 日的日记中写道，“是一条自身触及疯狂的道路。”[201] 因此，桑塔格喜欢介入艺术领域的争论，这让她接触到自我的“黑暗面”，那些被社会歧视的个性侧面，她认为必须以写作为“武器”与之进行抗争。某些契机为桑塔格的这种感受提供了空间并最终使她通过写作将它们表达出来，比如当时的地下电影，它抵抗了美国严格的风俗审查制度，有时只得违法放映。理查德·霍华德描述了桑塔格有一天激动地给他打电话的情景：到处都在传让·热内（Jean Genet）的电影《情歌恋曲》（*Un chant d'amour*，1950）会在纽约的某处上映——那是一部当时在美国被禁的遭到持续诽谤的艺术电影，里面有许多清晰但也同样艺术化的同性性爱镜头。二人立马出发去那些流行的地下影院，比如乔纳斯·梅卡斯的格拉梅西艺术剧院（Gramercy Arts Theater）或者丹尼尔·塔尔伯特（Daniel Talbot）重新开业的电影放映厅“纽约人（New Yorker）”，直到他们真的打听到这部电影的上映时间以及在哪里能看到它为止。[202] 桑塔格后来将自己称为“电影疯子”；她以一种不同寻常的无节制尽情发挥那份她从法国带回来的电影热情。每天只要在她安排满当的行程中还有机会，她就会去好几次电影院，写作关于刚看完的电影的散文和评论，并在研讨会上讲述“先锋电影（Avantgardefilm）”。[203]

1964 年 3 月 3 日，地下电影的中心之一，黛安·狄·普里马（Diane di Prima）经营的新鲍威利剧院（New Bowery Theater）遭到纽约警方的搜查，当时正值杰克·史密斯（Jack Smith）的半色情艺术电影《热血造物》（*Flaming Creatures*）在那里上映，电影包含了异性恋、男同性恋、女同性恋和变装皇后（Drag Queen）① 一起参加性爱派对的镜头。这不仅仅是执行审查决定，还涉及一次真正的清理运动，因为纽约在那年夏天将举办世界博览会，而这个巨型

① 男扮女装的男同性恋。

的消费博览会将吸引众多的观众。警方逮捕了观影者和组织者，扣押了电影拷贝，其中包括一部安迪·沃霍尔的早期纪录片《杰克·史密斯拍摄正常的爱》(*Jack Smith Shoots Normal Love*，自那之后便下落不明)，最后暂时取缔并关闭了这个艺术中心。这引起了针对审查制度的抗议和游行，苏珊·桑塔格也参与其中。[204] 她写了一篇文章为电影热情地辩护，发表在1964年4月13日的左派杂志《国家》上，名为《明眼人的盛宴》(*A Feast for Open Eyes*)。这篇散文后来收录在散文集《反对阐释》中，但在桑塔格的建议下，德文版《艺术和反艺术》(*Kunst und Antikunst*)删除了这篇文章。桑塔格将史密斯放置在抽象表现主义和波普艺术的艺术传统中，并与路易斯·布努埃尔(Luis Buñuel)和谢尔盖·爱森斯坦(Sergei Eisenstein)作了比较。针对官方的色情指责，她为电影作了激烈的辩护，一个月后，这个指责变成了举世瞩目的法庭审判，因为她写的文章，桑塔格以专家身份被传唤出庭作证。尽管如此，审判的结果仍不利于导演。

在她的散文以及法庭辩论中，桑塔格以激情和性反常画面的无辜来反对色情的指责。她没有把这些画面解释成色情的欲望，它更多的是一种视觉技巧，表现在使用业余手持摄影机和电影材料的过度曝光处理上。桑塔格以一种无可争辩的、某种程度上让人想起赫伯特·马尔库塞压抑性容忍理论的论断结束了她的文章:《热血造物》是“用美学观照世界的一个成功范例”，它展现了一种艺术类别，这种艺术类别在美国“仍未得到理解”，美国的评论家仍在将艺术纳入传统的“道德观念的空间”。[205]

值得引起注意的是，这篇散文发展了一种独特的声音，它以精准的知识词汇接受了一般意义上恐怕有碍风化的内容，并寻求以文化政治和文化评论基本问题的角度展开辩论。有了这种理论层面的结合，桑塔格目标明确地击中了那些年喧闹的氛围，同时她也明白，她的散文比小说更能对当时的社会争论产生影响。她的散文以一种雅各宾派式的语调吟唱了新时代的福音和新一代的到来。

“对于纯文学来说，那是个不友好的时代，”桑塔格在与记者艾伦·霍普金斯（Ellen Hopkins）的一次对谈中回忆，“人们对于讨论观点越来越感兴趣。”[206]即便是纽约知识圈的中流砥柱德怀特·麦克唐纳（Dwight McDonald）——他通过罗杰·斯特劳斯认识了桑塔格，而桑塔格在1963年秋天的一次研讨会上批评了他关于当代文学批评的观点，认为他不理解她们这代人[207]——也建议桑塔格将文化评论作为志向:“苏珊，如今已经没有人对小说感兴趣了。写散文吧！”[208]桑塔格的出版人罗杰·斯特劳斯和她的编辑罗伯特·吉鲁也持同样的观点。两个人都劝说桑塔格下一本出版非小说类文学作品。[209]

桑塔格“智魅女孩（intellektuelles It-Girl）”的名声已经在纽约的文学和新闻圈中流传开，而她似乎既追求又蔑视这个头衔，尤其在《纽约时报》不断这么称呼她之后。[210]依据同时代人的叙述，《党派评论》或《纽约书评》发表桑塔格的新文章一直都是备受关注的事情，她的风格十分独特、新奇，她的主题又如此出乎意料、激动人心。[211]在罗杰·斯特劳斯看来，出版散文集势在必行，它能扩大这位被保护人的名声，又能将苏珊·桑塔格的名字打造成与他出版社密不可分的品牌。

在斯特劳斯的要求下，桑塔格于1964年4月初整理了一系列她已经发表过的散文和一份还处于计划阶段的文章概述，这些文章将是“她下一本或者下两本书的主干”。[212]桑塔格的著名散文集《反对阐释》以及至今还未翻译成德文的《激进意志的样式》（*Styles of Radical Will*）分别出版于1966和1969年，包括了她关于加缪、列维－斯特劳斯、安东尼奥尼、帕韦哲和戈达尔的散文，关于阐释、坎普、风尚、新感受力和科幻电影的文本，还有一些关于静默的美学和色情文学的草稿。

在出版两卷文集前需要一份有明确市场营销方案的计划：斯特劳斯作为杂志层面的代理人，在许多情形下他都安排桑塔格把文章发表在著名期刊上。FSG

出版社的员工里拉·卡普夫（Lila Karpf）对英国、法国和荷兰的授权出版方写道："大部分情况下，斯特劳斯都参与了苏珊在杂志上发表文章的决定，以确保她的那些散文和评论能够顺利发表"，"通过在不同媒体上发表作品，苏珊的名字在美国的知识分子建制派中稳固地树立起来"，她希望"类似的活动"也能在一些国家展开并"斩获类似的成果。"[213]卡普夫继续说，她理解"这种努力并不能赚大钱"，但它好比一项文学的既定家务，长期来看会有回报。[214]

但是斯特劳斯原本的绝招是，不仅将桑塔格的文章提供给她迄今为止已经发表过的智识型刊物，还要提供给一些在当时被视为"中流"的受到偏见对待的中产阶级读物，比如《时尚》（*Vogue*）①、《女士》、《哈珀芭莎》、《生活》（*Life*）以及《时代周刊》。虽然这些杂志缺乏对高雅文化的真正理解，但它们寻求最广泛的传播，并且支付更高的稿酬。这种策略对当时的知识分子建制派来说简直闻所未闻。因此，维克多·S. 纳瓦斯基（Victor S. Navasky）在1966年的《纽约时报》上发表了一篇名为《偶像崇拜札记或者如何加入知识分子建制派》（*Notes on Cult; or, How to Join the Intellectual Establishment*）的极为诙谐风趣的文章，他在文章中说到，纽约知识分子充其

① 中文版为《Vogue服饰与美容》。

量在为知识界三驾马车《纽约书评》、《评论》和《党派评论》写文章以外，偶尔会给《纽约客》供稿，而其余的所有刊物对他们来说都是一种亵渎。[215]

在关于杰克·史密斯《热血造物》文章的结尾，桑塔格在她的影评中引入了“坎普（Camp）”的概念，即一种“品味大众文化的方式”。[216]“坎普”在当时主要是纽约和伦敦同性恋亚文化的一个符号。它描绘了一种“站在对立面（Gegen-den-Strich-lesen）”的反讽态度，体现在媚俗和大众文化的电影、小说以及装饰品中。作为一种态度——一个从未真正进入欧洲大陆文化场域的概念，一直是特殊的盎格鲁—撒克逊现象——“坎普”体现了一种理解和接受，它允许人们也可以享受传统范畴内不属于资产阶级高雅文化的文化产品，同时站在这些文化产品上会心一笑，它是对平庸的一种美化。它似乎是个有关品位相左的概念，一种认同高雅文化的标准同时又消弭它的人生感受。

桑塔格早已打算写一篇关于“坎普”的文章，不一定如她后来写的那样，即她对此既感到厌恶又被吸引，而是缘于她着迷于那些同性恋朋友，比如作家阿尔弗雷德·切斯特、理查德·霍华德、埃利奥特·斯坦，或者艺术家保罗·塞克（Paul Thek）是如何接纳这种态度，从而使它完全变成一种名望的标志的。

在这个提议引发《党派评论》编辑部的内部争论

之后，桑塔格意识到这篇文章会引发争议。桑塔格的支持者、编辑威廉·菲利普斯只能勉强抵挡住《党派评论》的副主编菲利普·拉夫反对发表这篇文章，后者对桑塔格的非传统风格表示了严厉的拒斥。[217] 一方面，同性恋的主题属于禁忌。另一方面——这让桑塔格所活动的、对同性恋大多还较宽容的知识分子圈承受着更大的压力——讨论“大众文化”是被鄙视的。“她知道，”理查德·霍华德说，“她写这篇关于‘坎普’的文章多少是为了公众。”[218]

散文《关于“坎普”的札记》(*Notes on Camp*，1964)大部分写于1964年夏，桑塔格当时住在巴黎，它后来发表在《党派评论》的秋季季刊上，预示了桑塔格的巨大成功，在美国，直到现在，它依旧被认为是桑塔格最著名的散文。好友埃利奥特·斯坦启发了桑塔格对于“坎普”的看法，他在韦尔讷伊酒店(Hôtel Verneuil)租了一个房间，苏珊经常前去拜访，这个房间也是詹姆斯·鲍德温(James Baldwin)关于巴黎的小说《乔万尼的房间》(*Giovanni's Room*，1956)的原型。斯坦房间的装饰类似于一份“坎普”的趣味目录：俗气的电灯悬挂在镀金的石膏上，一张让-保罗·萨特的照片在同性恋男妓的照片旁格外显眼。[219] 桑塔格的文章不仅在内容上，在结构上也采取了一种庸俗的人工制品式的松散结合方式。不同于传统的篇章结构，桑塔格将这篇文章分成

58个段落，并做了编号，每个段落描述“坎普”现象的一个方面，深具哲学格言的特征。奥斯卡·王尔德（Oscar Wilde）贯穿全文的哀婉引文加强了这种印象，他身上的纨绔（Dandytum）被桑塔格视为“坎普”的原型。

但是文章的高潮在于桑塔格将“坎普”从亚文化的王国中抽取出来，并将它解释成美学经验的第三条道路，前两条分别是对高雅文化的经典、严肃的探讨，和倾向于极端意识与极端感觉的现代先锋潮流。相应的，“坎普”一词在文章中通篇大写，像极了一个专有名词，比如艺术流派的名目“浪漫主义（Romantik）”、“矫饰主义（Manierismus）”和“文艺复兴（Renaissance）”，她正式地把颠覆性的艺术品味完全提升为艺术流派：“第三种伟大的有创造性的感受能力是坎普：它是对失败的严肃性的感受，也是对戏剧化的体验的感受。坎普拒绝了传统意义上严肃的和谐，也拒绝了全然认同极端状态之感的危险。”[220]

桑塔格列了一份关于艺术风格，或者说是关于“创造性感受力”的清单，写下了一份“坎普”衍生物的真正目录：从蒂凡尼的灯具、贝里尼的歌剧到《玫瑰骑士》，从吉娜·劳洛勃丽吉达（Gina Lollobrigida）和葛丽泰·嘉宝，到罗纳德·菲尔班克（Ronald Firbank）的小说《天鹅湖》（*Swan Lake*）和约瑟夫·冯·斯登堡（Josef von Sternberg）导演、玛琳·黛德丽（Marlene Dietrich）主演的电影。所呈现的结果是一个令人震惊但又同样严肃的文本，它以对反讽的激情、“夸张的风格化”、“华丽的矫饰”和“美学化的暧昧”威胁着标榜“真理、美和严肃的高雅文化的万神殿”。在充斥着消费文化和娱乐产品的美国社会，“坎普”对于桑塔格意味着一种“生存的方式”。[221] 虽然“坎普”的品味从表面上看是在肯定大众文化，但对桑塔格而言，它却并非是对娱乐产业的肯定，相反，它是一种美学的过滤器，使人们能够生活在这种文化中。如果说那些年存在一本生活方式的指南，那就是桑塔格的这篇《关于“坎普”的札记》。

这篇散文引起的反响多种多样：一方面，丹尼尔·塔尔伯特的“纽约人”将她的散文免费发放给热情的读者，桑塔格正是在这家影厅观看了许多电影并对“坎普”的品味展开了研究。[222] 另一方面，《党派评论》的编辑部收到了愤怒读者的大量来信，他们对同性恋主题和针对流行文化的严肃态度感到不满。[223] 除此之外，“坎普”的理念在接下来的几年中获得了巨大的知名度。二十年之后，桑塔格依旧愤于“酝酿了那件事，它突然使她的生活蒙上了阴影”。因为桑塔格的理念突然被用作最新文化现象的标签。人们常常误解“坎普”，将它等同于“流行”或者“嘲讽”。这种持续甚长、传播甚广的误读在视觉艺术上体现为

“坎普”常常被拿来与实验电影、丝网印刷和安迪·沃霍尔的“布里洛盒子（Brillo-Box）”雕塑，或者同艺术家罗伊·利希滕斯坦（Roy Lichtenstein）、罗伯特·劳森伯格（Robert Rauschenberg）和克拉斯·欧登伯格（Claes Oldenburg）的波普艺术图像相提并论。在这些年，新的艺术潮流从纽约出发攻占了全世界，虽然由衷地说，这事实上与桑塔格对“坎普”的讨论没有什么关系，但这种潮流和“坎普”现象一样都已脱离开传统的艺术范畴。二者都明确涉及大众文化，也都颇具讽刺意味地涉及了当时流行的艺术和娱乐种类。而当“坎普”的品味反向导致出现过量的大众和媚俗文化产品时，波普艺术则宣告了新的、更加匿名的媒体时代的到来。因此，桑塔格在无意中或多或少给予了当时极其时髦的现象以一个看起来值得尊敬的、受智识保障的名字，它具体表现在诸如安迪·沃霍尔签名的原本一个12美分的金宝汤（Campbell's Soup）罐头，在上东区他的画廊中可以卖到6美元一个。

正如托马斯·米汉（Thomas Meehan）在1965年1月发表于《纽约时报》的一篇关于“坎普”现象的文章中讲到的——他在文章中两面派地尊称桑塔格为“坎普的艾萨克·牛顿爵士”和“坎普女士”——在散文发表后短短数月之内，人们交口相传“坎普”，它成了一个终极关键词。有关“坎普”与否的问题在短时间内取代了什么是“潮流”什么是“过时”的思考。对于新接受这种说法的人，就“坎普”而论，思考什么是“真的”什么是“假的”，什么是“刻意的”什么是“无意的”，什么是“高级的”什么是“低级的”，成了一种爱好。[224]

现在听来难以置信的是，一篇文化批评能将一个31岁的女性带向智识明星的地位，而这在1964年的美国东海岸无疑是可能的。桑塔格名气的最终爆发缘于1964年12月10日《时代周刊》上的一篇评论文章。[225]它是那个年代美国中产阶级的最大杂志，发行量是《党派评论》的20倍，在评论文章中，《时代周刊》称桑塔格是“曼哈顿最具天赋的一位年轻知识分子”。随后各大报刊发表了进一步的报道。“突然，”《纽约时报》的批评人埃利奥特·弗里蒙特－史密斯（Eliot Fremont-Smith）总结道，“苏珊·桑塔格就出现在那儿，毫无征兆地宣告出场……她不是谦虚低调、踌躇犹豫地潜入知识分子圈……而是不知从何处冲破出来，受到了狂欢节中游行队伍般的接待。”[226]

桑塔格的“试镜（Screen Tests）”可以被视为其名声大噪的视觉例证：这是安迪·沃霍尔制作的长度为3分钟的16毫米肖像电影，拍摄了纽约1960年代的先锋艺术“谁是谁（Who is who）”，从艾伦·金斯堡到丹尼斯·霍珀（Dennis Hopper）再到鲍勃·迪伦（Bob Dylan）。桑塔格也符合安迪·沃霍尔对于魅力和流行文化的独特嗅觉。沃霍尔受到桑塔格散文的启发——可能更多地受到了新闻界对这些散文关注的启发，比如沃霍尔研究专家卡莉·安格尔（Callie Angell）的评论——一年后以“坎普”为名拍摄了一部电影，《热血造物》的导演杰克·史密斯也在影片中出镜。[227] 虽然沃霍尔知道桑塔格并没有很赞许他，但被她身上的克里斯玛特质吸引，为她拍摄了 7 组“试镜”，这是一种荣誉，除了桑塔格之外，只有沃霍尔的工作室“银色工厂”的成员伊迪·塞奇威克、卢·里德（Lou Reed）、尼可（Nico）①和“宝贝”简·霍尔泽（Baby Jane Holzer）可以享有。[228] 这些影片如今收藏在纽约现代艺术博物馆中。在这些影片中，人们能够看到一位充满魅力的年轻女性，在她严肃的、偶尔倨傲的外表背后藏着一种极大的不安全感：时而微笑，时而无聊，时而露齿而笑——这种笑容虽然看起来并不适合她的脸——时而绷着脸、抽着烟，藏在一副深色的 1960 年代的太阳镜后面。沃霍尔计划为她拍摄两个“试镜”系列——《13 个最美的女人》（*13 Most Beautiful Women*）和《50 种幻想与 50 种个性》（*Fifty Fantastics and Fifty Personalities*）——但他最终未能完成。

① 原名克里斯塔·帕夫根（Christa Päffgen），德国歌手、模特、演员。

先锋的风格（1965~1967）

> 精神的真正生活一直处在“我们已经知道了什么”的前线……最有趣的思想，毕竟，都是异教的。[229]

在《关于“坎普”的札记》成功之后，苏珊·桑塔格确立了她作为新文化感受力批评家的名声。据许多同代人回忆，桑塔格的文章在当时的新闻写作界异常突出，它们新奇，仿佛传达了一种冒险的感觉。[230] 作为实验小说家和年轻知识分子，她的地位是如此的与众不同，而在她的出版人罗杰·斯特劳斯的推荐下，美林基金会于1965年为桑塔格提供了年度奖学金。1966年3月，她又获得了“乔治波克纪念奖（George Polk Memorial Award）”和大名鼎鼎的古根海姆奖学金。桑塔格不断受邀参加会议、朗诵会和其他活动，这使这位热情的旅行家有机会去那些她儿时梦到的地方。那些年，她在巴黎度过夏天，此外还到过捷克斯洛伐克、南斯拉夫、德国、摩洛哥、意大利、古巴、越南、老挝、瑞典和英国，这份旅行清单随着时间在不断扩大。相伴而来的是大量的荣誉与义务，比如担任1967年威尼斯国际电影节的评委，出席国际笔会（internationalen PEN Clubs）的会议，参加她的欧洲出版社举办的朗诵之旅或关于散文的研究工作。这些旅行让她有机会接触和认识国际文学界、电影界和知识界的最新发展情况。有这两份奖学金的资金保障，桑塔格终于可以完全集中精力在她的时事评论事业上，进而完成了她的第一本散文集，时至今日它依然影响着文学副刊上的辩论，激发着学术讨论。

尤其是这本文集的同名文章《反对阐释》，为接下来几年的文学、艺术和电影批评提供了核心词。1964年末，这篇文章首次发表在极具影响力的文化杂志《常青评论》上，开启了传统艺术批评持续解体的进程。这种艺术批评范式曾长期统治大部分的知识分子杂志，桑塔格也曾为它们供稿。从柏拉图和亚里士多德的理论“艺术是对现实的模仿”出发，桑塔格于此还统合了当时极具影响力的弗洛伊德和马克思的阐释理论。同时，她针对时下流行的阐释实践——这类实践被认为能够挖掘出隐藏在文本背后的潜台词的“真正”意义——提出了一个出色且尖锐的反对意见。

桑塔格认为，阐释行为在这种意义下是绝对反动的，使被教育的市民阶层公然拒绝了艺术的独立性。一旦评论将艺术作品还原为它所谓的意义，那么这将驯服艺术，使艺术变成顺从的、可掌控的消费品，剥夺了它能使我们情绪激荡的能力。如此看来，阐释不是其他，而是对个人感官世界的污染。

> 如今我们处在这样一个时代，阐释行为大体上是反动和僵化的。就像汽车和重工业所排放的废气一样，污染着城市的空气，而艺术阐释的排放物也在毒害着我们的感受力。[231]

桑塔格不愿回到那种一直处于想象的纯真状态，这种状态从发生的角度看，只是先验于任何一门艺术理论，由于时下流行的阐释行为，她的目的毋宁说仅是在批评家面前为艺术辩护。桑塔格以其准确的嗅觉总结道——至少是“智识对艺术的仇恨”。桑塔格以电影为例提出了一种合适的批评方式。对她来说，电影勾画了一种美学的感知方式，它将画面所具有的纯粹的、不可转译的、感官的直接性置于中心地位。批评的任务在于描绘“感官表面”，并分析它的风格形式，而非聚焦在意义层面。[232]三十八年后，桑塔格在美国电视台的一次采访中依旧表示，她在1960年代时无法理解，文学和戏剧为什么不能像那个时代的电影，即在她心目中好似众神的导演戈达尔、雷乃、安东尼奥尼和伯格曼的作品那样，如此的现代。[233]此外，影评人埃利奥特·斯坦也说到，作为美国知识分子的桑塔格将仍未摆脱流行文化嫌疑的电影提升到文学、艺术等传统高雅文化类型的地位之上，这让她的大部分同事认为纯粹是在胡闹，会令年青一代的艺术家和学者感到无端的解放。[234]让年青一代同样感到解放的是桑塔格对文化革命毫不掩饰的呼吁。一个“建立在过剩和过度生产”[235]之上的文化，将导致“我们感官经验中的敏锐逐步丧失”，[236]因此批评首先拥有重要的政治任务。由此，桑塔格在她文章的结尾提出了一个印象深刻又令人困惑的战斗口号，也是她被引用最多的一句话：“为取代艺术阐释学，我们需要一门艺术色情学。”[237]

《反对阐释》这本散文集是一种感受力，用美国文学批评家埃利奥特·温贝格（Eliot Weinberger）的话来说，因为它“在一种为人熟知的、不具威胁性的批评话语的伪装下，最终将达达主义、未来主义和超现实主义的遗产带到了河畔大道（位于纽约上西区），而那里的现代主义……充斥着新批评、弗洛伊德学说以及马克思主义的追随者”。[238]桑塔格不得不说的不一定都是新东西，它更是一份呼吁，反正每隔几年都会被重申一次，震撼届时还在睡意中的纽约知识分子圈。

这本文集以一篇同样出色的、文化革命式的散文作为结尾，推动了一块更大的石头，更确切地描绘了1960年代乌托邦式的感受力。这篇名为《一种文化和新的感受力》（*One Culture and One Sensibility*）的散文的删节版于1965年被斯特劳斯发表在著名女性杂志《女士》上，它瞄准了高雅文化与流行文化的界限，为尔后的流行文化批评确立了范本。桑塔格在这里以她面对争议时所特有的嗅觉宣告了一个关于文化的新见解，不再主要依靠所谓的文学范式，而是将艺术和文化的所有领域都涵盖进感官体验中。

如今我们无法想象这种观点是多么的极端，也无法想象这篇文章在那个高雅和大众文化的界限不但极为明晰，而且还被当作知识分子和学者自我定位的根基的时代，会引发怎样的非议。对于许多纽约知识分子来说，桑塔格有争议、有计划地转向流行文化恰似一种背叛。而让这种亵渎最终变成非议的，是桑塔格作为现代文化理念的空想家，在引用尼采和维特根斯坦这样的哲学家的同时，也引用了剧作家安托南·阿尔托（Antonin Artaud）、音乐家约翰·凯奇、法国理论家克洛德·列维－斯特劳斯以及罗兰·巴特的观点。桑塔格的散文是对她无知的知识分子同事的宣战。她有计划地证明，“一幅劳森伯格的绘画所带来的感觉与至上女生组合的歌曲所唤起的感觉（可以）并无二致”。[239] 人们可以像接受披头士音乐一样接受贾斯伯·琼斯的一幅画和让－吕克·戈达尔（Jean-Luc Godard）的一部电影，也可以抛弃高高在上的态度把它们当作复杂而愉悦的感知事件来享受。绘画、电影和音乐中的新先锋主义潮流反映了这种“新感受力”，对桑塔格而言它们是以“一种更开放的方式”[240]来看待“我们这个世界和世界上的事物”，进而为美、风格和品味设立新的标准。

如散文《关于“坎普”的札记》一样，《一种文化和新的感受力》也打破了禁忌，那就是严肃地对待流行文化并对其进行智识层面的分析研究，因此，桑塔格在那个时代已越发出名。当《反对阐释》在1966年1月出版时，如本杰明·德莫特（Benjamin DeMott）在《纽约时报书评》上所说，它被评论界称赞为“当代历史上的一个生动片段”，“1960年代末它将在这些年的珍贵文化纪事上占有一席之地”。[241]与此同时，桑塔格对流行文化的偏爱于大部分批评家而言略显可疑——如德莫特在他的讽刺性标题《场面中的女士》（*Lady on the Scene*）中所暗示的那样——它看起来只是为了那本文集能够获得成功。如同桑塔格的朋友罗伯特·马佐科（Robert Mazzocco）在《纽约书评》中所强调的，桑塔格的风格“出色、生动、无可辩驳，具有当代特有的方式，但稍显刻意”。[242]

《反对阐释》不仅是一份全面的1960年代的文化大纲。桑塔格知道如何将自己对激进的先锋美学的兴趣与对激进的政治变革的兴趣结合起来，为此她首先抛弃的是传统的道德观念。她认为知识分子应该担负起对真正社会进步的观察。《反对阐释》呼吁一种新的批评形式，不仅是为了让先锋艺术变得更易于理解，也希望在她的帮助下，作为一个整体的社会能够敏感起来，从而可以为这种形式反哺新的经验。这里呈现的完全是一种青年人的信仰，它相信艺术的影响力，也相信批判精神的优越性。文化应该是另外一番样子，由此，个体也才会成为更新、更好的人。[243]

值得注意的是，在文学副刊对《反对阐释》的评论中，没有一个批评家不会谈论桑塔格的公共角色，而实际上，这似乎就是她在这些文章中为自己安排好的。比如《评论》的出版人诺曼·波德霍雷茨（Norman Podhoretz）冷嘲热讽地评论道，纽约的知识分子应该团结一致让桑塔格成为“美国文学界新的黑女士”，而这个角色原本是由知识分子兼文学家玛丽·麦卡锡来扮演，她在桑塔格出现后便升格成了贵妇人（Grande Dame）。[244] 类似这样的评论明确地表明，一个有着过人智力的女性在那个年代总是被看成个别现象，这主要在于桑塔格毫无畏惧地与她的男性同事进行着智识的较量。纽约知识分子圈的女性经常通过书信和日记描述这个圈子的厌女情结，其中包括伊丽莎白·哈德威克、黛安娜·特里林（Diana Trilling）以及汉娜·阿伦特。[245] 这种隐藏的敌视妇女情结更是瞄准了桑塔格，主要因为她的名气已经超出了逼仄的知识分子圈通常所能达到的上限。纽约知识分子圈的大男子感受力允许一位男性，比如波德霍雷茨所拥有的东西，是不允许女性持有的——如果她不想自己最终变得很小众的话。如今，至少对一个严肃的女作家来说，人们无法想象她会被称为“文学海报女郎”或者被比作色情酒吧里的女性虐狂（Sexclub-Domina），人人谈论她的“知性皮鞭”。[246] 诸如此类的下作评论还明显地暗示了，一位女性，尤其一位有魅力的女性不可能也深具智慧。

虽然《评论》编辑部的工作以及发表在《党派评论》和《纽约书评》上的文章让桑塔格在纽约知识分子圈中获得了一席之地，但是《反对阐释》的出版使她成为这个圈子中许多资深人士的眼中钉。她代表了不再遵循智识游戏惯例的新一代。桑塔格文化革命式的呼吁不仅给德怀特・麦克唐纳、埃德蒙・威尔逊、欧文・豪（Irving Howe）和罗伯特・洛威尔的圈子带来了巨大的不安—— 20 世纪三四十年代他们统统都是坚定不移的马克思主义者——到了 1950 年代，还在否定斯大林主义的影响下形成了自由资本主义的共识，这种共识不再为革命式的观念留有任何余地。[247] 而桑塔格透过大众流行杂志不断提升的名气也让许多知识分子感到闷闷不乐。在纽约的派对和晚宴上，她就是个地方上的明星。在上东区邻里中心“92ndY”的朗诵会上，桑塔格作为主持人介绍了娜塔丽·萨洛特和弗拉基米尔·纳博科夫（Vladimir Nabokov）。她以明星嘉宾和听众的身份参加研讨会，这些研讨会组成了纽约的智识生活，她喜欢挑衅纽约知识圈的老牌知识分子，认为他们的批评形式完全无关紧要。

桑塔格有目的性地攻击普遍意义上的“批评”和特殊意义上的“文学性文化理论（literarische Kulturauffassung）”，这让她变得不受欢迎。她也经常喜欢在文章中制造一些无中生有的挑衅，蓄意针对她臆想中贫瘠的美国批评界，为了推销自己有争议性的观点，她还经常笼统地谴责他人更佳的见解。[248] 正如维克多·纳瓦斯基在一篇关于那些年知识分子建制派的文章中所强调的，尽管一方面这属于纽约知识分子圈的基调，“加入这个群体的最好方式就是结实正确的朋友，然后攻击他们”，[249] 但另一方面，桑塔格的攻击一直有点过火。她进一步的挑衅出于对法国文化的热情。贯穿于《反对阐释》中有关法国作家和电影作者的讨论，被许多美国知识分子蔑视为“追求时髦（Trendhascherei）”。然而这种蔑视有更深层的意涵。他们中的大部分人对欧洲作家和文化模式都有深刻的好感。桑塔格的法国热情却因其极大的倾向性而有所不同。她的朋友、作家斯蒂芬·科赫讲述，桑塔格当时非常坚信，“比起美国，欧洲的文化让人变得更好。

她深信，对抗自己身上的、周遭环境的以及整个美国的贫瘠极为重要”。[250]桑塔格对欧陆文化的热情正好契合了她对本国文化的整体性批判。

比如，《党派评论》的编辑菲利普·拉夫就十分瞧不上桑塔格，尤其是她所抱持的法兰西文化癖。[251]当时，纽约知识分子的非官方领袖埃德蒙·威尔逊，也如他日记所揭示的那样，对桑塔格非常不以为意。[252]众所周知的是，玛丽·麦卡锡也无法容忍桑塔格，她在无数的采访中都毫无掩饰地表达过这种观点。她无法遮掩对桑塔格的强烈反感。她在公众场合攻击桑塔格，并最终忍无可忍地谴责道：“你就是我的仿制品！”[253]《评论》、《党派评论》和《纽约书评》的作者，同时也是知识分子杂志《异见》(*Dissent*)的创办人欧文·豪对桑塔格进行了摧毁性的有失公允的评价，认为她是一个交际花，“能用祖母的边角料做出绝美的床单”，“对那些远离知识教育或从未受过这种教育的人”来说，是“一个博学的演说家”。[254]

尽管桑塔格有罗杰·斯特劳斯和伊丽莎白·哈德威克这样极具影响力的支持者和辩护者，比如当有人对桑塔格颇具微词时，哈德威克总会热烈地回击道：“是的，玛丽，玛丽无法忍受任何人！”[255]然而，鉴于她不断增长的名气、法兰西文化癖、激进的世界主义美学家形象和对流行文化的独特品味，她的立场对于大部分纽约知识分子来说确实过于极端。即便是自创刊起桑塔格就为之撰文的《纽约书评》都在《反对阐释》出版的同年将她踢出了作者队伍。为此，桑塔格向她的朋友理查德·霍华德和罗杰·斯特劳斯以及《党派评论》的编辑威廉·菲利普斯痛苦地抱怨了一番。[256]

从桑塔格写给罗杰·斯特劳斯的信中我们得知，她多数时候还是信心十足地对待被《纽约书评》除名以及被知识分子圈厌恶的现实，她忽略了它们，或者说以一种反讽的口吻对那些受人景仰的大人物表示敬意。斯特劳斯与所有的纽约知识分子都维持着紧密的关系，这种关系在于他经常出版他们的作品，有时则缘于他在家中举办的闻名的派对。在这种情况下，桑塔格若依旧抨击她的对手，将显得极不明智。但正如她的朋友理查德·霍华德或斯蒂芬·科赫所述，当她感到自己被攻击时，有时会以不耐烦或多多少少倨傲的态度迅速还以尖锐的反击。[257]

然而在更广阔的媒体领域，情况有所不同。1960年代的政治和文化运动不再局限于大城市和大学，而是波及整个社会。这场运动需要一个理论家，运动的反对者也需要一个可供攻击的对象。苏珊·桑塔格看起来正是这个双重角色的理想人选。因为在诸多论争之外，她的散文提供了一种声音、一种论调、一种氛围，反映了最新的发展情况，这是同时代的其他文本很少能够企及的。桑塔格成了表达当时情境的权威，被整个美国的媒体和年轻大学生推选为潮流的先锋，既能够捕捉新的事物，又能让地下文化与主流文化和谐相处。与此同时，她的个性本身似乎也为新感受力提供了模板。桑塔格看起来非常适应这种角色，因为她的明星特质在媒体上也得到很好的展现。她在那个年代最初的杂志采访如同她的文章一样饱受争议，这些采访同时都配有引人注目的照片，展示了一位年轻的、略微男性化的女性，她时常摆出沉思和优雅的姿势，拥有神秘的微笑，或者穿着牛仔裤、光着脚靠在门框上。她成为人物广播的题材，比如纽约公共电台（WNYC）的栏目《人物与思想》（*People and Ideas*），她出现在电视上，比如 1964 年 11 月参加英国广播公司（BBC）的《监督》（*Monitor*）栏目，接受英国知识分子乔纳森·米勒（Jonathan Miller）的采访[258]——这件事连续数月被英国媒体津津乐道、模仿演绎，同时也有上千名电视观众来信，谴责桑塔格和米勒两人的狂妄以及伪知识分子做派。[259]

桑塔格自信的智识主义伤害了轻描淡写和自我嘲弄的英国式理想，而在熟谙自我推销必要性的美国，这似乎并非什么问题。桑塔格的公共活动与其他纽约知识分子的区别在于，她在知识分子文化与中产阶级文化中间搭建起了沟通的桥梁。不同于欧洲的是，那时的美国知识分子在大众杂志和报纸上对特定事件发表言论的情况尚不多见。桑塔格成功获得了这些“中流（Middlebrow）”媒体的尊重，而她的许多知识分子同事害怕与这类出版物产生联系。桑塔格的照片，经常是与儿子戴维合拍的，不久便刊登在了《时尚》（*Vogue*）和《女士》上。早在女权主义发展成为一个真正的运动之前，桑塔格就成了年青一代女性的榜样和楷模。正如桑塔格日后的女友、斯坦福大学教授特里·卡斯尔（Terry Castle）回忆的，女同性恋在桑塔格的文章和她或多或少关于同性恋的影射中找到了认同。[260] 文学杂志《三便士评论》(*Threepenny Review*）的出版人温迪·莱瑟（Wendy Lesser）有一个观点，整个后垮掉的一代都在阅读桑塔格的文章。每个自认为接受过文化和文学教育的人，至少在《反对阐释》出版后都阅读过苏珊·桑塔格的散文。[261]

桑塔格的许多同伴曾叙述，她在那些年中不可思议般地沉迷于这种名声，包括它带来的经济利益、旅行机会以及与有趣人物的接触，桑塔格吸引他们，同时也享受他们的社交圈子。桑塔格最亲密的朋友，如斯蒂芬·科赫、理查德·霍华德和安妮特·米歇尔森，将这种鬼迷心窍——时而带着愉悦的会心一笑，时而带着某种弦外之音，时而带着令人钦佩的骄傲——主要归因于她的加利福尼亚青年时光。对当时所有东海岸的美国人来说，桑塔格的社交方式将她加利福尼亚人的身份暴露无遗，一个出现在曼哈顿街头，自信、喧闹、迷恋阳光的异域生物，热爱戈达尔、雷乃和伯格曼的知识分子式电影，也热爱当时的电影明星，比如亨利·方达（Henry Fonda）、沃伦·比蒂或者碧姬·芭铎，还热爱哲学家尼采、黑格尔和马尔库塞，甚至是流行明星披头士、狄昂·华薇克（Dionne Warwick）以及至上女声组合。[262]

桑塔格为略显干涸的西海岸知识圈带来了特殊的认知，作家和知识分子也能成为明星。在谈论葛丽泰·嘉宝电影的日记中，桑塔格描述了与名声之间的一种近乎色欲的关系："我想成为嘉宝（我学习她；我想要模仿她，学习她的姿态，感受她的感受）。"[263] 比如，在参加于南斯拉夫布莱德（Bled）举办的国际笔会会议时，她以简洁的赞赏态度记录了诺曼·梅勒，后者被认为是当时美国文坛的冒失鬼，是"如何成为一个纯粹的人和电影明星"的范例。[264] 在写给罗杰·斯特劳斯的信中，桑塔格将"萨特、波伏娃、加缪、梅洛－庞蒂"形容为"文学明星"。[265] 对于桑塔格来说，名声和智识工作并不矛盾，而是互相紧密地联系在一起：在她的眼中，知识分子式的作家注定应该获得特殊样式的名声。这样一种名声与她常常表露的书写欲望如影随形，这些文章就她所处的环境而言意义重大，一定程度上讲，文章必须为一个文化共同体而写，它们促进这个共同体发展，批判它，同时又为它提供榜样。

她的榜样毫无疑问是知识分子的巴黎模式。桑塔格以她的写作和智识天赋以及对公共话题的敏锐嗅觉，在自己的国家为这种巴黎模式搭建起了一座神龛。她自己则走得更远，在法国电视一台（TF1）与让－路易·塞尔旺－施莱伯（Jean-Louis Servan-Schreiber）的一次访谈中说道："知识分子的观念或多或少都源自法国。"对她来说，伏尔泰是第一个知识分子，带着他的"使命，同时成为艺术家和知识分子，一个创造者，一个作家和一个人，他的良知始终参入道德和政治问题"。[266] 桑塔格自然以这种形象来要求自己的工作。而实际上，那些年她成功地在美国媒体中确立了这种观念，也为她自己制造了知识分子代表的角色。她的编辑威廉·菲利普斯将她称作一个"早熟的传奇"。[267] 在那些"中流"媒体上，她成了真正的知识明星。在记者的评论和描写中，如卡罗琳·埃尔布伦在 1967 年 8 月的《纽约时报》上所写的那样，他们不再把萨特和波伏娃当作比较的标准，而是出于姓名开头都由同样的字母构成了押头韵，一连几年都拿玛丽莲·梦露（Marilyn Monroe）来进行滑稽的比较。[268]

《反对阐释》在评论界获得的成功让罗杰·斯特劳斯感到兴奋，桑塔格在她的日记中十分自豪地记下了迅速售光的第一版销量，一共 8000 册，这对于智识型书籍来说，在当时已是一个非常可观的数字了。[269] 斯特劳斯和里拉·卡普夫很快意识到，桑塔格在国外也可以得到类似的重视，在营销上他们采取了同美国一样的策略。桑塔格要成为一个国际性的品牌。他们以一己之力或者在国外文学代理人的帮助下将桑塔格的散文发表在各大杂志上，比如德国的《重音》(*Akzente*)，瑞士的《月份》(*Der Monat*)，之后还有《时代》(*Die Zeit*)，瑞典的《伯尼尔文学杂志》(*Bonniers Litterära Magasin*)，西班牙的《西方期刊》(*Revista de Occidente*)，意大利杂志《文学博览》(*La Fiera Letteraria*)、《时代》(*Epoca*) 与《快报》(*L'Espresso*)，英国的《艺术与艺术家》(*Art and Artists*)，瑞典的《地点与图像》(*Ort och Bild*)，匈牙利的《伟大的世界》(*Nagyvilág*)，丹麦的《风向标》(*Vindrosen*) 以及日本的杂志《派代亚》(*Paideia*/『パイデイア』)。但微薄的美元酬劳常常无法弥补辛劳、时间损耗以及物流和印刷上的开销。

这主要是为了长期打造桑塔格的国际形象，然后再在具体的出版中获益。在拿下发表《一种文化和新的感受力》译文的瑞典《伯尼尔文学杂志》之后，里拉·卡普夫兴奋地总结了这种成功的策略："亲爱的苏珊，你将享誉世界！"[270] 桑塔格主要在德国、意大利、法国和瑞典拥有一群忠实的读者，比起偶尔的纽约，他们更加严肃地对待作为知识分子的苏珊。在这些国家出版《反对阐释》之前——桑塔格会亲自挑选她认为对每个国家比较重要的文章，有时还要为其撰写新的序言——她在国外已成为美国最重要的作家之一。三十五年后，贝纳尔多·贝托鲁奇（Bernardo Bertolucci）在他关于1968年的怀旧且媚俗的电影《戏梦巴黎》（*The Dreamers*）中，用近景展示了主人公书架上的桑塔格作品，桑塔格成了那时欧洲的时代之音。

然而，她的名声极少改变自己的根本生活状态，她也从未忽视那些实际的工作。正如理查德·霍华德回忆的，“她继续每周观看20部日本电影，阅读5本法国小说”。[271] 正是因为这种对智识标准的坚持，她拒绝了媒体赋予的各种角色，比如“坎普女士”、流行文化的辩护人和“先锋艺术的娜塔莉·伍德（Natalie Wood）①”。《反对阐释》出版后，这种形象似乎已经牢牢确立，但桑塔格意识到，某些部分被误解了，也被人滥用成一种她并不同意的美学手册。她尤其拒绝“坎普女士”的标签，因此在1966年的公开场合曾多次透露自己已经受够了“坎普”，也不再对“坎普”感兴趣，作为一种理念它应该完全退休。[272] 在那些年写给她的出版人和朋友罗杰·斯特劳斯的信中，桑塔格时常关心自己的形象塑造和知名度问题。比如，为此她没有采纳斯特劳斯的建议，谢绝了给德怀特·麦克唐纳主持的《绅士》杂志写电影专

① 美国女演员，曾获得三次奥斯卡金像奖提名，代表作《西区故事》（*West Side Story*）。

栏的邀约。桑塔格为她的拒绝行为自辩道，这本杂志拥有一种“流行明星的气质”，“而我们应该与它背道而驰”。[273] 在同一封信中，她也拒绝了一个回报极高的、与艺术书籍编辑马里昂·贾维茨（Marion Javits）合作限定出版物的工作邀约，这本出版物原本要用流行艺术家罗伯特·劳森伯格的照片来搭配她的一篇文章。桑塔格当时刚好在伦敦，而她下一本小说《死亡匣子》（1967）的交稿日期也日益临近，她拒绝了邀约并补充道：“这难道不是一件极为时髦的——我和劳森伯格——注定会在《生活》和《时代周刊》上被讨论，证实我‘时尚女性’、新玛丽·麦卡锡、麦克卢汉主义和坎普女王形象的事吗？这些我试图摆脱的东西！”[274]

然而，桑塔格与她名声之间的关系并不像她在信中对出版人解释的那么直接。更确切地说，她逐渐让自己陷入一个复杂的对策中，即在追求知名度的同时又对此加以拒绝。而这种陷入在她的社交圈中体现得最为明显，她在这些交际圈中将自己好莱坞式的魅力同另一个场景结合起来。比如，她和好莱坞明星沃伦·比蒂保持着一段持久又松散的暧昧关系。比蒂恰好出演了著名电影《雌雄大盗》（*Bonnie and Clyde*，1967），正处在他的巅峰期。[275] 桑塔格以一种让人愉悦的距离享受他们俩出现在街头杂志的八卦专栏上，或者当他们一起漫步纽约街头，停在十字路口时，他们的周围就会集结一群崇拜者。[276] 如同桑塔格的大部分恋情，这段关系也维持得很艰辛。桑塔格喜欢谈及，在他们出门前，她有时需要等比蒂 40 分钟。与传统两性角色相反的是，是**她**在无聊地翻阅杂志，而**他**还在浴室里没完没了。[277]

桑塔格大多时候都待在贾斯伯·琼斯的圈子里——这是当时她另外一段重要的浪漫关系——这个圈子里还有编舞艺术家默斯·坎宁安以及音乐家和表演艺术家约翰·凯奇。除了那些年桑塔格来往密切的其他艺术家外，比如摄影师彼得·哈贾尔和他的伴侣保罗·塞克，琼斯是纽约有影响力的艺术圈中的一分子，从某种程度上说，同性恋或者双性恋在这个圈子中是一种贵族的标志，也是先锋艺术自我认知的一部分，他们的反传统常常被理解为是对美国主流文化蓄意的羞辱。就像琼斯一样，桑塔格自己也是这个性别认同游戏的一分子。在那些年的日记中，桑塔格记录下了许多赞赏艺术家的评论。在 1965 年 11 月 24 日的日记中，她提到了琼斯，认为他与约翰·凯奇，她的芝加哥大学老师们，玛利亚·艾琳·福尼斯，《党派评论》以及法国哲学家阿尔托、巴特、齐奥朗和萨特一道，对她的智识发展产生了主要的影响。[278]

琼斯以理想的方式结合了桑塔格当时最痴迷于的两种人格特质：名声和疯狂。同时，如桑塔格所描述的，他还具有一种“权威和优雅”，他从来不会表现得“惊讶、抱歉、亏欠或者羞愧”——一种完美的自信，这让她感到舒适：“贾斯伯正合我意（但很短暂）。他让人感觉疯狂是自然 + 好的 + 正确的事……质疑一切。”[279] 最后，琼斯把位于河畔大道 340 号 27 层的一间阳光明媚的楼顶房转给了桑塔格，成为她最喜欢的住所之一。

斯蒂芬·科赫讲道：“苏珊，如同我们当时所有人一样，很不幸地被疯狂的人所吸引。”比如艺术家保罗·塞克，桑塔格最好的朋友之一，尽管他迷人、睿智又相貌出众，却是个彻头彻尾的精神病。他每天给桑塔格打 10 通电话，给她写长达 80 页的信。科赫愉快地回忆起，桑塔格表现得“像是在教他尼采哲学”，而塞克也“仿佛都听懂她所说的似的”。[280]

保罗·塞克有很多朋友，安迪·沃霍尔就是其中之一。苏珊·桑塔格第一本散文集《反对阐释》的名字即是源自塞克：保罗·塞克的朋友尼德·罗雷姆回忆，塞克在谈论艺术时非常喜欢用一种傲慢的、带有鼻音的而且极其荒诞不经的语调“哦，我反对阐释，我反对阐释”来结束谈话。[281] 作为对书名的感谢，桑塔格在美国版《反对阐释》的初版致谢中提到了他。

桑塔格也非常痴迷于艺术家约瑟夫·康奈尔。对于康奈尔来说，艺术家的生活是要以一种奇异且折磨人的方式表达对女神的敬慕。当他在公共广播公司（PBS）上的一个关于国家教育系统的谈话中看到桑塔格之后，便开始给她写信。当时康奈尔已经是一位著名的艺术家，他的作品在艺术市场上能卖到很高的价钱。桑塔格，作为康奈尔超现实主义作品的拥趸，给他回了信。连续两年，这位艺术家不断拜访他的偶像，送给了她许多艺术拼贴，不过后来他都要了回去，还编造了荒诞不经的故事，依据它们，桑塔格与19世纪的女歌唱家亨里特·桑塔格（Henriette Sontag）拥有血缘关系，同时她又是让-保罗·贝尔蒙多（Jean-Paul Belmondo）① 的曾曾祖母，青春永驻，不断变换着服装穿梭在纽约的街头。[282]

那些年间，桑塔格也同年轻的罗伯特·威尔逊展开了另一段重要的关系，后者刚好结束了在普瑞特艺术学院（Pratt Institute）的学业，迈出了他在纽约实验剧场的第一步。如威尔逊讲述，他当初对桑塔格十分着迷，甚至偷偷潜入“美国大学妇女联合会”在华尔道夫酒店（Waldorf Astoria）举办的只允许女性参加的她的报告会，为了能在栏杆上看她一眼。威尔逊说，她那雌雄同体、魅力非凡的外表，她那深沉、洪亮的声音，以及她那若即若离地阅读自己文章的方

① 法国电影演员，2016年9月获第73届威尼斯国际电影节终身成就奖，代表作《狂人皮埃罗》（*Pierrot Le Fou*）。

式，都让他想起了玛琳·黛德丽。[283]不久之后，他在共同的朋友那里遇见了她，两人终生都维持了亲密的友谊。

桑塔格一方面在玛利亚·艾琳·福尼斯的影响下与先锋剧场联系得极为密切，她热衷于戏剧，此外传奇的政治性剧团“生活剧场（The Living Theatre）”的创始人约瑟夫·查金（Joseph Chaikin）也是她的密友。通过这些关系，桑塔格于 1966 年夏在伦敦结识了彼得·布鲁克（Peter Brook）和耶日·格洛托夫斯基（Jerzy Grotowski）——她在日记中小心翼翼地记录了会面，这是典型的桑塔格风格，在表达有涵养的尊敬的同时又混合了热情的流言蜚语。布鲁克和格洛托夫斯基毕竟是两位 20 世纪最重要的剧作家，而桑塔格的日记却没有提及他们的作品。她反而着迷地描述了布鲁克穿着一件黑色高领毛衣，有一张饱满的脸庞，浅蓝色的眼珠和一副十分局促的长相。对于格洛托夫斯基，她主要感兴趣的是，竟然没有任何关于他性生活的传闻。这次会面的影响既持久又惊人。两位艺术家的出现激励了她继续创作第二本小说《死亡匣子》，她从 1965 年起开始写作，并希望这本小说能成为自己作家生涯的成功标志：“我知道怎么写这本小说了！感谢布鲁克 + 格洛托夫斯基，最后的细节也补齐了。”[284]

激进的时髦（1967~1969）

> 1960年代是一个美好的时代。这是我人生中最重要的时期。如果最后我们过于忙碌而无法享受好的时光，并且认为事物比它最终呈现的要简单，这并不意味着我们的大部分所学毫无价值。[285]

在接下来的几年里，桑塔格在政治领域中为非传统的私人生活和先锋艺术的美学旨趣找到了对应。桑塔格此时也逐渐接受了激进主义的立场。同那个时代的美国知识分子、艺术家和学生一样，主要也是由于越南战争，桑塔格被从狭隘的城市推向了政治的舞台。出于对自我的神化，桑塔格在三十五年后宣称自己是和平运动的创始人之一，即在越战开始后不久而真正的和平运动还未出现的1963年时便参加了政治运动。[286] 然而，当我们比对了同时代人[287] 的讲述和她那些年的采访，可以发现事情是另外一番模样。

实际上，桑塔格在1964年底已经开始参加所谓的“示威运动（Teach-Ins）”，反对战争。[288] 在1966年初《纽约时报》记者哈里森·索尔兹伯里（Harrison Salisbury）披露林登·B.约翰逊政府的“出于军事目的进攻越南”的声明是个谎言后，她的政治活动才获得了动力。在她1968年的散文《河内之行》（*Trip to Hanoi*）中，桑塔格还曾形容自己并非一个政治活动家，虽然她签署了“反越战请愿书”。因此，在许多政治活动家看来，桑塔格较晚才加入到和平运动的政治活动中。

而且桑塔格肯定不属于和平运动中最杰出的人物。领军人物的角色主要由政治家和艺术家如马丁·路德·金、鲍勃·迪伦、约翰·列侬（John Lennon）、简·方达（Jane Fonda）或者约翰·克里（John Kerry）承担。知识分子中的表率是诺姆·乔姆斯基（Noam Chomsky），1967年2月他在《纽约书评》上发表了文章，谈到了面对越战知识分子应承担的责任，因此成了和平运动和新左派的权威理论家之一。桑塔格的影响实则比较边缘，她追求许多别的兴趣，写散文、她的新小说以及旅行。为此桑塔格以她典型的热情将“运动（Movement）”的极端化修辞——反越战运动在当时的专业术语中就是这么被称呼的——引入了信奉资产阶级自由的纽约知识分子建制派中，并用激进的观点为略显停滞的《党派评论》

世界带去了一种活力。

桑塔格的政治参与包括一系列知识分子的公共活动。与作家伊丽莎白·哈德威克、詹姆斯·鲍德温和诺曼·梅勒等人一道起草和签署了左派抗议信，其中一封发表在《纽约时报》上，抗议警方虐待军事民权社团黑豹党（Black Pathers）成员。[289]她参加了许多游行示威活动，并于1966年春前往好莱坞，为“艺术家抗议塔（Artists’ Tower of Protest）”①的落成仪式致辞。她在美国各大学院开展演讲，在学生面前公然表达反对越南战争的态度。1966年2月，她成为1960年代激进主义运动的组成部分，即现在看来似乎不是特别合时宜的“宣讲运动（Read-In）”的一名组织者，与其他29名作家一道在纽约市政厅宣传“为了东南亚的和平”，其中包括亚瑟·米勒（Arthur Miller）和威廉·斯泰伦（William Styron）。1967年12月，在一次抗议军队征兵义务的纽约大游行中她最终和另外264名抗议者，包括垮掉派诗人艾伦·金斯堡和城市规划师简·雅各布斯（Jane Jacobs），一起遭到警察的公然逮捕。游行示威者封锁了下曼哈顿的征兵办公室大门。

桑塔格被捕的消息也传到了德国，罗沃尔特出版社（Rowohlt Verlag）时任社长弗里茨·J. 哈达茨

① 又名“和平之塔（The Peace Tower）”。

（Fritz J. Raddatz）向他的 FSG 出版社美国同事发去了一份表示关切的电报，打听他作者的现况。里拉·卡普夫回信说，桑塔格仅在警察局置留了 2 小时，但之后需要在法庭作简短供述，这一切“主要起到了很大的宣传效果——这正是大家所期望的”。[290] 斯蒂芬·科赫也清晰地回忆起这场精心策划的逮捕行动，它被定格在弗雷德·W. 麦克达拉（Fred W. McDarrah）拍摄的一张著名照片上。[291] 桑塔格不是那种喜欢匿名行动的人，但在某种意义上，她的名气正好是种能对这场运动有所助益的资本。

*

体现桑塔格激进政治立场的第一份书面证据便是她著名的文章《美国的现状》（*What's Happening in America*），这篇文章是为《党派评论》的年度研讨会准备的，如伊丽莎白·哈德威克回忆，是它让桑塔格从根本上成了“激进的时髦（Radical Chic）”的象征。[292] 汤姆·沃尔夫（Tom Wolfe）在他的报告文学《激进的时髦》（*Radical Chic*）中报道了以黑豹党为代表的激进政治团体和纽约文化阶层观点间的荒谬纠葛，后者正在尽情实践他们关于底层社会原生态的、充满活力的生活方式的想象。[293] 而桑塔格并不属于这种团体，哈德威克说道，“她既激进也时髦”，她的思想是“天生的左派”。[294] 激进的观念有着很大的市场，桑塔格则以典型的魅力将它们充分发挥出来。

一年一度的《党派评论》研讨会是美国知识分子翘首以待的典礼。《党派评论》的编辑们就当下的重要议题提问，并将问卷发放给由挑选出来的作家组成的小组，他们的答案会通过好几期的杂志陆续公布。1967年初，在桑塔格提交了她的文章《美国的现状》作为对问卷的回答后——其余的问题还包括约翰逊总统的外交政策、黑人民权运动、通货膨胀、知识分子的角色以及“当代年轻人的活动”[295]——引发了巨大的骚动。[296]

桑塔格的研讨会文章成了美国新左派的一份基础文本，也是她被引用最广的文章之一。没有别的文章能比这一篇更好地总结美国左翼年青一代的心声了。在所有受访者中，唯一提及性、毒品和摇滚的便是桑塔格。她称得克萨斯人林登·B.约翰逊为“白宫里的……约翰·韦恩（John Wayne）”。在此之前很少有人以如此激进的方式批评美国。桑塔格将这个国家称为“地球上的绝对权威”，它将人类生物性和历史性的未来掌控在自己的“金刚魔爪”（King Kong paws）中。美国建立在对原住民的种族屠杀之上，残酷地对待了他们的种群，令这片土地上的大部分居民变成“忧郁的神经质”和“精神的运动员”。它的领导人都是些“人面兽心的怪物”，它的文化是一种“对美好生活毫无品位的幻想”。桑塔格在文章中继续解释道，她很少寄希望于美国的知识分子，而是将希望寄托在学生运动上，通过新音乐①和性别革命发展出新的反抗模式。她激进而冷血的狂怒在对待西方文化的非难中达到顶峰，这句话后来常被人引用：“事实是，莫扎特、帕斯卡尔、布尔代数、莎士比亚、议会政府、巴洛克教堂、牛顿、女性解放、康德、马克思和巴兰奇的芭蕾舞已经无法弥补这个特殊文明为世界带来的灾难。白色人种是人类历史的癌症。”[297]

《美国的现状》也为桑塔格下一本散文集的政治部分定下了基调。这篇文章原本计划叫作《关于文化革命定义的笔记》（*Notes on a Definition of Cultural Revolution*），强调桑塔格在“激进的时髦”中的立场。[298]而这本原本叫作《美国制造》（*Made in U.S.A.*）的文集，最终以《激进意志的样式》为名出版，囊括了关于西奥多·W.阿多诺（Theodor W. Adorno）、安托南·阿尔托和格特鲁德·斯泰因的散文以及三篇有关文学批评的文章。[299]可当文集在1969年3月出版时，她删除了关于阿多诺、阿尔托和斯泰因的文章，也没有了那几篇文学评论，取而代之的是《静默之美学》（*The Aesthetics of Silence*,

① 指流行音乐。

1967）般卓越的散文，这篇文章以贾斯伯·琼斯和约翰·凯奇为例，对1960年代艺术运动背后的哲学意识进行了清晰的考察，对他们二人来说，表达严肃性的恰当方式是，保持完全的沉默。此外还有关于让－吕克·戈达尔、英格玛·伯格曼（Ingmar Bergman）电影的文章，或者关于色情的幻想以及它与文学中从萨德侯爵（Marquis de Sade）到乔治·巴塔耶（Georges Bataille）死亡母题之间关系的文章。

这些散文展现了激进变化中的一种意识，这种意识尝试进行持续的自我改善，在它所处的环境中寻求恰当的答案，并为达成这个目标而接纳晦涩的艺术和高品位的电影，或者在反常的主题，如色情文学中寻找消费资本主义生活意识的另一种可能性。那些至今仍未普及的桑塔格文章勾画了一种个体的形象，那就是将自己置入持久的学习和教育中。

在《激进意志的样式》中寻找《反对阐释》的那种热情无异于徒劳。桑塔格似乎不再那么坚定地相信艺术和政治的进步可以通过先锋的美学达成。她更关注的是自我意识的改变而非文化的革命。桑塔格不再扛起先锋艺术的大旗，而是去追问现代性永恒的精神革命和它对艺术与生活方式的道德内涵的塑造——她将这样的探讨明确地带到她关于法籍罗马尼亚裔哲学家埃米尔·米歇尔·奇奥朗（Émil Michel Cioran）的文章中，视奇奥朗为当代遗迹和社会衰落的考古学家。对桑塔格而言，他的哲学回答了一个紧迫的问题，那就是精神如何在永恒末日的时代得以幸免。[300]

这本散文集的高潮是一篇关于她越南民主共和国（简称“北越”）之行的文章，桑塔格在越南劳动党的邀请下于1968年夏和《纽约时报》记者安德鲁·科普坎德（Andrew Kopkind）以及数学教授罗伯特·格林布拉特（Robert Greenblatt）一同前往越南。值得注意的是，《河内之行》位于散文集的末尾，文章以一种极其私人的方式详细说明了桑塔格身为知识分子的基本原则以及她在国家、文化和政治领域中的自我认识。尽管已经有40位知名的和平人士进行过艰苦的河内之行，其中包括知识分子玛丽·麦卡锡和演员简·方达，但这并不意味着穿越战区没有危险，桑塔格在前往这些地区时它们正受到难以置信的轰炸。[301]如安德鲁·科普坎德后来讲到的，仅是复杂的飞行线路就要耗费10天时间，中途会经停巴黎和金边，最后，即使是最好的处境，也要在“棘手”的条件下降落。这次访问的邀请由北越政府的一个部门发出，它在某种程度上是支公关团队，访客需由已经到过越南的，或是被认作和平运动杰出代表的美国人推荐选出。

如桑塔格在文章开头所述，这趟旅行中她扮演的是一个特殊的角色，因为她既不是以记者也不是以亚洲研究专家的身份前来。当然这种说法顶多只有一半是真的。如FSG出版社的档案披露，他们早先规划的是把她的散文发表在12月出版的大众杂志《绅士》上，因此她很可能是以记者的身份前往河内的。[302] 除此之外，这篇文章原本应该在1969年1月以平装的形式在FSG出版社的“正午书系（Noonday-Imprint）”中出版，并最终在1969年3月收录于散文集《激进意志的样式》中。里拉·卡普夫说，出版社也因此展开了“一场特殊的宣传战”，因为斯特劳斯和桑塔格都非常确信，《河内之行》会成为她最重要的散文之一，包含了“对于全世界基数庞大且不断增长的政治参与者来说都极为重要的信息”。为了尽可能广泛地传播，这篇文章被翻译成所有重要的语言，并在一二月间以价格实惠的平装本同步出版。[303]

《河内之行》对桑塔格来说是一篇特殊的文章。在给罗杰·斯特劳斯的一封信中，她为严重的拖稿进行了道歉。她写道，这篇文章对于她而言是“一种新的书写方式”，“更加坦率又更加私人”。这就是难以完成的原因。[304]

缘于《河内之行》，几十年后桑塔格依旧遭受美国新保守主义的攻击，它一定层面上使用了那个时代的新新闻主义（New Journalism）手法，受到了作家如亨特·汤普森（Hunter Thompson）、诺曼·梅勒或者琼·狄迪恩（Joan Didion）的影响。尽管桑塔格是从一个个人的、几近私密的视角来写作这篇文章，她却并没有使用新新闻主义文章中经常出现的那个充满自我意识的“我（Ich/I）”。尽管如此，这仍是桑塔格第一次将自己带入文章中，放弃了对于当时的她来说典型的“我们（wir/we）”或者“某些人（man/one）”的视角。[305]

这篇文章的中心主要围绕“成为一个美国人，一个没有派属的激进分子，一个美国作家的困境”展开。[306]几年后，她仍然把这趟旅行形容为“一次文化冲击”，“是第一次去亚洲的人都会经历的”。[307]除此之外，正如桑塔格自己强调的，[308]越南是她见到真正苦难的第一片土地，让她对意识的美学教育前提产生了极度的疑问。这篇文章也包含了同等篇幅的见闻报告、日记和越南历史概览。

桑塔格对这趟旅行的组织者也不乏批评。如她自己描述的，她充满怀疑地面对一个因为战争状况而不得已参加的“政治秀”，指摘强加在她身上的“越南抗战的美国友人”角色。[309]她分析了形式化的共产主义官方语言，而她遇到的越南人似乎都在使用这种套话。尽管在人生的最后几年中，她又重新习惯使用马克思和新马克思主义的词汇，但身为作家的她对越共这种乏味又全面组织化的语言却深感厌恶。

另一方面，她不时又会掉入北越意识形态的宣传中，做出一些失礼的事，游离于那些年的典型政治思维。不同于美国人和西欧人，越南人在她眼里是“完整的人”。她赞许越南人在性方面的自律以及对美国战俘的慷慨仁慈，会给予他们较多的食物配给。她钦佩他们还会关照一位美国士兵的墓地，极少受到西方罪责文化的影响，以及如何能够在物资匮乏的情况下进行自救，取得胜利。桑塔格最终说到，越南这片土地上的人以他们对正义和尊严的关注复兴了英雄主义（Heldentum），而西方对于它的使用更像是在反讽。总之，北越对桑塔格来说似乎是一个“值得被理想化”的地方。[310] 桑塔格在文章的结尾作出了具有远见的判断，赢得这场战争的将是越南而不是美国，虽然这在七年后才会得到证实，而且当时也并没有人会真的相信。

桑塔格在纽约的生活也反映了这种理想化。如斯蒂芬·科赫讲述，桑塔格从越南带回了一对戒指，它们是越南人赠予她的礼物。这对铝戒由击落的美国战机打造，上面还有序号。很长一段时间桑塔格和科赫都戴着这对军事图腾，作为他们参与和平运动的标志，也意味着在这场残酷的战争中他们站在北越一方。同样也到过越南的玛丽·麦卡锡在她的旅行散文中描述了她在获赠这样一个戒指时的恐惧。对她而言，戒指并不象征美国战争行为的非人性，这块铝合金更多让她联想到为这个戒指牺牲的生命。[311] 而作为绝对“激进的时髦”的桑塔格和科赫很少考虑到这个层面的寓意。

*

桑塔格反对越南战争的行动最终也体现在她的文学作品中。1967 年 3 月，桑塔格完成了她的第二本小说《死亡匣子》。[312] 她希望借由这本小说让公众相信她不仅是个批评家，同时也是一位严肃的文学家。斯特劳斯同样也抱有乐观的态度，相信“这本绝对重要和独特的小说”会取得“成功”。[313]

小说中有自杀倾向的反英雄和反叙事形象名叫迪迪（Diddy），是一位来自宾夕法尼亚的广告撰稿人，他在隧道中杀死了名铁路工人，直到小说的结尾他始终被一个问题折磨——他是否真的杀了人，还是一切都只是自己的幻想。他的名字也象征着这个问题：“他真的？（Did he ?)”他在火车上遇到的盲女海丝特（Hester）也同样怀疑他是否真的杀了人，因为她断定她用耳朵可以看见一切，所以她知道迪迪没有离开过车厢。

虽然小说按照线性的时间来叙述，但呈现的结果却像是恣意对想象中的事件进行排序。小说的叙事更多依据的是一种纯哲学的而非叙述的逻辑。贯穿整本小说的主旨是这样一种观念，即在没有积极干预的情况下，所有的社会和自然系统最终都会走向混乱。“熵（Entropie）”的概念在 1960 年代的美国小说中并不罕见，比如托马斯·品钦（Thomas Pynchon）的《V.》（1963）或者约翰·霍克斯（John Hawkes）的《酸橙枝》（*The Lime Twig*，1961）。桑塔格也非常贴切地将《死亡匣子》描述为她在“越战阴影下的悲伤情绪”的产物。[314] 尽管没有明确提及“越南战争”这个名字，但它经常出现在小说中，主要出现在迪迪不断观看的电视新闻上，它们让他在此期间相信，他对一个个体的杀害在社会现实的广阔场域中看起来简直是可笑且微不足道的。

《死亡匣子》在 1967 年秋出版后，遭到了灾难性的评论。仅有一些智识类杂志努力地以文学作品严肃地对待它。其余的出版界同人虽指出了桑塔格的智识成就，却批评这本小说或多或少让人难以阅读。《纽约时报》的批评人埃利奥特·弗里蒙特 - 史密斯（Eliot Fremont-Smith）直截了当地发问：“一个有着苏珊·桑塔格般精致感受力的批评家，怎么会写出这样一本在小说技巧层面既单调乏味又缺少感觉的作品？”[315] 另外一些批评则强硬得多，他们称这本书是“存在主义的庸俗产物”。[316] 桑塔格的第一本小说也明显受到法国现代文学和哲学的影响，她似乎又重复犯了《恩主》中的所有错误，并且犹有过之。

小说开头和结尾的一些蛛丝马迹暗示这本作品的 312 页都是一个昏迷病人临死前的幻梦。然而，正如桑塔格在许多采访中所强调的，这只是这本书的一种可能的阅读方式，她在小说中“有计划地埋藏了许多模糊的线索”，“以保持阅读的开放性”。[317]

阿尔弗雷德·卡津（Alfred Kazin），美国当时最重要的文学批评家之一，将桑塔格的风格贴切地形容为“一种纯粹意志的产物”，它将传统文学的灵感和侧重叙事的原则放在一边。卡津说道：“在阅读时，我们并不是在经历小说本身，而是在经历桑塔格准备在下一步思考什么。”[318] 文学对于此刻的桑塔格来说实际成了一种媒介，她忽视了文学的传统要求，但同时又未找到有效的手段来根本地革新它。桑塔格1960年代的文学作品——两本小说以及个别的短篇，比如《假人》（*The Dummy*，1963）——传达了这样一种印象，她仅想以此来寻找另一种表达方式，即那些在散文中她表达得更加成功的知识观念。虽然她在后来的采访中称赞了《死亡匣子》，并在德文版后记中认为这是她“最私密的小说”，[319] 桑塔格却也明确感受到了她作为小说家的失败。她很少愿意再去谈论自己以往的作品。像戴维·里夫讲述他母亲那样，她不是一个怀旧的或者喜欢回顾的女人。[320] 斯蒂芬·科赫认为，于桑塔格而言，成为小说家的渴望变成了一个“痛苦的主题”，一个“特殊的问题”和“一块几乎让她跌倒的石头”。[321] 尽管进行了大量尝试，她还是在巨大的折磨下屡次中断写作，而且在接下来的二十五年中没有再完成任何一部小说。

镜头背后（1969~1972）

> 新形式主义电影的典型套路是将冷漠与激情混合在一起：冷漠包裹和驯服着巨大的激情。[322]

尽管《河内之行》在许多层面上都宣扬了激进的理念，且桑塔格的形象直到1970年代后期都与它们捆绑在一起，但这篇文章也体现了她对新左派政治运动怀有的一种矛盾心理，这种矛盾心理在接下来的几年中不断壮大。桑塔格颇具挑衅意味的政论文章并不从属于反越战运动中的大部分反智理念，它们常常像是一种失去心智平衡的证明。一方面，桑塔格在这些文章中阐明了现实的政治情形，分析了当代左派的话语，并推导出一个对她来说普遍有效的立场。另一方面，从这些文章中我们似乎也可以看出桑塔格并没有停止怀疑这些话语。到了1970年代末，桑塔格在法国智识杂志《如是》（*Tel Quel*）、法国电视一台

(TF1)和美国《滚石》杂志的采访中，已经同《美国的现状》和《河内之行》[323]保持了距离，并希望直到生命结束她的公共形象也不再与这种政治立场捆绑在一起。对她而言它们是一个特定激进时代的档案，整整一代作家、知识分子和批评家都分享了这个时代的基础，而她则带着怀疑和怀旧直面于它。[324]

1990年代初，桑塔格在《洛杉矶时报》的一次采访中总结道，越南战争和它的后果使她脱离正轨将近十年，[325]实际上，这种长期持久的沮丧情绪影响了她随后几年的生活，同时影响她的还有严重的写作问题、金钱上的忧虑，以及在面对自己并未减弱的知名度时根本的矛盾心理。桑塔格中断了她的散文和小说事业，决定创作剧本和导演电影。接下来几年的大部分时间里她都在瑞典和巴黎度过。

美国的电影学者和电影批评家一致认为，不可高估桑塔格的电影对电影行业的重要性。她在两本极具影响力的散文集中展现的电影热情不仅体现在她关于欧洲先锋电影和美国地下电影的诸多文章上，还将她自己从电影中发展出来的批判原则运用在文学和戏剧批评领域，桑塔格相信，电影应该为其他艺术门类发挥一种美学榜样的功能。但那个时代的思想家没有人会严肃地对待电影，电影在美国也主要被视作流行艺术，没有什么人像她一样拥有如此丰富的关于欧洲和日本电影的知识，并赋予这种媒体一种独立艺术形式的存在价值。尽管电影批评在1960年代的美国也有所发展，电影被视为现代艺术的组成部分开始被严肃对待，却没有一个著名的美国电影批评家，如宝琳·凯尔（Pauline Kael）、曼尼·法伯（Manny Farber）、德怀特·麦克唐纳或者詹姆斯·艾吉（James Agee）像桑塔格那样对它有深入的了解。[326]

桑塔格坚持用一种严肃冷峻的哲学方法去对待不同类型的电影制作，如让－吕克·戈达尔的作品或者美国1950年代的科幻电影，并将一种近乎学院派的气质带入电影批评中。她热情的、受巴黎电影文化影响而痴迷电影的证词，形成了一份散文式的纲要，从根本上看这与她对现代文学的观点十分接近。她欣赏某些电影中直接的感官表达，比如阿伦·雷乃的《去年在马里昂巴德》（*L'année dernière à Marienbad*）和米开朗基罗·安东尼奥尼（*Michelangelo Antonioni*）的《奇遇》（*L'avventura*），后者削弱了传统的叙事结构，突出了观影者的观看体验。她尊重罗伯特·布列松（*Robert Bresson*）电影中实验性的冷酷，认为这种冷酷可以重新组织观影群体的整体情绪。她享受戈达尔早期电影即兴创作中抒情诗般玩耍的随机性，也欣赏英格玛·伯格曼电影中深沉的严肃性、自指性和艺术氛围的厚重感，主要因为他的电影，比如《假面》（*Persona*）摆脱了传统的叙事方式。[327] 她十分确信，电影通过所带来的对现实的感知能产生一种特殊的教育功能——不仅是美学教育层面，也在扩展感受力的意义上——即一种心灵的教育。[328]桑塔格在1961~1969年累积了很多实验性的文章，它们组成了一份关于欧洲现代主义电影的小目录，时至今日，欧洲现代主义电影仍被许多电影爱好者视作艺术电影的黄金时代。

桑塔格对《纽约时报》的批评人梅尔·古索（Mel Gussow）讲到，在研究电影理论时，她就已经希望自己也能拍摄电影了。[329]在某种意义上，这对她来说是符合逻辑的事业发展，她崇拜的其他欧洲作家，如玛格丽特·杜拉斯、皮埃尔·保罗·帕索里尼（Pier Paolo Pasolini）、阿兰·罗布－格里耶（Alain Robbe-Grillet）已经从文学领域迈入电影导演领域，成了文学家、时事评论家和电影制作人。[330]桑塔格早已开始凭她的自信把愿望变成现实。她观察朋友迈克·尼科尔斯——他们在芝加哥大学相识——在摄影棚和剪辑室里的导演工作，后者那时正因电影《谁怕弗吉尼亚·伍尔夫？》（1966）和《毕业生》（*The Graduate*，1967）等享誉世界。她对电影的主题有许多自己的想法，并开始在她结交的欧洲导演和演员中寻找一位制片人。

桑塔格主要在法国和意大利尝试这些努力，她曾受邀担任1967年威尼斯国际电影节的评委。出于私人原因，她越来越多的时间都在意大利度过，因为她和女公爵卡洛塔·德尔·佩佐（Carlotta del Pezzo）正处在热恋中，桑塔格的第二个电影剧本《卡尔兄弟》（*Bröder Carl*）便是献给她的。这个剧本于1974年在FSG出版社出版，书中配有电影剧照。[331] 桑塔格将精力集中在欧洲电影界的另一个原因是她同美国电影界毫无联系，除了兴盛的纽约地下电影圈之外，美国电影的中心主要还是洛杉矶，当时独立电影的黄金时期尚未到来，电影只是“好莱坞”的代名词。再者，那时法国、意大利和瑞典电影的工业化程度还比较低，因此对于圈外人来说似乎更容易涉足。而与好莱坞相比要少得多的制作费用，更小型的摄制组以及独立于大公司的制片人，这些都允许像玛格丽特·杜拉斯这样的作家参与电影的制作。桑塔格在1972年指出：“相反，在美国，一个拍电影的女性属于离经叛道。”[332]

她不久便等到了邀约。瑞典桑德鲁电影公司（Sandrew Film）的制片人约兰·林格伦（Göran Lindgren）为桑塔格提供了极少的预算，合计180000美元，但给予她完全的艺术创作自由。在出版瑞典版《反对阐释》并在文化杂志《伯尼尔文学杂志》上发表她后来的文章后，桑塔格在瑞典获得了极大的名气，林格伦对投资明显抱有巨大的期望。桑塔格无所谓电影的拍摄地，“接受任何邀约都是为了证明自己可以做到，”她当时解释，“我本该去阿富汗的。”[333]

1968 年 8 月她从越南回来，短短数周后便前往瑞典开始为她的第一部电影《食人族二重奏》(*Duett för Kannibaler*) 作准备，并与林格伦一起为影片摄制展开计划。桑塔格只花了三周的时间就写完了分镜头剧本，1968 年 10~11 月以及 1969 年 2~3 月她搬去了斯德哥尔摩，开始了拍摄工作。桑塔格发觉拍摄这部电影并不轻松。她不懂瑞典演员和瑞典摄制组成员的语言，一周要工作 7 天，基本上都是从早上 6 点一直忙到深夜。[334]

《食人族二重奏》是一部关于心理和性游戏的离奇的室内剧电影（Kammerspielfilm）①，配乐采用了安东·德沃夏克（Antonín Dvořák）、古斯塔夫·马勒（Gustav Mahler）和理查德·瓦格纳（Richard Wagner）的音乐。影片讲述了神秘又极度自我中心主义的德国革命家阿图尔·鲍尔［Arthur Bauer，拉斯·埃克伯格（Lars Ekborg）饰］与他可能的法西斯过往、他的哑巴妻子弗朗西丝卡［Francesca，阿德里娅娜·阿斯蒂（Adriana Asti）饰］和他们的年轻助理托马斯［约斯塔·埃克曼（Gösta Ekmann）饰］以及助理夫人英格丽［阿格妮塔·埃克曼尔（Agneta Ekmanner）饰］之间的纠葛。从这对年轻夫妇的“画

① 也称“小剧场电影”，是 1920 年代出现在德国的一种电影体裁，与表现主义电影相对。

外音”出发，桑塔格发展了一种超现实主义的黑白画面，抛弃了所有传统的角色心理而强调一种神秘与情感的真空状态，同时用一系列断断续续的心理障碍、精心构思的权力滥用和性幻想代替了电影的情节。

作为一个集编剧、导演、剪辑于一身的电影新人的作品，《食人族二重奏》展现了惊人的专业性和强烈的影像风格。尽管电影体现了时代精神的流行主题，却不像纽约地下电影导演，如迈克·库查尔（Mike Kuchar）和乔纳斯·梅卡斯（Jonas Mekas）在处理类似题材时那样运用晃动的镜头，采用非专业演员或粗率地进行剪辑。这部电影的氛围更让人想起英格玛·伯格曼的作品。与此同时，这可能也正是它的症结所在。以现今的角度来看，《食人族二重奏》似乎只是1960年代欧洲艺术电影媚俗元素的沉闷集合，但其中的古怪段落有时看起来也并不刻意，比如主角在镜头前专注又严肃地沉默，或者进行神秘且高度哲学化的对话。

《食人族二重奏》首映于1969年5月的戛纳国际电影节非竞赛单元，接着是9月的纽约国际电影节，最后在纽约的卡内基音乐厅电影院上映一周，而评论和观众的反应却是压倒性的差评。哈佛大学校报《哈佛深红》（*The Harvard Crimson*）的一个评论推测，桑塔格看了如此多的电影，又对其进行了长期的思考，因而无意识地将所崇拜的布列松、戈达尔和伯格曼等人的电影拍摄技术、气氛营造和叙事技巧组合在一起。《食人族二重奏》既像一种模仿，又像是一部“对拍电影的兴趣超过拍一部特定电影的兴趣”之人的作品。[335] 然而，在这部电影的拍摄工作结束之后，约兰·林格伦又邀请桑塔格在来年拍摄第二部电影。

在这一时期，桑塔格只有很短的时间待在美国。当她不在美国时，FSG 出版社的财务人员帮助罗杰·斯特劳斯一同打理她的日常事务，在纽约为她制订演讲的行程，在美国的大学比如哈佛大学中谈论她的电影，当她的书在欧洲出版时，则安排位于阿姆斯特丹、罗马和巴黎的欧洲出版社举办相关活动。斯特劳斯还负责在美国和欧洲的杂志上发表她的短文，同时也要照看 17 岁的戴维，甚至为桑塔格开设了一个出版账户，支付她的税务以及位于河畔大道房子的煤气、电和电话的账单。[336]

尽管第一部电影的辛苦工作结束了，桑塔格却没有减少欧洲旅行、出版社活动、大学演讲和政治集会的数量。戴维与他的母亲终生都维持着紧密的关系，桑塔格经常称他是自己“最好的朋友”，而他也开始仿效母亲的生活方式，独自旅行前往欧洲、南美、阿富汗与非洲。同时试着尽可能与母亲的旅行路线交叉重叠。他们的见面经常由罗杰·斯特劳斯安排，他还帮忙收发这对母子的电报，并告知双方对方所处的位置。[337]

桑塔格选择的大部分旅行地点都是出于政治上的同情。尤其是她对古巴的痴迷——她曾于1960年在那里待过3个月——以及对古巴革命英雄切·格瓦拉和菲德尔·卡斯特罗的热情，后者在当时被美国政府视为国家的敌人，这些都在她1969年1月新一次的古巴之行中达到顶峰。桑塔格欣赏她所设想的古巴社会主义模式中的经济公平和社会正义，这也体现在两篇关于这次古巴之行的文章上。此外，桑塔格相信，古巴拥有一种迄今不为人知的个人的、性欲望的潜能。桑塔格在一篇名为《古巴海报》(*Cuban Posters*)的文章——这篇文章发表在艺术杂志《艺术论坛》(*Artforum*)上，内容涉及古巴革命中的政治宣传海报，之后又成为一本古巴海报图册的导言——中描述，这片土地上的“自由氛围”与苏联社会有着本质的区别。它反映在古巴那些拥有高级艺术品位的海报上，与苏联平庸且顺应时代的宣传海报相比，它们有着完全不同的特点。[338]

然而，当桑塔格把第二篇散文《关于我们如何正确热爱古巴革命的思考》[*Some Thoughts on the Right Way (for Us) to Love the Cuban Revolution*]发表在《壁垒》(*Ramparts*)杂志上时，她已经流露出某种怀疑。《壁垒》是1960年代美国典型的寿命不长的创新型杂志。作为一本旧金山的极左杂志，《壁垒》采用了光滑的纸张，在鼎盛的1970年，即越南战争的白热化的时期，有着300000万的订阅量，是发表桑塔格政论文章的理想之地。桑塔格在古巴见到了杂志主编鲍勃·希尔（Bob Scheer），她允诺会将岛上的经历写成文章。[339]在《古巴海报》的结尾，桑塔格曾发出了煽动性的声音“菲德尔万岁！（Viva Fidel！）”而发表在《壁垒》上的这篇文章则预告了她对美国左派和它激进运动的缓慢祛魅。桑塔格的基调带有批判性，尤其在她论及新左派“对个人自由”的“美式痴迷”时。美国的左派忽略了正义的问题，它们宣称自己是“对美国文化的一个基本承诺，……承诺每个个体都有不参与、脱离和以自我为中心的权利”。[340]

桑塔格对古巴的社会模式成为苏联和东欧社会主义以及美国资本主义之外的另一条道路抱有巨大的期望，但这种热情在接下来的几年中消失了。1971年5月，她和另外60位来自欧洲、北美和南美的知识分子一起，包括让－保罗·萨特（Jean-Paul Sartre）、胡里奥·科塔萨尔（Julio Cortázar）、西蒙娜·德·波伏娃和马里奥·巴尔加斯·略萨（Mario Vargas Llosa）在内，签署了一封抗议古巴作家埃贝尔托·帕迪亚（Heberto Padilla）被捕的联名信，发表在《世界报》（*Le Monde*）和《纽约时报》的头版。帕迪亚在古巴警察的刑讯逼供下被迫写下了认罪书，称自己是古巴的敌人，并招认自己曾与美国中央情报局（CIA）特工有过接触。[341]

桑塔格后来一直援引这封抗议信作为她反对共产主义政权的证据，可即便签署了这封抗议信，对于这个问题她依然很矛盾。根据《乡村之音》（*Village Voice*）的报道，在1971年11月社会主义工人党（Socialist Workers Party）的一次集会上，桑塔格请求在场的人们再一次确认他们对古巴革命的支持。桑塔格在现场解释说，她签署那封抗议信是因为得知这封信是写给菲德尔·卡斯特罗本人的，而且不会被公开，她进而补充道，每当回想起此事都后悔作出这个决定，因为这封信现在被古巴的敌人用作宣传工具。[342]

美国的激进政治运动令桑塔格越发感到厌恶的原因是，它明确的反智主义理念。[343]1970年代初，理查德·尼克松和他宣称的“沉默的大多数”统治着美国，并在越战的泥淖中越陷越深，这场战争毫无胜利的希望，每个月却要牺牲上千条生命，与此同时，新左派采取了越发令人费解又自鸣得意的形式，这表现在嬉皮士、雅皮士、反战团体和黑人权力运动之间脆弱的联盟关系上。在文化层面，新左派的代表人物转而攻击电影、艺术和文学中那些没有担起意识形态教育任务，或者既不想改变世界也不想改变意识的布尔乔亚情结和阶级压迫。在某种意义上，新左派的意识形态是桑塔格自身政治理念的一种回声，其中最激进的部分是她认为西方文化的成就与殖民主义和帝国主义的历史进程密不可分。因此，尽管桑塔格绝对痴迷于流行文化、政治激进主义和地下艺术，却也无法再坚持这种立场。尤其是对于那些几十年来将自己定义成“左派”的纽约知识分子，这种发展意味着她自我定位的改变，将导致老左派与新保守主义阵营的分裂，后者视自己为极端自由主义阵营的牺牲品，而桑塔格正从属于这个阵营。

桑塔格的发展只能被部分地理解成智识的大翻转。而她在政治上的改变更像是长年累积的对艺术话语的极端化反应，尽管这种改变表明了明确的反对态度，但在接下来的三年中她并未找寻到新的政治立场。在那段时期文化杂志《集萃》(*Salmagundi*)的一次采访中，桑塔格明确地说道，依照她的观点，类似“反动的”和“进步的”概念“推动了意识形态的同质化，也纵容了不容异说的态度”。谴责艺术家们“与世界的关系不够激进”对她而言意味着“艺术对自身的谴责”。[344]“反抗，”她在另一处以毋庸置疑的口吻表述道，对她来说“不再意味着它自身的价值，即我们所说的，真实。”[345]

桑塔格此刻展现了她在智识上的发展，而困难的是她似乎不希望别人轻易地看出这种观念上的转变。在这次采访的后半部分，她更多强调自己会一直坚持早先的立场，即便实际情况明显不是这样。她一次又一次地试着澄清，错误或者观念转变并非它们表现的那样，而是在这样的转折时刻她试着重新书写自我的智识历史。就在不久之后，她更加强烈地宣称她有转变想法的权利，并为这种权利辩护，还称这是一名知识分子得以存在的基本条件——基于桑塔格对1960年代艺术和政治运动重要的象征意义，美国公众实则很少赋予她这种权利。

*

桑塔格的私生活在那些年中也变得越发不安定。苏珊·陶伯斯——桑塔格的第一个剧本《食人族二重奏》便是献给她的，她也是桑塔格自求学哈佛以来最为亲密的女性友人之一，也是桑塔格和福尼斯共同创立的第一个写作团体的成员，还是桑塔格在哥伦比亚大学的同事——已经严重抑郁了一段时间。只要桑塔格在纽约，她就会去支持她的朋友并帮助她那两个还是青少年的儿子。苏珊·陶伯斯与雅各布·陶伯斯离婚之后，雅各布搬回了德国，他们的两个儿子则跟着母亲留在了纽约。苏珊·陶伯斯已经多次预告她要自杀。就在她出版了自己的第一本也是唯一一本小说《离婚》（*Divorcing*，1969）之后——其中详细叙述了她的婚姻和艰难的离婚情形——她令人震惊地将预告变成了现实。

在她自杀的六天前，她的小说在《纽约时报》上遭到了毁灭性的批评。这篇评论看起来尤其想要通过陶伯斯来报复桑塔格，因为评论的第一句话就用尖刻的讥讽方式批评了桑塔格的文学风格，评论者认为这种风格也同样存在于陶伯斯的小说中，对他来说，陶伯斯和桑塔格一样都是“流行的活动雕塑”和“时髦的闺阁才女”。[346]

1969 年 11 月 8 日，苏珊·陶伯斯溺死在长岛岸边的东汉普顿。[347] 桑塔格驱车前往溺亡地辨认她朋友的尸体。据陪她一同前往的斯蒂芬·科赫回忆，桑塔格震惊得全身发抖。警察在陶伯斯自杀的地方发现了小半管药丸。在离开警局大楼时，受到严重刺激的桑塔格一直在不断重复：“现在她终于还是做了，这个傻女人。”[348]

桑塔格与陶伯斯的紧密关系不仅体现在她一生都与她朋友的两个儿子保持着联系，并尽其所能地照顾他们，在她的艺术作品中，我们也可以发现探讨朋友自杀的蛛丝马迹。在桑塔格于斯德哥尔摩与瑞典桑德鲁电影公司合作的第二部电影《卡尔兄弟》中，她明显加入了对这一事件的回忆。约兰·林格伦为她提供了更多的资金，并允诺了更长的拍摄和制作周期。

桑塔格于 1969 年 9 月开始《卡尔兄弟》的准备工作，1970 年 1 月在瑞典完成了剧本，1970 年 7~12 月同样于瑞典完成了电影的拍摄和剪辑工作。如果说

第一部电影让桑塔格感到筋疲力尽的话，那么《卡尔兄弟》更加艰难。在写给她的朋友和导师罗杰·斯特劳斯的信中，桑塔格表达了极度的沮丧。她在剧本的序言中写到，斯德哥尔摩的 1 月直到中午天还是黑的，拍摄电影的过程中她一直在寻找光线。她在信中说，这是“一段艰难的时期”，“缓缓吞噬着她”，它如此艰难，以至于她“无法运转”。[349] 桑塔格感到“对瑞典的不耐烦变得越发强烈，有时准确地说是反感”，而且她“极其想念纽约”，这在“欧洲其他地方”从来没有发生过。[350]

桑塔格在第二部电影中异常接近她的目标，那就是发现一种自己的电影语言，或许正是因为电影本身就在处理类似的问题，该如何发现一种语言，从而能将信息有效地传达给对方。电影的所有角色都在忍受他们的交流障碍，而瑞典口音和演员们实实在在的语言困难更加凸显了它，因为桑塔格有意地将英语作为拍摄用语。

电影的大部分场景都发生在一个近乎压抑的、如画一般的、斯堪的纳维亚的黑白景色之中，描述了两对夫妻间一次又一次失败的关系：律师彼得［Peter，托斯滕·瓦伦德（Torsten Wahlund）饰］和他饱受布尔乔亚生活之苦的妻子凯伦［Kăren，吉内瓦维·佩吉（Geneviève Page）饰］以及他们聋哑的女儿之间；导演蕾娜［Lena，古内尔·林德布洛姆（Gunnel

Lindblom）饰］和与她离婚的编舞人马丁［Martin，科夫·赫杰姆（Keve Hjelm）饰］以及他们同样聋哑的朋友卡尔［Carl，洛朗·特兹弗（Laurent Terzieff）饰］之间。《卡尔兄弟》的中心环绕着一个自我毁灭的螺旋，在这个螺旋中，蕾娜在凯伦的帮助下试着与马丁重建关系，而马丁则以他典型的施虐方式回应。电影以蕾娜为了让马丁嫉妒而试着与卡尔开展一段恋情后的自杀作结。

自杀的结果影响重大：卡尔发现她浮在水面上，在一个悲怆的场合失去了自己的信仰，并准备开始治疗凯伦聋哑的女儿。凯伦因朋友的自我毁灭而重新张开了眼：像桑塔格对苏珊·陶伯斯的死所作的反应一样，凯伦对蕾娜自杀的愤怒戏剧化地表现为她对这种毫无理由的愚蠢行为的震惊。她最终还是回到了丈夫的身边。而发生在马丁避暑别墅里的事情正是打开她情感世界限制的催化剂。

《卡尔兄弟》在一个细致的几近经典的结构中，遵循了一种之于“残忍”的严密逻辑，将观影者完全带入它的魔力中。尽管如此，电影于1971和1972年在戛纳、旧金山、芝加哥和伦敦国际电影节展映时并不成功。影评人和观众都认为对白使用了过多的哲学警句，而它们在影片中又缺乏上下的联动。大多数时间里，这种神秘性对电影而言看起来似乎没有必要，有时甚至并不恰当，像是导演的某种专横行径，大部分毫无意义。桑塔格自己也承认，“尽管《卡尔兄弟》在一种想象的心理空间中运转，在日常心理学的意义上它部分是现实的，部分则属于幻想心理学的层面，但后者于我而言同样也是真实，只不过不是日常生活实践中的那一种”。[351]《乡村之音》的一位影评人用下面的标题来评价这部电影——“仅在大学毕业生的陪同下儿童才能入内”。[352]虽然桑塔格的朋友丹尼尔·塔尔伯特买下了这部电影的美国放映权，但仅在一周后，《卡尔兄弟》就因为观众人数太少而被他的“纽约人”剧院下映。

半流亡（1972~1975）

我们知道的比我们能使用的要多。看我脑子里的所有素材：火箭和威尼斯教堂，大卫·鲍伊和狄德罗，越南鱼露和巨无霸汉堡，太阳眼镜和性高潮……我们知道的还远远不够。[353]

苏珊·桑塔格最初的两部瑞典电影在极大程度上得益于1960年代的“新感受力”，而此刻它早已过时。1970年代初，人们清楚大家期盼的美学革命并没有发生，而之前的先锋艺术也丧失了原有的说服力。剩下的是对一种看起来不合时宜的艺术意识形态的自我援引。曾经占据优势地位的高度现代主义美学，比如绘画领域中后来的抽象表现主义、电影领域中的法国新浪潮和文学领域中新小说的兴盛，现在已被视为历史的遗存。一方面由于持续激进的艺术话语，另一方面则由于保守的主流话语，这种美学让位给了现实主义叙事和传统的艺术实践。桑塔格觉察到了这种艺术观更为保守化的发展方向，将其视为一种“令人沮丧的贬低”，使她的创造成果脱离了轨道。[354]

尽管电影取得的成就很有限，但桑塔格现在完全视自己为电影人，并以之前追求智识和文学野心时的热情为自己的新职业辩护。桑塔格以她典型的不容置疑的方式向《纽约时报》解释：“我不再写散文了。这对我来说是过去式。现在我花了两年时间拍电影。从某种方面看，首先成为一名散文家对我来说是种负担。”她对智识工作的回避也意味着对她至今为止所坚持的美学理念的回避，比起脱离她的政治立场，这种脱离在本质上更为简单：“从我的散文中我感受不到热情。我喜欢它们。但在感到有责任要与它们保持一致的这种意义上，我并没有与它们捆绑在一起。”[355]

*

在这种意义上，《食人族二重奏》和《卡尔兄弟》可被理解成1970年代初桑塔格所经历的美学和智识危机的产物。这种危机的另一个标志是，桑塔格在拍摄工作结束后将生活的重心从瑞典转到了巴黎，并将自己最重要的美学灵感和智识经验都归功于这座城市。1972~1975年，她在纽约每次都只停留几个月。

桑塔格的友人理查德·霍华德将这个决定解释为一次对她名声和公共意见的逃离。[356]实际上，桑塔格中断散文写作，以及几乎处于移居的状态，已然标志着她开始了一场同自己声名之间的深刻抗争。桑塔格一方面对充当公共人的角色充满了决心；另一方面，她也热爱伴随名气而来的认同，并利用自己的知名度支持各种形式的文化和政治项目。她告诉记者海伦·本尼迪克特（Helen Benedict），她十分确信自己是在“服务大众”。[357]虽然桑塔格知道，她必须引起媒体的关注，这样她的文章才会被阅读，她的电影才会被观看，她所表达的观点才会让人感觉是出自一位公共生活的重要人物之手，但她仍要强烈忍受人们将她与激进知识分子的形象联系在一起的事实。她只能有限影响这个在1960年代得到良好巩固的形象，而在这个形象中她早已无法产生共鸣。她在一次与美国国家广播公司（NBC）电视台的埃德温·纽曼（Edwin Newman）的访谈中非常明确地表示:“我认为普遍来讲，公共宣传对每个艺术家都是毁灭性的……它一直都是个问题。即使媒体的关注是正面的……他也会开始以局外人的角度思考自己的工作——关注他人……对他的想法。……他会变得不确定。他的注意力将被剥夺，而这对于原本的工作却是必需的。”[358]

桑塔格一生都没能解决这种冲突，因此《纽约时报》的批评人罗伯特·布鲁斯坦（Robert Brustein）在1971年称她是一位“患文化精神分裂症的童话公主”。布鲁斯坦批评桑塔格，说她一方面与她的名人地位公开保持距离，与此同时又以她的行为和发表的意见寻求媒体的关注。[359] 桑塔格希望公众因为她的智识和艺术作品而严肃对待她，同时也要接受她作为一个人，如同她在个人发展的每个时刻所自我理解的那样。她想掌控自己的形象，但这在持续扩张的媒体界无法实现。而在那些年的抗争中深受影响的反而是她的写作。

*

桑塔格回到巴黎的另一个原因是一段新的恋情。自1950年代起，妮科尔·斯黛芬（Nicole Stéphane）在欧洲电影的小圈子中已占有一席之地。她所散发的雌雄同体魅力在法国大银幕上十分少见。其最著名的电影《可怕的孩子们》（*Les Enfants Terribles*，1950）由导演让-皮埃尔·梅尔维尔（Jean-Pierre Melville）执导，改编自让·谷克多的小说，讲述了一对姐弟之间的乱伦关系，她催眠式的表演使她在影迷心中持续保持了偶像地位。在一场几乎要了她生命的严重车祸后，斯黛芬放弃了表演，决定做制片人。斯黛芬很富有，出身于罗斯柴尔德家族，一生都有这个著名的银行家族作支撑。她制片的第一部电影《牺牲在马德里》(*Mourir à Madrid*) 由弗雷德里克·罗西夫(Frédéric Rossif) 执导，是一部关于西班牙内战的纪录片，使她获得了1966年的奥斯卡金像奖提名。[360] 在《卡尔兄弟》之前，桑塔格就已经计划与斯黛芬一起在法国制作她的下一部电影。[361]

此外，在斯黛芬的引荐下，桑塔格成功地与巴黎的知识分子圈建立起紧密的联系，这些圈子以严格的排外著称。她甚至短暂地搬进了萨特位于圣日耳曼德佩区波拿巴大街(Rue de Bonaparte)的老房子中。尽管在给罗杰·斯特劳斯的一封信中她表现得这好像只是凑巧，但她暴露了自己的兴奋，戏谑地说道，她是从牙医那里租来的房子，而他已经把“来过这儿的萨特、波伏娃、加缪和梅洛-庞蒂以及所有文学明星的灵魂都连根拔起了”。[362] 即便她已然获得了国际知名度，却依旧以一种恭敬的狂热来与她的偶像们会面。在某种程度上，她从未失去加利福尼亚女孩常有的热情举动——尊她的高雅文化英雄们为神。比如，她在一次电影放映会上遇到了法国新浪潮导演罗伯特·布列松，她欣喜若狂地用“亲爱的大师！(Cher maître!)”跟他打招呼。[363]

理查德·霍华德回忆起他是如何把自己的朋友、传奇文学批评家、作家和符号学理论家罗兰·

巴特介绍给桑塔格的，后来正是他把巴特的作品翻译成了英文。桑塔格是这个法国知识分子的大崇拜者，她动用自己全部的魅力去追求他，而巴特有时以讽刺的冷漠表达对她的不以为意。[364] 桑塔格经常讲述巴特是怎样一直用一种“哦，苏珊，她一直很忠诚”[365] 的傲慢态度问候她，这被她视作巴特自我中心主义的标志，但并未阻碍她继续与这位受人尊敬的作家保持联系。后来桑塔格通过自己与 FSG 出版社的联系以及两篇有影响力的散文《纪念巴特》(*Remembering Barthes*，1980）和《写作本身：论罗兰·巴特》(*Writing Itself：On Roland Barthes*，1982)，使巴特在美国大学和上西区也出了名。

虽然这些见面令人兴奋，但桑塔格的危机在搬到巴黎之后看起来却更加严重。那个时期她写给罗杰·斯特劳斯的信中充溢着苦涩的抱怨，抱怨她的黑暗时期以及写作上的难产和无能为力。在采访中她也称这段日子为她的“第一次重大危机”[366]，一段“巨大的烦恼”和“强烈的沮丧”时期。[367] 这次危机的一个十分具体的原因在于桑塔格的经济状况。她的电影工作没有给她带来任何收益。她主要依靠四本书的版税来支撑生活，尽管这些书全部在持续销售，但从未真正赚到很多钱。不仅她的电影没有收回过一次制作成本，罗杰·斯特劳斯在他出版社的“正午书系”中出版的电影剧本也几乎没有人购买。当斯特劳斯建议桑塔格的英国出版人在英国也出版电影剧本时，他的反应极为恼怒，因为尽管这位女作家非常知名，但这样的计划从经济效益上看却完全是在胡闹。[368] 此外，桑塔格奢侈的生活方式不得不需要金钱。出版社、大学或者电影节仅仅承担她部分的旅行费用，而供养纽约和巴黎的两套房子也需要非常大的开销。桑塔格尝试改善自己的处境，因而与老熟人亨利·卡特·卡耐基（Henri Carter Carnegie）签署了一份电影剧本合同。在一次又一次地延迟交稿之后，她表示不会再写这个剧本，卡耐基则威胁要走司法程序，这导致罗杰·斯特劳斯不得不出面帮忙，将桑塔格出版账户上的债务以分期付款的方式还清。[369]

尽管如此，她还是一而再再而三地拒绝着高报酬的演讲邀请，因为她明显不情愿。这不仅意味着她要驾车去美国的偏远乡村，而且还要和学院派人士接触，这些人正代表了她所厌恶的世界。许多记者、大学讲师和朋友曾讲述，她心情似乎很糟，易怒；尤其在回答观众提问时，她传达了这样一种印象，那就是她在想自己正被一群十足的傻瓜包围着。[370] 桑塔格对大城市有很大的热情。大学演讲、小报采访和上电视对她来说同样都是妥协，她屡次称电视是“西方文明的消亡”。[371] 在这样的场合桑塔格习惯于说：“贝克特就不会做这些！”[372] 在写给罗杰·斯特劳斯的一封信中她甚至更加明确。在他强迫桑塔格接受密歇根大学安娜堡分校的一次报酬优渥的邀请后，她回信道："我隆重发誓，9月10日前后我会在美国，这样我就可以飞去安娜堡赚我那1500美元的卖身钱（prostituieren）。"[373] 桑塔格经济上的困难最终变得更加严重，她不得不搬进妮科尔·斯黛芬位于法桑德希大街（Rue de Faisanderie）的房子，那里一开始只有一间花园房，后来她们在三楼隔出了起居室和工作间。[374]

桑塔格似乎在法国生活和电影事业之间迷失了自我。她原本的梦想是成为一名成功的作家。后来她是这样描述自己的状况的："我在哪？我在做什么？我做了什么？我像是一个被剥夺了国籍的人，但我并不想成为这样的人。我看起来不再像个作家，但我最想要的却是作家的生活。"[375] 当然，桑塔格写作的停滞也让她的出版社非常恼火。斯特劳斯写了很多信件提醒桑塔格那些早已允诺的文章。[376]《纽约书评》——在桑塔格作为"激进的时髦"的知识界代表人物时把她从杂志的作者队伍中剔除——的罗伯特·希尔维斯和芭芭拉·爱泼斯坦试图用尽一切办法帮他们的杂志重新赢回她，另外还约定了关于女权主义和美国登月的文章。文章最后没有写成。[377] 最终，罗伯特·希尔维斯飞往欧洲，1972年的夏天在巴黎见到了桑塔格。他向苏珊开出了一个紧急的和平价码，并委托她写一篇文章，任何桑塔格喜欢的主题都可以。[378]

实际上，在长时间的沉默后，桑塔格终于回应了她的出版人和编辑的请求——但依旧保有一种极端对立的姿态，当人们回首时，只能把它描述为一种盲目的行动主义。1972 年 7 月 5 日，她从巴黎写信给罗杰·斯特劳斯："简短地说：一切都归于平静，我的工作也逐渐变得更有成效。一切还未结束，糟糕的时光已成过往，为了成为我这一代最重要的作家，我又重新回到跑道上，真他妈的！"[379] 接下来的那一年，虽然桑塔格只写了几篇文章，但她发展出了许多关于书籍的想法，甚至为其中几本签订了合同，但似乎仅完成其中的一半也不太可能。她终于完成了 1967 年便答应罗杰·斯特劳斯的《阿尔托选集》的编辑工作，并为这个选集作了序。在她的印度之行——她在那里为法国广播电视公司（ORTF）制作关于英迪拉·甘地（Indira Gandhi）的节目——结束后，她想要出版这个印度总理的回忆录，后者在 1972 年的选举中赢得了第二次压倒性胜利，并在同巴基斯坦的和平谈判中获得外交胜利，由此享誉世界。桑塔格以一本名为《理查多·托雷斯的诱惑》（*The Temptation of Ricardo Torres*）的小说获得了 15000 美元的预付金。她计划写一本关于阿多诺和一本关于中国的书。她还计划出版一本新的散文集和一本短篇小说集。1973 年 5 月 21 日，她在给斯特劳斯的信中说："亲爱的罗杰，你意识到我在接下来的两年内至少要出版四本书了吗？至少。这不是回归，这简直是一场闪电战！”[380]

可是，接下来的两年中她没有出版这四本里的任何一本，这极度惹恼了罗杰·斯特劳斯。然而有时候，这样一段迷失方向和写作障碍的时期也可能是新想法、新声音和新音准的催化剂。在桑塔格身上也是如此。在她沮丧的日子里，她已为三本书打下了基础，最终它们在1970年代出版，并成为她最好的作品。在这三部作品中，她小心翼翼地继续将视野转移到个人和自传上来，就像她早已在《河内之行》中所做的那样。为了让她的写作服务于自身——正如她所描述的自己1960年代的写作方式——桑塔格开始寻找自己的声音。第一个成果便是1972年9月发表在《纽约书评》上的一篇文章，这篇文章最终成为桑塔格接下来的文集《在土星的标志下》（*Under the Sign of Saturn*，1980）的第一篇作品。《论保罗·古德曼》（*On Paul Goodman*）是她对同事古德曼的一篇悼词，后者是纽约作家、知识分子和格塔式疗法（Gestalttherapie）[①]的创始人之一，以他的文章、公开的同性恋身份和拒绝加入纽约知识分子圈而著称。他的《荒谬的成长》（*Growing Up Absurd*，1960）取得了巨大的成功，因此成了1960年代激进青年运动的

① 又称完形心理疗法。格式塔心理学是西方现代心理学的主要流派之一，1912年诞生在德国，后来在美国得到进一步发展。

领军人物。

桑塔格的散文一开始先描述了她在巴黎的小工作室，在这间斗室中，除了手稿、笔记本和两本口袋书之外没有其他的文字，而其中一本口袋书便是关于保罗·古德曼的，因为她正试着“更好地倾听自己的声音，挖掘自己真正思考和感受的东西”。[381] 每天早晨都有人给她送来《纽约先驱论坛报》(*New York Herald Tribune*)，她写到，就是通过这份报纸她了解了发生在越南的持续轰炸，以及伍迪·艾伦(Woody Allen)令人高兴的势不可挡的人气飙升，也正是通过这份报纸她得知了保罗·古德曼的死讯。古德曼，桑塔格说道：“是我们的萨特，我们的谷克多。”[382]

这份悼词的潜台词里隐藏着桑塔格的私密立场，它在许多层面都认同古德曼，而古氏的生活也被当作她写作的一面镜子。桑塔格认为，古德曼是越战游行和示威运动(Teach-Ins)不可更改的一部分，正如她自己所是的那样。他在“石墙事件让同性恋变得时髦之前”① 就公开写作他的同性恋生活——桑塔格也想这么做，但出于事业和私人原因，她自始至终都没能如愿。

① 石墙事件(Stonewall riots)，即同性恋平权史上的一个标志性事件，始于1969年6月27日星期五的石墙旅馆，被认为是美国乃至世界现代同性恋权利运动的起点。事件过后，“同性恋解放阵线”成立。

桑塔格认为这篇散文无论对她自己还是对她的写作来说都是一次突破，[383]实际上，这样一种影射自我的写作策略影响了桑塔格一系列关于瓦尔特·本雅明（Walter Benjamin）、埃利亚斯·卡内蒂（Elias Canetti）和安托南·阿尔托（Anonin Artaud）的著名文章。

不久之后，这位女作家便开始尝试一种新的文学形式——短篇小说。这段时期桑塔格所写的第一部短篇小说是《中国旅行计划》（1972），它是桑塔格最好的作品之一，收录在短篇小说集《我，及其他》（*I, etcetera*，1978）中。这部短篇小说的写作契机缘于一次真正的中国旅行计划，桑塔格在 1972 年 12 月再一次拜访完越南后，于 1973 年 1 月前往中国，由此她完成了当时西方世界所谓的"邪恶轴心国家"之旅——古巴、越南和中国。

《中国旅行计划》记录了一次想象的内心之旅，它始于真实的远东旅行之前，以桑塔格小时候喜爱的哈里伯顿旅游书为榜样。在这个短篇中，桑塔格回忆起她死于中国的父亲。小说令人印象深刻的并不是她浓稠的回忆，而是某种安全和感人的基调，桑塔格以此描述了她对远东这片土地的幻想。她以引文、新闻报道、地理介绍和对中国人生活方式有意的刻板思考为材料组成了一张拼贴画。桑塔格在小说中找到了一种形式自由（formale Freiheit），对于她的写作来说这完全是崭新的。从众多层面上看，这种基调非常符合桑塔格的叙事情绪，因为小说的虚构手法与散文的写作方式结合在了一起。由此诞生了一份自传经历的证明和一段由幻想和假设组成的小文化史，连起了西方与中国。[384]

桑塔格放弃了原本和FSG出版社商定发表在《女士》杂志上的一篇“真实的”旅行报道，尽管FSG出版社和《女士》杂志一起承担了这趟中国之旅的费用。虽然当时的桑塔格依旧支持革命，但她还是难以克服中国特殊年代极权体制带来的震撼，它和苏联的政党和国家机器以及它们的意识形态多么相像啊。中国之行让她更加明白：“共产主义社会严肃的道德主义不仅会消灭美学上的自治，而且会让（现代意义上的）艺术生产变得不可能，”还有，“美学的自治必须得到保护，它作为智识不可或缺的养料必须予以珍惜。”[385]

桑塔格用类似的风格写作了另外三篇自传性质的短篇小说，她抛弃了线性的叙事方式，更加强调浓密的、情感的和时代精神氛围的爆发，这三部短篇小说是发表于1973年的《宝贝》（*Baby*）和发表于1974年的《旧怨重提》（*Old Complaints*）与《心问》（*Debriefing*）。桑塔格写信给罗杰·斯特劳斯：“这几个短篇太让我兴奋了，我打算要不就写一段时间的短篇小说……此刻我想，我要继续写这些短篇，把长篇小说推到明年。它们在我脑中形成的速度几乎比打字还快，我日日夜夜都拴在打字机前。”[386]

在《宝贝》中，桑塔格对她自己以及她儿子的童年故事进行了加工，在一个虚构的治疗对话中呈现了一对年轻父母的迷失状态。《旧怨重提》展现的是一段类似回顾的自我考察，灵感来自 1973 年 10 月的以色列之行和对她犹太身份的探讨。《心问》中再次出现了她的自传元素，小说围绕桑塔格的朋友苏珊·陶伯斯的自杀展开，叙述者反思了她自己的态度，这种态度源自斯多葛主义（Stoizismus）、悲痛以及对她朋友朱莉自杀的不理解，她想象了一系列活下去的原因——其中包括学习更多、经历更多和了解更多的必要性。《心问》是软弱无能的愤怒的一个明证，正如桑塔格在她女友自杀时所感受的那样：“上周三的下午，我对朱莉说，如果她想自杀，那有多么愚蠢。她同意我的看法。我还以为自己很有说服力。两天后……朱莉再次离开公寓，以自杀向我表明，她并不介意做点蠢事。”[387]

*

类似的这种创造性动力也发生在桑塔格的电影事业上。在长达两年的时间里，她纠结于脑子里许许多多的电影想法，其中包括一部关于越南的政治纪录片。妮科尔·斯黛芬作为制片人，桑塔格甚至获得了西蒙娜·德·波伏娃的第一本小说《女宾》（*L'invitén*，1943）的电影改编权，在这本小说中，波伏娃虚构了萨特、她自己和另外一位女性之间的三角关系。波伏娃将电影版权免费转给了桑塔格。[388] 除此之外，她还计划拍摄一部科幻电影，甚至一部西部电影。[389]

1973年，以色列、叙利亚和埃及之间爆发了饱受争议的赎罪日战争①，桑塔格决定拍摄一部电影，她想在这部电影中探讨她作为犹太知识分子和非犹太教家庭代表的角色。妮科尔·斯黛芬提供了制作经费，并鼓励桑塔格继续探究这个想法。短短几天内桑塔格便召集了一个摄制组，她的儿子戴维还作为助理导演加入剧组并前往一直处在战争中的以色列。结果是，诞生了一部名为《应许之地》（*Promised Lands*）的纪录片风格的散文电影（Filmessay）②，在芝加哥电影节上放映并获得了巨大成功，至少影评人是这么认为的。《应许之地》被认为是桑塔格最好的电影。这

① 即第四次中东战争。

② 20世纪二三十年代在欧洲出现的与“诗电影”相对而言的艺术流派，在四十年代以后逐渐被认为与“戏剧电影”相对立。这种体裁不遵循传统的戏剧结构形式，即通过多种手法不以情节而以主题和理念作支撑，以便更加接近生活的本来面貌，因而也可将其理解成一种叙述者阅读文章的电影伴奏。

部纪录片探讨了以色列犹太人的历史和他们在赎罪日战争中处境之间的关系。桑塔格用朴实的依次相连的影像呈现了战争中以色列一方的死亡状况。桑塔格并非以一种独立的视角去观察阿拉伯世界和以色列之间的冲突，而是大量地让那些绝望的以色列人来谈论对战争的看法。呈现的结果便是一部非常个人化的散文电影，它展现了以色列犹太人的挫败、反抗和无能为力。这部散文电影绝对带有偏袒之心，但没有直接说明以色列是对的。城市杂志《Time Out 纽约》称桑塔格的这部电影为“必看之作”。《金融时报》(*Financial Times*)惊讶于桑塔格拒绝“探讨战争中谁对谁错的问题”，而是通过影像，让它们“深深地印刻在记忆中，无法抹去”。左派的《犹太纪事报》(*Jewish Chronicle*)称《应许之地》是“少见的现象，一部关于动乱主题的客观影片”。[390]

在某种程度上桑塔格已从她艰难的危机中挣脱出来。她在 1973~1975 年间写了一篇关于法国诗人和戏剧理论家安托南·阿尔托的出色散文，还围绕女权主义给《党派评论》、《时尚》(*Vogue*)、《柯梦波丹》(*Cosmopolitan*)[①] 等杂志提供了诸多文稿。最终，她开始为《纽约书评》撰写她有关摄影的著名文章。

这段时期丰富的创作能力暂时给她的经济状

① 中文版为《时尚 Cosmopolitan》。

况带来了安稳。一定程度上而言，当时正是美国杂志的黄金时代。像《时尚》和《柯梦波丹》这样光鲜亮丽的杂志也会发表严肃作家桑塔格等人的篇幅较长的文章，并支付极高的报酬。即便是《纽约书评》和桑塔格发表短篇小说的文学杂志如《美国评论》(*American Review*)或《大西洋月刊》(*Atlantic Monthly*)，在当时都可支付相当丰厚的稿酬。FSG档案中的一份账单显示，《纽约客》为桑塔格写的关于阿尔托的文章一共支付了7500美元。[391]

桑塔格迫切地需要钱，而斯特劳斯也不觉得为她的文章争取高额稿酬，或者说把文章发表在稿酬最高的地方是件不体面的事。他因此以大约2500美元的价格将桑塔格的短篇小说《宝贝》的出版权转让给了《花花公子》(*Playboy*)。当她在巴黎收到寄给她的样刊时，略微感到难堪，但她不后悔这个决定，毕竟她的经济状况不太乐观。[392]此外，斯特劳斯通过美国笔会为他的作者成功赢取了1974和1975年的洛克菲勒和古根海姆奖学金，并以此保障了桑塔格的生活开销。

*

1970年代早期公共辩论的一大话题就是女权主义。美国女权主义的奠基一代，包括作家贝蒂·弗里丹(Betty Friedan)、凯特·米利特(Kate Millet)、格洛丽亚·斯泰纳姆（Gloria Steinem）和杰梅茵·格里尔（Germaine Greer），撰写了一系列基础文本，将妇女解放明确为激进的解放运动。让人惊讶的是，桑塔格并不属于这个团体，因为从某种意义上说，她是这一代人的榜样之一，作为单身母亲和打破男性统治的女作家，她已经亲身实现了解放宣言。她从未怀疑自己秉持的强烈的女权主义立场，并且知道，一个想要规划自己事业的年轻女性需要与怎样的限制作抗争。作为一名女性，当桑塔格感到自己被傲慢地对待时，她可能会变的非常粗鲁。斯蒂芬·科赫回忆："上帝保佑那些企图那么做的人！"[393] 在发表于《党派评论》的文章《女人的第三世界》（*The Third World of Women*，1974）和一些采访中，她明确表达了女性遭受的不平等，并将女权主义运动与奴隶解放运动相提并论。她称自己是"满是白人的房间里的黑人"，因为她是少数进入男性统治的职业世界的女性。[394]

然而，桑塔格的个人经历并不能归入解放运动的社会变革话语，尽管她全身心地支持着它。主要原因在于，桑塔格自 1960 年代参与政治活动之后，已逐渐从改革社会的志向中抽离，转而找到了一条稳固的个人主义途径。而这种关注点很难与女权主义的社会推动方向相一致。关于这个话题桑塔格表达的非常明确，她是从女性自身而不是在社会中重新思考女性的角色："恐惧、一种毫无底气的自信、不安全感和无能为力……全方位地激发我们自己的能量。这些因素建立在我们自己身上，影响着我们（在社会中）的行为方式。”桑塔格在《自由职业每周新闻》（*SoHo Weekly News*）的一次采访中这样讲述。[395] 在另一个采访中，她进一步深化了这种批判性思考，她说，女性过于害怕表达她们的愤怒，而愤怒对于男人来说却是一种正常的积极行为。[396]

她在私下谈话中常常表达得更为直率，有时也带着对女权运动的某种自鸣得意，而作出这样的评论经常是因为她自己就是一个“例外的女性”。女权主义，桑塔格说，毫无疑问是我们这个时代最重要的发展之一，而它的内心却只涉及了某种“平庸（Mittelmäßigkeit）”。拥有二流和经常是三流智识的男性占据着权力的中心，而这对于普通天赋的女性来说几乎是不可能。女权主义——她的朋友斯蒂芬·科赫回忆起桑塔格曾说过——是一场为拥有普通天赋的女性争取权利的运动，她们也有权利占据这样的位置。但是人们不要忘记，已经有超过150年，受过一流教育的女性在西欧和美国有机会进入科学、艺术、传媒和经济工作的重要领域。乔治·艾略特、西蒙娜·德·波伏娃、汉娜·阿伦特和居里夫人就是这样的例子，桑塔格如是说，当然还有她自己。[397]

需要补充的是，桑塔格是用衡量男性的同样标准来衡量这些女性的。这成为她写作生涯最出色的一篇文章的核心论点，虽然并未明言。那些年，莱妮·里芬施塔尔（Leni Riefenstahl）在美国又一次名声大噪。她的两部政治宣传影片——一部是有关1934年纳粹党党代会的《意志的胜利》（*Triumph des Willens*），另一部是关于1936年柏林奥运会的《奥林匹亚》（*Qlympia*）[①]——在许多电影节上放映，1974年科罗拉多州的特柳赖德电影节（Telluride Film Festival）邀请里芬施塔尔以嘉宾的身份参加；女权主义艺术家妮基·桑法勒（Niki de Saint Phalle）在1973年纽约电影节的海报上兴奋地预告了“莱妮”的到来；此外，她还参加了1974年的芝加哥女权主义电影节。当时在讨论后人们达成共识，里芬施塔尔的电影十分有效地呈现了纳粹的意识形态，而这种意识形态仅仅是第三帝国时期精神的产物，它让位给了里芬施塔尔电影中的美、古典结构和完美技艺，看起来尤显僵化。桑塔格在她1965年的散文《论风格》（*On Style*）中也持相同的立场。尽管她当时已经明确表明，里芬施塔尔的电影在她眼中纯粹是纳粹的政治宣传，但她还是在这些电影中看到了别的东西，它们使政治宣传退到幕后，让法西斯的内容缩小成仅是的形式角色。依据桑塔格的观点，里芬施塔尔的电影属于

---

① 这部政宣影片于1938年4月20日上映，分上下两部，上部是《民族的节日》（*Fest der Völker*），下部是《美的祭典》（*Fest der Schönhelt*）。

"杰作"，因为它们"展现了精神、优雅和感官的复杂动态"，超越了"政治宣传甚至报道的范畴"。[398]

桑塔格关于里芬施塔尔的散文《迷人的法西斯》（*Fascinating Fascism*，1974）似乎可以理解为这个论题的详细注脚，同时又对它进行了完善和修订。她此次的提问不再针对里芬施塔尔迷人的美学风格，而是里芬施塔尔的电影为何能产生如此的魅力。她的答案是：里芬施塔尔的风格本身就充满法西斯式的意识形态，体现在每一分每一秒，并透过使人意乱情迷的美好画面使观影者无意识地笼罩在权力和优越性的施虐—受虐意识形态中。这篇散文发表在1975年2月的《纽约书评》上，使这期杂志成为它历史上最畅销的一期。直到文章发表的最后一刻，罗伯特·希尔维斯和芭芭拉·爱泼斯坦还与桑塔格在电话中对文稿进行润色修改和毛校确认。他们心里明白，这是桑塔格写过的最好的散文。[399]

1973年，里芬施塔尔在极大的关注下出版了一本关于苏丹原住民努巴人（Nuba）的大开本摄影集，照片皆以铜版照相纸印刷。从这本名为《努巴——另一个星球上的人类》（*Die Nuba. Menschen wie von einem anderen Stern*）的摄影集出发，桑塔格将里芬施塔尔令人不知该如何对待的恢复声誉的行为形容为电影摄影领域的天才选择。当社会支持这种发展时，桑塔格发现了一种新的、不断增强的对美的概念的崇拜。桑塔格批评了里芬施塔尔的照片和摄影集的前言，针对的是它们对身体强度、氏族忠诚和集体狂欢式屈从的过度吹嘘。桑塔格认为，里芬施塔尔同样也将这些风格元素运用到了她宏大的纪录影片当中，并进一步指出，在作批判性“阅读”时，这些法西斯意识形态的元素不能被忽略。里芬施塔尔将它们翻译成了关于渴望、吸引力和外在完美的浪漫主义理想，由此每个观影者都能直观地理解；现在，这种理想也以其他符号形式再次出现在流行文化里，比如以色情手册的形式，它使得纳粹军装崇拜以施虐一受虐的游戏方式重新复苏。[400]

据说里芬施塔尔在女权主义圈子中获得了称赞，桑塔格也在她的散文中对这种赞赏作出了评论，这遭到了著名诗人和女权主义者艾德丽安·里奇（Adrienne Rich）的反驳。在写给《纽约书评》的一封读者来信中，里奇纠正道，女权主义运动全体不赞成这种观点，大多数女权主义者更多是将里芬施塔尔批判为一个“拥有男性自我认同的成功女性”。此外，里奇直接要求桑塔格也要明确表明她对女权主义的立场。[401]对桑塔格而言，艾德丽安·里奇的信不啻一种挑战。她写了一封态度强硬的信予以回击，信中迸发出冷血的字句，特别当话题涉及拥有男性化认同的女性时。桑塔格指责里奇是“1960年代幼稚的左派”，总是使用颇具煽动性的修辞。更有甚者：女权主义运动线性的意识形态化和智识上的平庸化对于桑塔格来说本身就是“法西斯主义的根源”。[402]

桑塔格的这封读者来信同她的里芬施塔尔散文一样引发了骚动。她的好友理查德·霍华德在总结两位女士的争论时说道：“苏珊拿艾德丽安擦干了地板。”[403] 纳丁·戈迪默回忆，她同事兼好友的批判女权主义立场对文学的讨论非常重要。[404] 在1975年的一次采访中，桑塔格描述道，她希望能有女性军团与父权传统作抗争，但是她还说：“女权主义者们倾向于永远保留这些关于等级制度、理论和智识的庸俗特征。那些在1960年代被斥责为布尔乔亚的、抑制的和精英主义的东西，现在却被视为男权主义而被重新挖掘出来。这种二手的交战状态……意味着要向不成熟的艺术和思想屈服，也意味着鼓励一种真正抑制的道德主义。”[405]

正如她的朋友史蒂夫·瓦瑟曼讲述，在某种程度上，桑塔格的内心一辈子都保留着一种激进的东西，她“从未丧失每天早上打开报纸并感到愤怒的能力”。[406] 然而，桑塔格的里芬施塔尔事件标志着她与1960年代以及1970年代初的激进运动的最后道别。她一生都没有追寻某种党派路线或者服从于某种特定的意识形态。对于桑塔格而言，1960年代在1975这一年才真正走向终点，伴随这种终结，桑塔格又可以知识分子的身份重新创造自己。

疾病的王国（1975~1979）

> **每一个降生于世的人都拥有双重国民身份，一个是健康王国的，一个是疾病王国的。**[407]

桑塔格重返知识分子圈的举动持续表现在她发表于《纽约书评》的一个关于摄影的小系列散文上，她从1972年起便开始写作它们。摄影师黛安娜·阿伯斯（Diane Arbus）在纽约现代艺术博物馆的展览启发了桑塔格去研究这种媒体，这个展览极受欢迎，成为该博物馆有史以来参观人数最多的展览。而展览手册也出人意料地成了畅销书。生于1923年的阿伯斯以拍摄令人感到压抑的背离社会习俗者和社交边缘人的正面肖像著称，她在自杀后成了一个绝对的艺术神话。然而，对于桑塔格而言，阿伯斯仅仅是上西区的一个窥探者，以某种确定的眼神去看待边缘人物。另外，她认为艺术家的作品也存在伦理问题。桑塔格将阿伯斯摄影作品的受欢迎度解释为偷窥式的反映，显示了摄影媒体在西方社会中的一个新地位，对此她并不认同。

除去几个例外——其中有瓦尔特·本雅明的著作《摄影小史》(*Kleine Geschichte der Fotografie*，1931)和罗兰·巴特的一篇符号学文章《摄影信息》(*Le message photographique*，1961)——到那时为止几乎没有人出版过关于这种媒体历史的作品。桑塔格将照片搜集起来，再把它们分成一摞摞堆积在工作室的地板上，在写作散文期间她会不停地回头去翻阅。这些关于摄影的散文让罗伯特·希尔维斯和芭芭拉·爱泼斯坦感到十分兴奋，他们因此建议桑塔格在《纽约书评》以图书的形式出版这些文章，而桑塔格以她和罗杰·斯特劳斯的关系为由拒绝了这个建议。[408]罗杰·斯特劳斯迫切地期望能够出版桑塔格几年前许诺过的书籍中的一本，并不停地催促她完成手稿。但桑塔格写得很艰难。仅就一篇散文而言，她要修改上10~15稿，也会因为时常的写作障碍而中断。[409]这无疑是一段艰难的过程，虽然桑塔格也喜欢稍作夸张地描述这些困难，比如她在之后的采访中声称，仅一篇30页的散文她就需要修改30~40稿，耗费上千页纸。[410]《论摄影》(1977)这部文集中的六篇文章花费了她整整五年的时光。

*

在紧张地写作《论摄影》时，桑塔格在一次常规体检中诊断出乳腺癌晚期。这对于42岁的她来说是一次打击，对此她“极为恐慌，像动物般惊恐”。[411]她对《纽约时报》讲述，原本以为自己非常健康——她从未有过重大疾病——这次也只是很偶然地和医生约了例行检查。诊断过后，她首先感到的是“需要做一些非常原始的事，比如夜晚开灯睡觉”。她对黑暗的恐惧反映了她的个人体验，也就是在某种情形中“你真实地感到你在朝一个黑洞观望”。[412]伴随着这个黑洞，苏珊·桑塔格开始与疾病作战，而在大约三十年后，她才输掉这场战役。斯蒂芬·科赫和几个朋友以及戴维·里夫陪着42岁的桑塔格来到纽约的斯隆凯特琳纪念癌症中心（Memorial Sloan-Kettering Cancer Center，MSK），在那里她进行了一次诊断手术。科赫和桑塔格在病房里单独待了一个小时，他们讨论起死亡的可能性。桑塔格毫无畏惧地讨论着死亡："她每次都在说她脑中闪过的东西。而那个夜晚她思考的就是死亡。”科赫回忆道。在谈论到诸如佛教文化中数百年来有关死亡的传统教诲时，桑塔格突然直起了身子，说她还有一些东西必须完成。她答应摄影师朋友彼得·哈贾尔要为他的摄影集《生死肖像》

(*Portraits in Life and Death*, 1976) 撰写序言。这个影集收录了哈贾尔一系列纽约朋友的照片，其中就有苏珊·桑塔格，以及罗伯特·威尔逊、保罗·塞克、威廉·S. 巴勒斯和约翰·沃特斯（John Waters）。桑塔格错过了约定的交稿日期，而当时她在一个小时内就手写了一篇关于摄影和死亡的文章。由于自身很可能死去，她将哈贾尔的摄影作品描述为“死亡时刻（momento mori）”。[413]

手术结果显示，桑塔格长了一个晚期恶性肿瘤，而且有着多处转移。医生推测大约只有半年的存活时间，而存活两年的概率最多只有 10%。桑塔格一方面表现了某种接近于自嘲的乐观。毕竟“总有人属于那能再多活两年的百分之十”。[414] 同时，她又设法获得有关自己病情的确切分析。桑塔格的儿子戴维·里夫回忆，他母亲对医生的说话方式感到愤怒。她感觉自己是被剥夺了行为能力的病人，很少被告知实际的情况。桑塔格进行了反抗。她开始深入研究医学书籍，阅读所有能找到的有关乳腺癌的资料，包括医学手册和欧美专业杂志上的文章。除此之外，她还尽可能地与多位癌症专家会面，谈论她的病情。[415] 最终，桑塔格彻底切除了乳房，后来还经历了五次手术。妮科尔·斯黛芬向她推荐了法国专家吕西安·伊斯雷尔（Lucien Isral），他是当时最好的肿瘤学家之一，曾以大剂量的化疗取得了重大成功。[416] 而美国的医生却建议她不要化疗，因为过程痛苦得令人无法承受，缘于此，化疗当时在美国还没有被认定为治疗方式。桑塔格没有理会美国医生的建议，最终斯隆凯特琳医院的医生勉强同意，允许她始于巴黎的化疗在纽约完成。痛苦的过程艰难地持续了两年半。

和其他自由职业的美国作家一样，桑塔格没有任何健康保险——一方面，她长期生活在国外，另一方面，她从未考虑过自己真的会需要一份保险，而且她还视健康保险为布尔乔亚的无用累赘，好比储蓄账户和人身保险[417]——因此她必须自行承担150000美元的医疗费用。这自然使她面临巨大的困境，桑塔格已经没有足够的钱来担负生活的开销和戴维的学费，主要是因为在化疗的第一年她几乎没法工作。因此，罗伯特·希尔维斯和芭芭拉·爱泼斯坦，以及亚瑟·米勒、罗杰·斯特劳斯、黛安娜·特里林、威廉·菲利普斯、约瑟夫·查金同许多人一道发起了捐款倡议，为桑塔格请求经济上的支持。桑塔格的许多朋友、熟人和读者都纷纷慷慨解囊，填补了她大部分的治疗费用。[418]

桑塔格后来这样描述自己的死亡经历："某一刻你坐在小船上，下一刻你就坠入水中……但是，如果你陷入自己将要死去的想法，亢奋与恐惧就会同时存在。除了这些最强烈的体验之外其他都是不真实的。所以人们会期待亲密的关系。一切都值得赞扬，甚至当你要被还原成残缺的肉体时，它会被切开，变得丑陋，遭受疼痛，感觉自己易受伤害。但它狂热、躁动、强烈。”[419] 在另一个地方，桑塔格称她的第一次癌症治疗为一场“大冒险——一场经历生病和死亡的冒险”。[420]

桑塔格期望自己尽可能强烈地经历所有可能性，而这种需求在那些年中显著增强，正如戴维·里夫当时的生活伴侣、美国著名作家西格丽德·努涅斯讲述的，她曾经和戴维以及他的母亲一起居住在河畔大道的楼顶房中。在她治疗后的那段时间，一旦身体允许，桑塔格每晚都会外出——去歌剧院，和她广泛的朋友圈共进晚餐，或者去电影院和剧院。[421] 史蒂夫·瓦瑟曼回忆起几个放纵的夜晚，他和桑塔格以及戴维·里夫曾一起去下东区的朋克酒吧 CBGB。[422] 当汉斯－于尔根·西贝尔伯格（Hans-Jürgen Syberberg）长达 7 小时的电影《希特勒——一部德国的电影》（*Hitler – Ein Film aus Deutschland*）于 1977 年以《我们的希特勒》（*Our Hitler*）为名进军纽约院线时，桑塔格经常前去观看，同时还强迫她的朋友们一起，以至于理查德·霍华德称西贝尔伯格的这部电影为“她的希特勒”。[423] 霍华德回忆道：“桑塔格一直想处在事件最具深层含义的中心。”[424] 当同性恋亚文化和它的暗室、酒吧、性俱乐部在纽约成为潮流时，桑塔格表现得极为好奇，甚至夸张，为了能够进入一个叫“厕所”的酒吧她扮成了男人，因为女性无法进入。[425]

伴随着这段密集的生活，桑塔格的创作也来到了新阶段。她的计划之一就是写下自己的疾病经历。她每周三次前往医院注射化疗药物，目睹了其他癌症病人的死亡。和现在一样，这种疾病在当时与许多神话和禁忌联系在一起，美国人还一直称它为“the big C”。这种情形经常导致病人们满足于个人的无知并听天由命，而不是积极地寻求更好的治疗。这迫使桑塔格产生了写作《疾病的隐喻》（1978）的想法。但在她实现这个想法之前，她先完成了《论摄影》的最后两篇散文，它们曾因疾病而中断。

《论摄影》最终出版于1977年秋，继“激进的时髦”时代之后，它为桑塔格赢得了名声的第二春，一个比桑塔格设想的还要大的名声。文集中的六篇散文视角多元、资料丰富，要对它们体现的智识作出总结几乎不可能。她使用了大量的相互参照，摄影史上从施蒂格利茨到阿伯斯，艺术上从欧仁·德拉克洛瓦（Eugène Delacroix）到杰克逊·波洛克（Jackson Pollock），电影上从谷克多到安东尼奥尼，哲学上从费尔巴哈到本雅明，文学上从普鲁斯特到纳博科夫。桑塔格从各种想得到的角度对摄影媒体进行了成功的分析。她因而探讨了监控探头中的影像和家庭与度假照片，以及战争或广告照片中夸张的美学表达。

桑塔格在文集的第一篇著名文章中断言，人类一直生活在“柏拉图的洞穴”中，比起真实的事物，他们更喜欢图像。柏拉图针对艺术的图像世界进行了论战，将其比作一种行为，人类在这种行为中只满足于真实世界在洞穴墙壁上的投影，而不去接触真实的世界。桑塔格言简意赅地说，柏拉图在面对图像的优势时迷失了。要对之负责的是摄影。摄影以“新的视觉密码”教导社会，从作为我们日常生活的必要组成部分发展为我们的“观看语法”，给予我们一种感觉，可以把世界当作一部“图像集”掌控在手中。[426]

如果有一条贯穿这些摄影散文的线索的话，那便是桑塔格的观点，即照片主要是消费文化的一种媒介，它让过去和现实变得可消费，并用图像取而代之。桑塔格认为，摄影的作用是“最终将我们对现实的理解去柏拉图化”。如今，彻底区分图像和现实已越发困难。图像“比任何人设想的都要真实”。它们将“矛头……转向现实”并使“现实成为阴影”。因此，桑塔格在文集的最后对“图像生态学”进行了辩护，对她而言，它与“现实之物的生态学”一样是生活的必需。[427]

讽刺，并没有在桑塔格身上消失，作为部分地依赖肖像照进行自我营销的年轻女作家，现在却将这种媒体当作分析批判的对象。或许我们可以猜测，正是由于桑塔格的个人经验，她部分由照片塑造的形象，她与自我认知的分离，共同导致了她成为一位细致的观察者，观察我们一般如何与图像打交道。几乎所有的美国报纸和杂志都慷慨甚至热烈地评论了这本献给妮科尔·斯黛芬的书。即便是1960年代经常激烈批评桑塔格的《纽约时报书评》也称赞这本新散文集"才华横溢"，赞扬桑塔格的"清晰、怀疑主义和热情的投入"，认为"每一页……都以可能最好的方式就该话题提出了重要和令人兴奋的问题"，"有着令人崇拜的尖锐思想和直接表达，而且不失细致"。[428] 最终，《论摄影》不仅被《纽约时报书评》评为年度二十大图书，还被授予国家书评人协会奖（National Book Critics Circle Award）以及著名的美国艺术与文学院奖（Award of the American Academy of Arts and Letters）。

不必惊讶的是，桑塔格的散文集遭受的唯一反对意见来自于专业摄影师，以及将摄影理解为艺术的人，而桑塔格并不承认摄影的这种角色。受《纽约时报》一篇评论的启发，纽约艺术圈里流传着这样一句话，《论摄影》其实应该叫作《反摄影》（*Against Photography*）。许多艺术家，比如欧文·佩恩（Irving Penn）就强烈抗议。[429] 另外一些，如彼得·哈贾尔，则采取了更为戏剧化的方式，甚至与桑塔格断交。[430] 尽管有这些抗议，《论摄影》至今依旧被视为摄影史和摄影理论的奠基之作，也是学院派艺术、文化和摄影批评的标准文本。二十五年后，桑塔格在她的散文《关于他人的痛苦》(*Regarding the Pain of Others*)中又重拾这个话题，那时她将目光投向了战争摄影。

*

《论摄影》出版时，桑塔格度过了她确诊乳腺癌后的最艰难时期。她不仅在事实上属于那 10% 的幸存者，而且成功抑制了疾病，治愈的可能性得到大幅提升。但是桑塔格心里也明白，完全治愈是不可能的，因为肿瘤有转移和重新组织的危险，即所谓的复发，这对于每个癌症患者来说都相当严酷。桑塔格的整个生活都变得相当敏感，尤其是针对身体发出的信号，她要定期去看医生，有时甚至会做探查手术。

桑塔格可以一手地观察癌症病人是如何感到羞耻的。几乎没有一个病人会去阅读医学杂志，而桑塔格从这些杂志中获取信息，研究其他治疗的可能性。相反，许多病人接受了诊断，并视其为死亡判决，尽管这不是必然。人们普遍不把诊断细节告诉癌症患者，比如预期的存活时间，而是仅仅告诉特定的家庭成员。斯隆凯特琳纪念癌症中心是纽约最好的肿瘤医院，也是全美最好的几所肿瘤医院之一，它会将医疗账单匿名寄给病人，以防病人的邻居和亲戚在无意中得知。桑塔格反对将疾病深刻地耻辱化，这种耻辱化与所有的参与者息息相关，有一次她描述自己要成为一名“病人的十字军战士”。[431] 她的观点是，不仅是疾病，更主要的是与疾病相关的禁忌杀死了这些病人，也就是说，病人们不接受任何治疗是因为他们相信自己总归要死。

桑塔格针对患癌耻辱发动的十字军战争始于三篇启蒙式散文，她在三个月内写完，分别是《作为隐喻的疾病》（*Illness as Metaphor*）、《疾病的图像》（*Images of Illness*）和《作为政治隐喻的疾病》（*Disease as Political Metaphor*），它们发表在 1978 年 1 月和 2 月的《纽约书评》上。经重新修订，桑塔格又于 1978 年秋以书的形式出版了《疾病的隐喻》。这些文章根本不是当时流行的癌症病人回忆录。这种回忆录式的写法与桑塔格的观点完全相悖。撰写一份主观的经验报告不是她的兴趣所在。她更多的是想就这个话题以某种方式表达自己的思想，对其他病人和他们的朋友、伴侣以及家庭成员能有所帮助和启发。[432]

《疾病的隐喻》强烈支持要直面癌症，有如一辆穿越疾病文化史的智力过山车。借助古希腊的疾病理论、中世纪的医学词汇、心理分析文本、医学研究和源自几乎所有语言和时代的文学、哲学、自然科学以及音乐——从列夫·托尔斯泰（Leo Tolstoy）到鲍里斯·帕斯捷尔纳克（Boris Pasternak），从诺瓦利斯（Novalis）到尼采（Nietzsche），从弗兰兹·卡夫卡（Franz Kafka）到托马斯·曼（Thomas Mann）、从约翰·济慈（John Keats）到拜伦勋爵（Lord Byron），从罗伯特·科赫（Robert Koch）到鲁道夫·菲尔绍（Rudolf Virchow），从乔万尼·薄伽丘（Giovanni Boccaccio）到菲利波·托马索·马里内蒂（Filippo Tommaso Marinetti），从弗里德里克·肖邦（Frédéric Chopin）到贾科莫·普契尼（Giacomo Puccini），以及从维克多·雨果（Victor Hugo）到夏尔·波德莱尔（Charles Boudelaire）——桑塔格分析了与疾病相关的各种隐喻。同时她还比较了癌症与另外一种疾病，她将这种疾病与她深刻的私人记忆联系在一起——肺结核。桑塔格的父亲便是死于肺结核，肺结核的耻辱化在1930年代也广为流行——米尔德丽德·桑塔格因此没有告诉她5岁的女儿父亲是怎么死的——托马斯·曼在《魔山》中也处理了肺结核的广泛神秘化问题。

癌症的神秘化对桑塔格而言却是另一种方式。她尤其激烈地反对当时流行的说法，即癌症多多少少都与一种抑郁的人格有关，或者心理上无法处理的能量转变成了肿瘤。她在许多次采访中透露，第一次治疗后，她自己也思考是否可能至今都在过着错误的生活，而乳腺癌极有可能是她在巴黎所经历的重度沮丧的结果。[433]除此之外，《疾病的隐喻》还严厉地批判了将疾病与“极端或者绝对的恶”对等起来的做法。在讨论癌症时，经济上的灾难也会被搬上台面；比如不受控制的、不合常规的和不连贯的增长，以及对这个“社会人”造成的灾难性后果。人们会使用诸如“入侵”“殖民地化”“进攻”“反攻”这样的殖民主义军事术语；或者在谈及细胞突变时使用科幻小说的语言。同时还有一种针对疾病的流行做法，以便简化复杂的情形，如一再发生在政治话语中的那样——桑塔格此时也引用了她那句名言，“白种人是人类历史的癌症”——癌症病人每天都要设想一种不可战胜的恶，而这对于积极地抗争疾病毫无益处。[434]

《疾病的隐喻》出版时，为了感谢罗伯特·希尔维斯在资金和策划上的支持，桑塔格将这本书献给了他，而它也获得了与《论摄影》一样的成功。桑塔格收到了上百封读者来信，在这些信中癌症病人们感谢并告诉她，因为读了这本书他们更换了医生或者决定治疗。[435]《疾病的隐喻》在整个世界范围内成了癌症病人和医生的必读作品。除了公共讨论之外，桑塔格私下也帮助癌症患者。根据卢辛达·柴尔兹的回忆，桑塔格每天都和那些患癌的朋友们说话，或者也和那些她根本不认识的病人谈话。每个想要分享自己经历或者需要建议的人，桑塔格都是个很好的倾听者。理查德·霍华德总结道，桑塔格在这些行动中有时甚至走得太远，她非要确保病人已经穷尽了所有治疗的可能。当伦纳德·伯恩斯坦（Leonard Bernstein）的妻子菲莉西亚（Felicia）罹患癌症时，桑塔格几乎每天都与她说话，直到她去世。[436]

桑塔格将自己身体的康复期描述成一段让人心烦又紧张的经历。在不得不接受死亡预告之后，又发现自己还能活下去，这使她产生了对亲密感和人与人关系的新需求。[437] 桑塔格结交了许多新朋友，主要是一些年轻的演员。“和她外出直到深夜，是纽约最令人兴奋的事情之一。”美国作家和散文家达里尔·平克尼（Darryl Pinckney）讲道。[438] 她有无穷的精力。所以两人会连续数小时或一整天都兴奋地坐在电影院里，观看赖纳·维尔纳·法斯宾德（Rainer Werner Fassbinder）导演的改编自阿尔弗雷德·多布林（Alfred Döblin）同名小说的长达 13 个小时的电影《柏林亚历山大广场》（*Berlin Alexanderplatz*）①。[439] 对于成长中的作家来说，桑塔格是一个伟大的精神导师。西格丽德·努涅斯回忆，“和她相处，会比在大学里学到的多很多”。[440]

根据努涅斯的讲述，桑塔格在协调她的工作和对社交活动不断需求的问题上遇到了困难。“她非常不满足，一直转个不停，需要不断地转移注意力。她没办法一个人待着。”[441] 桑塔格一直以来是个没有工作

① 法斯宾德导演的一部 14 集的剧集。

纪律的人，而现在的她每次都尽量在截稿的最后期限前完成。为了遵守《纽约书评》和《纽约客》的交稿截止日期，她使用医学上的兴奋剂苯丙胺，但依旧非法，正如上一代作家如让－保罗·萨特所做的那样。“兴奋剂，”桑塔格向她的记者朋友维克托·伯克里斯（Victor Bockris）解释，“消除了吃饭、睡觉和上厕所，或是与他人谈话的需求。人们真的可以在房间里坐上 20 个钟头而不会感到孤独、疲倦或无聊。它赋予人难以置信的专注力。”[442] 但她又补充道，自己一直试着谨慎对待兴奋剂，因为终身服用的结果反映在萨特身上便是令人疑惑地写出了上千页无关紧要的东西。[443]

罹患癌症在桑塔格的外貌上也留下了明显的痕迹。她的部分头发是在化疗过程中掉的，尔后长出了白发，桑塔格当时决定把它们都染成黑色。一个发型师建议留出一绺头发不染，这样看起来更自然。她同意了，一头漆黑的头发加上额前一绺奇怪的白发成为接下来二十年美国人眼中的“标志性造型”——一种立马联想到桑塔格并出现在漫画中的标识。当她大量的新照片、访谈和肖像出现在美国媒体上，以及上过几次电视之后——其中包括迪克·卡维特（Dick Cavett）的传奇脱口秀节目——这种发型甚至成了假发的标准模型出现在喜剧类综艺节目《周六夜现场》（*Saturday Night Live*）里。桑塔格出镜的电影，如吉娜·布鲁门费尔德（Gina Blumenfeld）的《黑暗的角落》（*In Dark Places*,1978），伍迪·艾伦的《西力传》（*Zelig*，1983），内斯托尔·阿尔门德罗斯（Néstor Almendros）的《不检点行为》（*Mauvaise Conduite*，1984）或者埃德加多·科萨里伊斯基（Edgardo Cozarinsky）的《莎拉》（*Sarah*，1988）也继续推进了她作为一名魅力非凡的知识分子的偶像化进程。

虽然桑塔格的工作不自律，但也经历了一段高产期。她在1978和1979年为自己的下一本散文集《在土星的标志下》（1980）打好了基础，并完成了写了近七年的短篇小说集《我，及其他》（1979）。除了《美国魂》（*American Spirits*）和《假人》（*The Dummy*）——它们是1960年代初桑塔格对小说形式的实验，这种形式实验强烈地存在于她此前的小说实践中，可被称为“存在主义喜剧”——其余的短篇小说均展现了新的文学声音，桑塔格在其中结合了自传式的共鸣与散文的写作手法。她为这本小说集所写的最后一个短篇叫作《没有向导的旅行》（*Unguided Tour*）。这篇扣人心弦且幽默的非传统短篇小说以极其漫不经心的态度套用了美国常见的对欧洲旅行的陈词滥调，发表在1978年10月的《纽约客》上。小说讲述了美好事物的毁灭，欧洲古老城市无法阻拦的变迁和衰落，以及对“它们可能不久便不再存在”的感触。《没有向导的旅行》既是一首古老世界历史的安魂曲，也是一段恋爱关系的篇尾曲。小说的暗线描述了一段正处在消解中的恋爱关系，在这段关系中浪漫的渴望已经干涸。

许多证据表明，桑塔格在这里讨论的是她与妮科尔·斯黛芬恋爱关系的终结。桑塔格将生活重心重新转移到纽约对她们的关系来说是一种负担。她们感兴趣的东西也相去甚远。桑塔格那时重新做回了作家，这是她唯一的身份，而她对于斯黛芬提议的新电影计划感到反感，心情也很糟糕。[444] 朋友们描述了这对恋人之间紧张又时而苦涩的情绪，在这种情绪里桑塔格经常会在言语上强硬地攻击斯黛芬。斯蒂芬·科赫回忆，主要是桑塔格的行为有时对于斯黛芬来说很不公平，比如当着所有人的面指责她说了蠢话。据科赫所说，她们的分手过程非常艰难，“因为这是真爱”。[445]

短篇小说集《我，及其他》出版于1978年秋，美国文学界和批评界对它普遍感到惊讶。虽然大部分批评家对这些短篇小说参差不齐的质量多有非难，但他们称赞《心问》、《中国旅行计划》和《没有向导的旅行》是伟大的短篇小说，也是桑塔格在严肃文学领域取得的首次成功。安纳托尔·布罗雅德（Anatole Broyard）在《纽约时报书评》中写道:《没有向导的旅行》是桑塔格作为文学家的神圣典范，是他所阅读到的“最现代也可能是最好的短篇小说之一”，

“这是苏珊·桑塔格第一次……完全置身于小说当中。”[446]桑塔格找到了她的文学形式，在这种形式中，她对文学现代性和智识力量的责任与一种迫切的，偶尔诗性但主要是——不同于她之前创作的小说——易被接受的声音结合在一起。直到如今，她的某些短篇小说依旧被视为这种写法的最好范本。一辈子都梦想成为成功小说家的桑塔格终于实现了自己的目标。

*

这段时期，桑塔格在德国的名声也获得了最终的爆发。1960年代时，桑塔格的书由弗里茨·J. 哈达茨审校，在罗沃尔特出版社出版。然而，德国人从未给予她特殊的关注，原因在于批判性散文这种类型并不真正符合罗沃尔特的出版计划，因而被湮没在选题的海洋里。据桑塔格多年的朋友、汉泽尔出版社老板、作家米歇尔·克吕格讲述，汉泽尔出版社当时的规模还很小，但它长久以来都试着让桑塔格在德国赢得作家的名声。当出版社负责人克里斯托弗·施洛特赫（Chirstoph Schlotterer）和主编弗里茨·阿诺德（Fritz Arnold）在《纽约书评》上读到桑塔格关于疾病的散文时，便主动询问他们能否把这些文章集结成书。[447]虽然他们必须等待这些文章先在美国以书的形式出版，但自此之后，桑塔格与汉泽尔出版社建立起了长达一生的稳固关系，她在德国与这家出版社的联系非常紧密，如同她和美国的 FSG 出版社一样。米歇尔·克吕格回忆，出版社与桑塔格建立持久的联系并不困难，因为“阿诺德是一个无与伦比的纨绔子弟，是古老欧洲残留的一角”，他与桑塔格一样也对埃利亚斯·卡内蒂、罗兰·巴特和 E. M. 齐奥朗感兴趣。此外，克吕格、施洛特赫和阿诺德与罗杰·斯特劳斯也是密友，斯特劳斯的作者比如菲利普·罗斯和艾萨克·辛格也在他们那里出版。当时汉泽尔出版社有一个相对较小的出版计划，就是“快速相继出版苏珊·桑塔格的书，并以此为她打造名声”。从 1978 年开始，他们迅速先后出版了《疾病的隐喻》、《论摄影》、她的短篇小说以及她的第二本小说《恩主》。她在罗沃尔特出版过的老作品，如《反对阐释》也在汉泽尔重新出版。优秀的翻译玛丽安娜·弗里施（Marianne Frisch），即作家马克斯·弗里施的夫人，将桑塔格的作品翻译成德文。

桑塔格在欧洲，尤其是在德国继续追寻着她的事业，并赢得了极大的关注。克吕格回忆道：“收到了桑塔格越来越紧急的来信……要求为她做更多。”在桑塔格多次拜访德国——主要是柏林和慕尼黑——以及她的散文被发表在德国的杂志如《时代》之后，出版社“已逐渐能更好地推广她”。[448] 此外，1979 年 11 月，美因茨科学与文学研究院（Mainzer Akademie der Wissenschaften und Literatur）因桑塔格的散文创作授予她威廉海因泽奖章（Wilhelm-Heinse-Medaille），这是她获得的诸多德国著名奖章中的首枚，其中也包括她在二十四年后获得的德国书业和平奖。

最后的知识分子（1980~1983）

> 我不想成为教授，也不想成为记者。我想成为一名作家，同时也是一个知识分子。[449]

1970年代末，美国的公共评论界和知识分子界发生了变化。在流行文化成为无所不包的现象时，学术出版界则开始了对文学、艺术和电影的严肃知识性探讨。在快速变化的媒体界，此前如此重要的纽约知识分子团体已逐渐丧失掉它的重要性。而1930年代到1960年代时所维系的统一知识分子圈——当然主角不尽相同——如今业已不复存在。为了能够维持生计，他们中的大部分人都去往纽约之外的美国高校或者接受了新保守主义智库，如美国企业研究院、美国新世纪计划或者国家安全事务犹太研究所的资助。作家们也只得渐渐被迫接受美国大学的研究所提供的教席。只有少数几人还能以自由作家或知识分子的身份工作。知识评论早前的核心组织如《党派评论》不仅失去了越来越多的读者，而且它们代表的知识风格已然过时。《评论》杂志在主编诺曼·波德霍雷茨——最叫嚣的新保守主义知识分子之一——的带领下变成了里根时代初年的党派杂志。[450]

在越战年间，《纽约书评》一家独大，成为政治和批判性辩论的一个重要论坛，这些辩论的影响范围超出了纽约。这本杂志还通过渐次专攻政治议题与迎合全国学者的兴趣，在媒体界保持了统治地位。《纽约书评》起初的传播范围不大，而在 1980 年代初已经成为学者和有志学生的必读刊物。

除此之外，新左派齐心协力的景象也消失了。不再有什么重大议题能让左派运动团结起来。近二十年来，异议和反抗伦理对于知识分子立场来说都是一个基本动因，如今它们也丧失了吸引力。大多数的左派作家、公共评论家和知识分子都告别了他们的激进遗产，或者变得怀旧。他们中的大部分，主要是那些属于自由资本主义的**老左派**和对**新左派**激进主义一直持保留意见的人，逐渐接纳了保守主义的立场。颇具影响力的新保守主义运动得到了前已提及的智库和游说团体的支持，有效地实现了他们的政治影响，并因为前演员和前加利福尼亚州州长罗纳德·里根（Ronald Reagan）于 1980 年 11 月当选为美国总统而庆祝他们的第一次压倒性胜利。

无论如何，所谓的新保守主义运动也不能被视为统一的整体。但是他们形形色色的小派别却因为对1960年代的政治激进主义和对它们乌托邦式的幻想的深刻批判而团结在一起。新保守主义作家如希尔顿·克拉默（Hilton Kramer）、诺曼·波德霍雷茨或者欧文·克里斯托（Irving Kristol）强调自己才是纽约知识界的真正继承人，视自己为中产阶级的引领者。[451]

欧洲也经历了同样的发展。罗兰·巴特在临死前越来越抱怨传统知识分子和作家的绝迹，他们被主要在大学任教的知识分子所取代。桑塔格也赞同这种判断。她在1980年的一次采访中解释，她想要维系写作者和知识分子的普遍角色，抵制所处时代的反抗。[452]这绝非易事。桑塔格的读者也发生了变化，他们现在阅读那些被桑塔格视为偶像的欧洲作家，而桑塔格自己对他们却已不怎么再感兴趣：法兰克福学派、拉康的精神分析、马克思、女权主义电影理论、围绕米歇尔·福柯的法国话语分析和围绕雅克·德里达（Jacques Derrida）的流行的解构主义者，诸如朱丽娅·克里斯蒂娃（Julia Kristeva）、吉尔·德勒兹（Gilles Deleuze）或者米歇尔·德·塞尔托（Michel de Certeaù）。[453]专业杂志如《十月》（*October*）、《艺术论坛》（*Artforum*）、《暗室》（*Camera Obscura*）或者《新德国批评》（*New German Critique*）都是学者们发表公共评论的平台。在美国的人文学科研究机构中，“理论革命”这一术语已被广泛引用，它庆祝身份认同、家庭、国家等“宏大叙事（Große Erzählunge）”的衰落，并将作者身份视作后现代主义的一个积极因素，在这些先兆下，女权主义和性别问题一类的政治议程也成为大学学科。发挥学术的直接影响力就上一代学者而言还尤为重要，而如今已退居次席。

桑塔格是为数不多的能在理论新时期依旧保持公共地位的纽约知识分子之一。其中的一个原因在于，如她的散文一直所展现的，她极自然地相信她的使命，一份有普遍指导意义的智识工作，结合艺术、文学、电影和政治，并将其带给读者。她完成了这项使命。她将自己定位为巴特所悼念的那种法国式的知识分子和作家，她令人折服地糅合了智力与嬉皮士，而这种糅合被证明是符合不断变化的大众品味的。在这一意义上，哈尔·福斯特（Hal Foster）形容桑塔格扮演了“政府空位期的角色（Figur des Interregnums）”。[454] 新旧一代都能在她的思想和写作中找到公约数。她有能力在即将绝迹的“老派”纽约知识分子和学术机构的文化学者、符号学理论家以及解构主义者之间搭建起桥梁。作为这样的过渡人物，她成了新的怀旧对象，同时又是一名激励者——一个旧时代的遗物，以及新时代的智识型媒体明星。

纽约大学的纽约人文研究院（New York Institute for the Humanties）便是反映这种发展的一家学术机构。著名的社会学家理查德·桑内特（Richard Sennett）在1976年创办了这所研究院，为了能确实抵抗学术专业化的趋势，他召集作家和学者在一起共事。桑内特从本质上将研究院的最初几年描述为一个由不同类型的知识分子组成的小团体的轻松会面，他们免费上研讨课并互相辩论。他的好友桑塔格便是第一批受邀者。桑塔格为这个研究院带来了决定性的成功。她不仅帮忙联系欧洲作家和电影制作人，如罗兰·巴特或者汉斯-于尔根·西贝尔伯格，还召集纽约知识分子加入研究院。此外，她还找来了她的出版社同事、后来的诺贝尔文学奖获得者约瑟夫·布罗茨基（Joseph Brodsky），以及德里克·沃尔科特（Derek Walcott）。研究院的成员还包括罗伯特·希尔维斯，少量的《纽约书评》供稿人，一系列著名作家，纽约大学和哥伦比亚大学的教授，以及罗杰·斯特劳斯，他为研究院贡献了在实务组织和寻找赞助方面的天赋。桑塔格的儿子戴维·里夫在1978年大学毕业后被斯特劳斯雇为FSG出版社的编辑，编辑她母亲以及约瑟夫·布罗茨基、菲利普·罗斯、马里奥·巴尔加斯·略萨和埃利亚斯·卡内蒂的书，并在此期间成了这家研究院的院长。

纽约人文研究院迅速发展成为纽约知识界的中

心。与它关系密切的还有在理查德·桑内特离纽约大学不远的家中举办的大名鼎鼎的非正式晚宴，研究院的成员在上完研讨课后会去那里继续进行讨论，同时享受桑内特令人兴奋的厨艺，而做饭正是他的爱好。

对桑内特而言，研究院的目的主要在于使纽约摆脱文学和智识中的地方主义。大都会中的戏剧、舞蹈和艺术在当时已经非常国际化，但桑内特认为，“欧洲和南美的作家被普遍忽略了”。[455] 尤其因为苏联移民和诗人约瑟夫·布罗茨基的积极参与，研究院最重要的一项工作便是支持东欧和苏联的异见人士，他们都从自己的社会主义祖国逃亡到了西方。据桑内特回忆，波兰在 1981 年颁布《战争法》之后，帮助“共产主义帝国”的作家成为美国公民最终成了这个组织的特权。他们签署请愿书，建立联系，为这些作家在美国大学谋取教职。接受了他们的帮助来到美国的作家有伊娃·克里克（Eva Korlik）和亚当·扎加耶夫斯基（Adam Zagajewski）。这个组织还在 1983 年和参议员爱德华·肯尼迪（Edward Kennedy）一道，将古巴作家埃贝尔托·帕迪亚带到美国，桑塔格曾在 1972 年对他的被捕表示过抗议。[456]

这些作家在他们的祖国遭受迫害，而研究院针对他们的具体解救行为对桑塔格而言标志着她对诸如古巴和越南这类国家同情心的最终破裂。这种破裂在 1970 年代中期已经有所体现，并在 1980 年代因为她的波兰之行和逃亡异见人士的消息——亚历山大·索尔仁尼琴（Alexander Solzhenitsyn）便是其中之一，他的《古拉格群岛》（*Gulag Archipelago*，1973）在美国由 FSG 出版社出版——而更为扩大。这对桑塔格来说是一次困难且有争议的方向性转变，体现在她朋友和她自己接受采访时的许多矛盾表述上。理查德·桑内特和作家埃德蒙·怀特（Ecmund White）回忆了她在研究院的研讨课“访问”（The Visit），桑塔格坚定地将自己置于法庭上，遭受热情的、时而伤人的批评，而她就是用这种方式对待她的对话者。[457]

“访问”这门研讨课讨论了共产主义国家为西方客人组织的旅行，在旅行期间它们只展示经挑选的地点，并有针对性地灌输政治宣传，还为旅行者备上礼物和书籍，再送他们回家。特别吸引桑塔格的是由此诞生的文学类型。其中有一系列于 20 世纪五六十年代在法国出版的相关书籍。这些旅行报告惊人的相似，因为实际上法国知识分子都经历了同样设计的旅行。桑塔格在经历过中国、古巴、波兰和越南之旅后，这种类型的教育之旅对她而言就像是参观“革命的迪士尼乐园”。[458]

在这次研讨课结束后，桑塔格想以安德烈·纪德（André Gide）在 1936 年经历过那次让他幻想破灭的苏联之行后写的回忆录为模板，也写一本书来探讨这个现象，这本书计划了很久，但出于对题目的矛盾心理，桑塔格一直犹豫是否要完成它。这个计划的最终结果仅仅是一篇名为《模式目的地》(*Model Destinations*)的小文章，发表在 1984 年的《泰晤士报文学副刊》(*The Times Literary Supplement*)上。此外，桑塔格还想写一本关于那些从社会主义国家逃亡到西方的东欧作家的小说。自她在 1970 年代末开始写这本小说起，她一直怀抱这样的希望，那就是《通往西方那一半》(*Toward the Western Half*)能代表她最终回归小说创作。桑塔格有超过十年的时间都在创作这本小说，但始终没有完成。

美国作家埃德蒙·怀特在那段时间与桑塔格走得非常近，根据他的讲述，桑塔格对共产主义想法的改变不仅与约瑟夫·布罗茨基的影响有关，也跟她与法国知识分子的关系有关。[459] 自 1970 年代中期以来，法国知识界公开批评东欧的政权，与此同时，保守主义运动在美国正不断壮大，越来越粗鄙的消费资本主义得到巩固，但美国左翼知识界的大部分人士还一直对社会主义社会的另一种可能形式抱有希望。

理查德·桑内特回忆，布罗茨基最终因其与苏联当局的过往、他的内心放逐和 1972 年成功脱离苏联国籍而在政治上变得保守，“不然他会是一个很好的君主主义者”。[460] 桑塔格将布罗茨基描述成与她性情相仿的人。他们的会面是一个永不停歇的“精神加速”事件。[461] 在最初的一段浪漫关系过后——如理查德·霍华德所述，布罗茨基对桑塔格十分迷恋，甚至请求她嫁给自己——桑塔格与这位诗人的关系非常紧密，1970 年代中期开始经常与他见面。[462] 桑塔格和她的朋友们经常描述，对桑塔格想法的转变至为关键的是，布罗茨基消除了她对索尔仁尼琴《古拉格群岛》的怀疑："无论你在政治上对他有什么看法，但是他见证和描述的都是事实。"[463]

布罗茨基的另一个影响在于使桑塔格重拾了对俄罗斯经典和东欧文学的热情。这里她确认了自己对文学品质的看法，她认为美国文学越来越缺少这种文学品质，它们太过注重市场需求，只有"少量的当代作家……尝试着写作一流的作品"且属于"国际级"。[464] 她高度评价和认同布罗茨基关于作家权威性和预见性的观点。为了找寻文学和伦理标准的渊源，桑塔格认为，人们必须回看过去，在那里人们会发现"比当下更高的标准"，它能让作家"不去取悦同时代人，而是取悦先辈"。[465]

这种稍微让人兴奋的关于作家理想的回声在桑塔格的散文集《在土星的标志下》(1980) 中也能找到，她将这本书献给了她的俄罗斯朋友。这本文集汇编了几篇单独的文章，它们都诞生于悼词《论保罗·古德曼》之后，并以写于 1980 年的悼念她的朋友和同事罗兰·巴特的《纪念巴特》完美收尾。除了她的里芬施塔尔散文《迷人的法西斯》和《西贝尔伯格的希特勒》（*Syberberg's Hitler*）之外，这些散文都是对桑塔格所崇拜作家和知识分子的描写——保罗·古德曼、安托南·阿尔托、瓦尔特·本雅明和埃利亚斯·卡内蒂——桑塔格对他们的人生有着强烈的认同。这些散文都是浪漫的，对欧洲精神生活的伟大代表人物（保罗·古德曼除外）的一种旧式崇拜的相当不合时宜的练习曲。有时候这些文章仿佛是桑塔格在借助对其他作家的分析来回忆自己的人生，文章表现的自我考问口吻十分明显。戴维·里夫讲述，他经常嘲弄母亲，说她在这些散文中暴露的自己要比她设想的多很多。虽然母亲笑了，但里夫从不确定她自己是否也这么看待。[466]桑塔格在许多次采访中透露，她完全同意这种观察，但也有所保留。比如《纽约时报》引用的桑塔格关于本雅明的文章："我觉得我在写我自己……我感觉到我被某些人吸引，他们让我想起我自己。"[467]

《在土星的标志下》出版于1980年秋，它的欧洲选题使这本散文集成为桑塔格在欧洲最成功的作品之一，相反，由于对大部分美国读者来说过于异域的高雅主题，它在美国获得的评价大都不温不火。典型的比如约翰·伦纳德（John Leonard）发表于《纽约时报》的评论。虽然他在这些散文的基调中观察到一种愉悦的轻松感和嘲弄，但他批评了明显的折中主义和桑塔格对热情洋溢的绝对化的偏爱。"此外，"伦纳德挖苦道，"如果留意的话，她突然变成一位说教者，一个很好的道学家。毕竟比起去看外科大夫和牙医，阅读她还是更有趣。”[468]

这本散文集的意义并不在于它的知名度，而是在于它对智识和学术辩论的持久影响。因为她的这些散文，桑塔格让她刻画的大部分欧洲思想家在美国变得有名。文集出版后，巴特、本雅明和阿尔托连续多年都成为美国文学系研讨课上的潮流。

比如，桑塔格所写的关于在美国不知名的埃利亚斯·卡内蒂的散文《作为激情的思想》（*Mind as Passion*），被许多人认为是这位保加利亚裔德籍作家在同一年获得诺贝尔文学奖的一个重要原因。这篇文章的标题可以被理解为桑塔格自己智识和写作计划的浓缩型描述。此外，在论述卡内蒂的重要作品时，她不仅对卡内蒂同样也对她自己进行了相当具体的观察，比如她谈论了作家应该带着怎样的热情去崇拜另一位作家。在一次回忆她自己患病经历的私人观察中，桑塔格描述了埃利亚斯·卡内蒂是如何一如既往地追求他的“绝对长寿”，并强迫自己的身体不朽，这并非因为他像浮士德一样秘密期盼“返老还童”，而是因为他想让自己的精神长存。[469]

在《纪念巴特》这篇文章中，桑塔格选择性的行为方式更加清晰，而有时它会变成一种纯粹的自我陶醉。比如她在文中谈及巴特的自传《罗兰·巴特论罗兰·巴特》（*Roland Barthes par Roland Barthes*，

1977）和他的散文集《恋人絮语》（*Fragments d'un discours amoureux*，1977）时，把它们视为“现代叙事的胜利，融合了虚构、随想和自传”，与她那些年所写的短篇小说异曲同工。她还回忆了巴特带着真正的愉悦享受名气，同时又严格捍卫着自己的私人空间，对他来说，打开报纸发现自己的名字出现在上面简直太过可怕。[470]

桑塔格经常使用“精神的生活（the life of the mind）”这样的固定搭配，它不仅意味着一种智识的生活方式，也代表着传统的精神生活。这在关于瓦尔特·本雅明的同名散文《在土星的标志下》中表现得尤为明显，她不仅在其中绘声绘色地描绘了本雅明的收藏热情，并将其解释为一种对“快乐地理学”的沉迷，与她自己收藏图书的热情非常类似，而且她还讲述本雅明的一生都因为“太过聪明”而遭受“背信弃义的指责”。本雅明吸引桑塔格的首要品质就是他的“土星特质”——他的忧郁，桑塔格对此深感认同。她认为，忧郁之人因其与自身之间带有的自我意识和不宽容的关系，注定要把自己当作一个文本来破译，同时为保证思考的可能性会持有许多矛盾的立场。桑塔格在她的文章末尾描述，本雅明是多么害怕自由职业知识分子作为一个物种行将灭绝。讽刺的是，她设想本雅明作为“最后的知识分子”站在“末日审判”前，在那里解释他会捍卫精神生活直到永远。[471]桑塔格因为她的个人经历而对“最后的知识分子”这个概念非常着迷，证据就是这篇文章最早是以《最后的知识分子》（*The Last Intellectual*）为题发表在《纽约书评》上。

虽然桑塔格的“土星系列”文章充斥着对精神生活的浪漫式歌颂，但针对这种观点的某种不确定性也很明显。对艺术的局外人和知识分子责任的赞美，似乎与某种不安全感相关。在关于本雅明、巴特或者卡内蒂的文章中桑塔格有可能是最后一次高度强调了知识分子和作家的理想，正是因为她预料到，在写作环境改变的情况下她可能不会再坚守这份理想。在接下来的几年中，桑塔格经常谈起为了将更多的精力投入到小说创作中，她想停止散文写作。人们可以察觉，写作“土星系列”散文给她带来了巨大的问题，她强烈寻求周围亲密之人的帮助。她的儿子编辑她的作品，她长年的密友、作家莎朗·德兰诺（Sharon Delano）帮她修订这些文章。

对桑塔格来说，使她出名的散文——这种形式似乎已经过时。在她刻画那些人物肖像时，她思考：“为什么我这么不直接？所有的感觉我都有——我一直处在感觉的风暴中——我不是在表达它们，我是在用感情书写人物。”[472]虽然她长久以来都试着把精力集中在自己的小说创作上，却依旧是徒劳：“写散文是一部分我要试着戒掉的瘾。我的最后一篇散文就是我的最后一根烟。”[473] 写散文和吸烟是她在癌症过后经常要试着戒掉的两样东西，而在之后的二十年中，她又一直不断地重拾它们。但是，她再也没有达到早期散文的水准：风格犀利、内容复杂。“换句话说，”桑塔格在出版《在土星的标志下》后说，“我已经来到了散文形式能为我做的终点。”[474]

*

意识到这一点后，桑塔格重新确定了她作为知识分子和公共人物的新方向，以及对她形象的新解释。她一直喜欢冲动的观点表达、强烈的言辞和有争议的警句，喜欢挑起争论，而她在涉及女权主义和越战话题时的政治挑衅者经历并没能为可能的非议作好准备，1982 年 2 月 6 日，为了支持波兰的团结工会运动，作家、知识分子和社会活动家聚集在纽约市政厅，桑塔格发表了有争议性的讲话，引发了不满。沃依切赫·雅鲁泽尔斯基将军（General Wojciech Jaruzelski）在两个月前被任命为部长会议主席，随即华沙宣布进入战争状态。团结工会是整个社会主义阵营（Ostblock）① 内第一个独立于共产党领导的工会，在 1980 年 9 月成立后迅速组织了一场全社会的

① 即西方国家所谓的东方集团（Eastern Bloc）。

反抗运动，而它的领袖和著名成员在夜间遭到逮捕。媒体、大学、学校经历了一场大清洗，彻查在校人员的立场是亲波兰政府还是亲团结工会。两千多名工作人员失去了职位。官方成立军事法庭，将团结工会运动的同情者处以长期监禁。煤矿工人处在军事监管之下，一周六个工作日和媒体的全面审查制度被重新恢复。

桑塔格在与纽约人文研究院的波兰异见人士接触后十分详细地了解了事态的发展。另一方面，罗纳德·里根在一个月前刚刚就任美国总统，这次市政厅集会处境艰难，需要平衡对团结工会运动的支持和对共和党里根政府军事侵略萨尔瓦多的反抗。除桑塔格外，艾伦·金斯堡、库尔特·冯内古特，E. L. 多克托罗（E. L. Doctorow）和戈尔·维达尔都被邀请为这场反抗活动的演讲者，然而他们没有发表任何政治演说，仅仅是在开里根的玩笑中表达了他们对团结工会运动的支持。[475] 桑塔格却朗读了一份演讲稿，用最尖锐的语气攻击了这些新左派的所有轻松态度。她一开始认为她的大多数同事，包括她自己在内自 1950 年代以来都误解了共产主义政权，主要因为他们在麦卡锡的政治宣传时代有过糟糕的经历。左派知识分子没有足够地批评东欧政权的镇压行为，桑塔格将它们与阿根廷和智利的右派军事独裁作了比较。[476]

桑塔格的谈话以最尖锐的方式打破了某种未明确

表达的观点，它将市政厅集会和大部分纽约政治辩论结合在一起。她甚至用一种亵渎的方式向她的辩论者解释，人们几十年来都将共产主义和社会主义当作资本主义的替代希望，并因此为许多来自这些国家的令人不安的消息辩解，如今希望破灭了。桑塔格挑衅的话语遭到了强烈的嘘声，以至于她无法结束讲演。

愤怒的风暴持续了好几周，桑塔格的每一页讲话都招致了不同媒体的批评。最激烈的批评出现在纽约的城市杂志《自由职业每周新闻》和左派月刊《国家》上，它们都发表了桑塔格的讲话，同时刊登了一系列著名知识分子、学者和记者的来信，虽然他们有着各自的政治立场，但都因桑氏所使用的争议术语和模棱两可的态度而一致批评了她。其中最友好的来信，比如桑塔格的朋友克里斯托弗·希钦斯（Christopher Hitchens）写到，希望桑塔格仅仅是想通过这种有意的夸张来唤醒她的听众。[477] 新保守主义评论家虽然都对桑塔格现在最终回归理性表示欢欣鼓舞，他们和黛安娜·特里林一样，“欢迎她作为反共人士迈入新的艰难生活”，[478] 但他们依旧批评她的观点，即左派的反法西斯主义赋予了共产主义存在的合法性。然而，对于大部分在场者和新闻评论员来说，似乎是这个自投入支持古巴和越南运动以来被视为时髦激进主义代表的桑塔格想用“我们”和“使我们”这样的表述，把一个可能容易理解的“我的罪过

(mea culpa)”变成一个傲慢的“我们的罪过(nostra culpa)”。此外，如同她那些《党派评论》的前同事们，她现在似乎也倒向了新保守主义知识分子的阵营。《国家》的一位编辑讽刺地评论道，桑塔格有成为“戴着人皮面具的诺曼·波德霍雷茨”[479]的危险。

如往常一样，桑塔格对这次讲话提出了相反的意见。她向记者海伦·本尼迪克特解释，她原本只是因为布罗茨基才前往市政厅的集会，因为她想和他一起“制造骚乱”，在她讲话结束后，他们“在后台咯咯地笑了一小时”，觉得十分欢乐有趣。[480]相反，她告诉《纽约时报》的查尔斯·鲁亚斯(Charles Ruas)，她主要把这件事理解为对她名望的一种反应，否则她无法解释这次“奇怪的攻击”。[481]然而，桑塔格从未像这次一样成为众矢之的，而她做作的冷酷评论读起来似乎是拒绝承认被这种敌意深深击中。埃德蒙·怀特回忆，她在那次讲话后路过他家，告诉他自己做了一件十分危险的事。[482]桑塔格知道她的观众是谁，也知道因为这次市政厅事件，她失去了大部分的左派支持者。

然而长远来看，桑塔格的形象并没有因为这次争论遭到很大的损害。美国媒体界当时的规则已经足够确定，负面宣传也可能产生正面效果。这次争论更多留在美国公众记忆中的是桑塔格一如既往的凶狠且善于引经据典。桑塔格对公众宣传的良好嗅觉在那些年里又得到了增强。比如，1983 年 10 月，著名摄影师欧文·佩恩为她拍摄了肖像，这位年届五十却格外美丽的女性登上了闪亮的时尚杂志《名利场》(*Vanity Fair*) 的封面。知识分子型记者亚历山大·考克布恩 (Alexander Cockburn) 恶毒地评论，他现在期待桑塔格写一本有氧运动的书。[483]

然而，桑塔格与公众的互动一直都很适可而止。尽管她享受名望却又公开反抗，她对此并不伪装。桑塔格 1988 年在 FSG 出版社的编辑乔纳森·加拉西解释："她心里绝对清楚她说的东西会引起怎样的效果，她也在相当精准地计算，但是我想说，在这个层面上她无论如何都不是最大的肇事者……她（私下里）非常坦诚，发现名声好比性欲，并且想因自己所做的事而出名。她从不降低个人的标准。她想因她的严肃性而出名。"[484]

《苏珊·桑塔格读本》(*A Susan Sontag Reader*) 于 1982 年秋出版，收录了她自 1960 年代初以来最好的散文和小说，桑塔格作为"最后的知识分子"的名声——如她描述瓦尔特·本雅明那样——已经树立，另外，像某位评论家说的，因为"美国知识分子圈的缺席"[485] 才让她有了这个名声。但与此同时，桑塔格却强烈地想要摆脱她的知识分子形象。

当她在作报告、出席会议或参加朗诵会的场合被介绍为知识分子时，她经常会粗鲁地抗议，申明她是个作家。有时候是因为她厌恶这种普遍的标签化，有时候，她补充道，是因为“知识分子”这个词在美国散发着某种令人不适的异味，甚至偶尔会被当成是在骂人。

小型政治（1984~1988）

> 名声、威望和绝对的资历使作家成为一个公共角色……这就意味着作家们不仅要具备更多的服务思维，而且还被期望变得更加乐于助人。[486]

桑塔格的专业危机和私人危机细致地影响了她维持的友谊。在她的私人关系中，她一直表现了某种自恋和强烈的自信，一直准备好为她的兴趣作辩护以及在言语上进行激烈争锋，尤其在她感到自己处于下风或者遭遇不公时。即便是她最好的朋友，比如斯蒂芬·科赫和理查德·霍华德也这么描述，桑塔格的自我在那些年中变得“让人无法忍受”和“难以相处”。[487]当时，埃德蒙·怀特写了一本愤怒的影射小说《半旋转》（*Caracole*，1985），[488]小说描绘了桑塔格、里夫和他们的纽约世界，而他与他前导师的不和开始变得众所周知，他回忆桑塔格越来越希望别人对待她像对待“王室成员”那般，偶尔还会破坏整个夜晚、派对或者晚宴的和谐氛围，如果她觉得自己没有得到足够尊重的话。[489]许多友情在那段时间里破裂，其余的依旧在继续。桑塔格的大部分朋友都知道他们在和谁相处，也学会了忍耐她的爆发。比如知识分子和记者达里尔·平克尼批评又亲切地回忆：“她的要求有时候非常可怕。但是在《纽约书评》我们感到她就是我们的怪兽。”[490]那些年，美国笔会主席凯伦·肯纳利（Karen Kennerley）与桑塔格联系频繁，她这么描述：“苏珊像是英国的天气。随时可能乌云密布。我们只需径自走开，直到阵雨过去。这就是苏珊。”[491]

*

桑塔格的职业兴趣在1980年代逐渐转向一些更专业化的主题，有时甚至跨越到秘教（Esoterik）的领域。她发表了一系列较短的文章，主导戏剧创作，撰写电视评论，这些让她丢失了许多赖以成名的智识强度。[492]她经常透露，写这些小文章主要是为了生计。与她在纽约的生活水准相比，她的版税收入实在是微不足道，因此她一直有着严重的经济压力。[493]桑塔格颇具神秘主义性质的文章，比如发表在《家庭与花园》（*House and Garden*）杂志上的《幻想之地》（*A Place for Fantasy*，1983），探讨了她对作为花园建筑组成部分的洞穴的迷恋，但同时也有例外。据理查德·霍华德回忆，主要是因为他的朋友苏珊感到一种强烈的需求，要对文化景观有全局式的了解。“电影、文学、歌剧、舞蹈、戏剧——她的目录里包含了适合每一个人的东西。”[494]

桑塔格自己解释，她并不是出于害怕遗漏什么才对每种想得到的艺术形式都有特殊的兴趣，如霍华德愉快回忆的那样，主要是因为她强迫症般的性格以及她对思考强度和消遣的需求。她没有电视机。文学、电影、戏剧和歌剧就是她的电视节目。[495]霍华德说，在挖掘出能激发她热情的东西时，她会完全沉浸在材料中，尽可能频繁地观看电影和戏剧。她对于要写的书都要看上许多遍。但是在文章发表后，她就失去了热情，感觉不到自己在先锋艺术中的位置，因为世界的其余部分也在研究这个主题。[496]

这种“文化渴求”的结果导致了那段时期大部分发表在《名利场》上的文章。主编蒂娜·布朗（Tina Brown）是桑塔格的一位朋友，她在1980年代帮助这本传统杂志走向复兴，使它成为时尚文化的巨轮。在这本杂志上和好莱坞明星的肖像同时出现的，还有桑塔格写的关于法斯宾德《柏林亚历山大广场》（1983）的长篇评论。

1982年秋，意大利广播电视公司（RAI）给了桑塔格一次机会，让她拍摄一部有关威尼斯的电影，而它将与另外一部由玛格丽特·杜拉斯拍摄的有关罗马的电影《罗马的对话》(*Il Dialogo di Roma*，1983)一起展映。卢辛达·柴尔兹回忆，桑塔格热爱威尼斯，对在那里和卡洛塔·德尔·佩佐一起度过的时光有着很好的回忆。[497]桑塔格决定将她的短篇小说《没有向导的旅行》改编成电影。她询问罗伯特·威尔逊应该选谁作为电影的女主角，威尔逊推荐了柴尔兹，美国最著名的编舞艺术家和舞蹈家之一，她曾与威氏合作将《沙滩上的爱因斯坦》(*Einstein on the Beach*)搬上舞台。柴尔兹微笑地回忆起桑塔格喜欢不切实际的夸夸其谈，说她经常观看威尔逊的戏剧作品。某一次她称自己看了40次，另外一次她又说是100次。

在电影《没有向导的旅行》(1983)中，忧郁的柴尔兹有些漫无目的地穿梭在威尼斯，根据柴尔兹的回忆，桑塔格对此极为失望。桑塔格的密友、科罗拉多州特柳赖德电影节主席汤姆·拉迪(Tom Luddy)不喜欢这部电影，也没邀请它来电影节参展。但是在威尼斯拍摄这部电影让桑塔格和柴尔兹变得亲近了许多。她们以恋人的关系度过了接下来的几年，在分手和关系破裂数年以后，她们还维持着亲密的友谊。[498]

桑塔格和柴尔兹的恋爱关系也标志着她对舞蹈的新兴趣和与艺术紧密合作的开始。柴尔兹为桑塔格的短篇小说《一个描述的描述》[*Description (of a Description)*，1983]编排了一支舞，桑塔格在1983

年 12 月的艺术杂志《美国艺术》(*Art in America*)上发表了关于柴尔兹同名舞蹈的感情充沛的短文《可用之光词典》(*A Lexicon for Available Light*)，它以罗兰·巴特的《恋人絮语》为蓝本，结构上依赖联想和提示语。舞蹈因而成了她那些年兴趣的核心。记录这一兴趣的是一些迷人的文章，它们由专业知识和桑塔格喜爱的仰慕口吻写成，尽管并没有达到她先前散文的水准。1986 年 12 月，她于法国版《时尚》(*Vogue*)杂志发表了一篇关于林肯·柯尔斯坦(Lincoln Kirstein)的粗疏文章，名为《舞蹈家与舞蹈》(*Dancer and the Dance*)，柯尔斯坦是纽约城市芭蕾舞团的创办人，另一篇关于他的文章发表在 1987 年 5 月的《名利场》上。桑塔格为有关约翰·凯奇、默斯·坎宁安和贾斯伯·琼斯。这是桑塔格 1960 年代的圈子——的展览目录写了《对他们感觉的回忆》(*In Memory of Their Feelings*)。这是一篇略微令人感到困惑的文章，她想尝试着在智力上走近她的朋友们，尤其是编舞艺术家默斯·坎宁安。桑塔格甚至计划写一本小说，小说的主角是一名舞者。但如同她关于共产主义国家移民的小说，这一计划也从未实现。1986 年 8 月，她终于为英国电视四台(Channel 4)撰写并制作了关于皮娜·鲍什(Pina Bausch)和乌帕塔尔舞蹈剧院(Wuppertal Dance Theater)的视频散文，这是她尤为敬重的一家舞蹈公司。

在她预感到要搁置《通往西方那一半》的写作时，她计划在创作小说之余出版一本新的散文集，由几篇短文和她对青年时期的回忆组成。[499]像之前一样，这种操之过急的行为永远无法兑现，只会不断地导致拖延。桑塔格在那些年经常提及一个进一步的计划，即写一本关于日本的书。她极其痴迷日本文化，正因为这种痴迷她在1980年代曾经6次前往这个亚洲国家。她的朋友罗伯特·威尔逊当时经常到日本工作，他回忆起和桑塔格共同的一次日本之旅，在途中他向桑塔格引荐了日本电影界的资深人士①。他们震惊于桑塔格有关日本默片的知识——在这个领域就算日本也没有人比这位女作家知道得更多。威尔逊喜欢回忆桑塔格是如何用出色又轻松的方式吸收外国文化的，“她是一位伟大的、跨界的文化批评家”。她可以非常犀利地分析一种外国文化的着装或身体语言，并在许多年后依旧能回忆起某个集市的样子或者某个聚会的场景。[500]

桑塔格和威尔逊的友谊也反映了她对戏剧的兴趣。后来她甚至尝试去做戏剧导演，1985年1月，她在剑桥市哈佛大学的美国剧目剧团（American Repertory Theatre）将米兰·昆德拉（Milan Kundera）的戏剧《雅克和他的主人》（*Jacques et son maître*，

① 德文原文写作“Madame Kalikito”，疑似有误。

1971）搬上舞台，但没有获得很大成功。因为她巨大的名声，她将对德尼·狄德罗（Denis Diderot）的小说《宿命论者雅克和他的主人》（*Jacques le fataliste et son maître*，1796）游戏般的致敬发展成了一场文化盛宴，但被剧评人和观众批评为“过分夸张”。[501] 桑塔格的戏剧野心也变得清晰，因为长时间以来她都想写罗伯特·威尔逊的传奇巨制《内战》（*the CIVIL warS*）的美国部分，虽然她有这样的计划，但都和其他计划一样没有实现。因此，她在一篇为名为《论木偶戏》（*A Note on Bunraku*，1983）的文章中表达了对威尔逊、戏剧和日本的热情，这篇文章出现在纽约日本社区举办的戏剧节大纲手册上。

桑塔格的另一个毕生兴趣是歌剧。早在激进先锋时期她就已经会定期前往纽约大都会歌剧院听歌剧，如果有条件的话，她也会去国际性的歌剧院。她甚至是拜罗伊特（Bayreuth）绿色山坡①的常客。出于对歌剧的痴迷，桑塔格写了一篇名为《流动的瓦格纳》（*Wagner's Fluids*）的令人困惑的文章，它刊载于1987年12月洛杉矶歌剧院排演的《特里斯坦和伊索尔德》（Tristan und Isolde）的大纲手册上，导演是英国知识分子和桑塔格的朋友乔纳森·米勒。桑塔格在这段时间也经常称自己也要导演一部歌剧。

① 指位于绿色山坡的节日剧院（Festspielhaus）。

桑塔格对较小形式的兴趣转向也体现在那些年她发表于《纽约客》的短篇小说上。在这些短篇中她继续融进自传元素，对她而言，这是向来要与短篇小说这种文学形式结合在一起的。比如 1986 年 8 月发表的《书信情景》[502] 确定了这样一个主题，即写信与关系破裂之间的浪漫关系。与此同时，与菲利普·里夫已终结近三十年的婚姻又重回焦点，使得这个短篇成了一份事后评价痛苦经历的私密文件。最终，桑塔格甚至将自传元素发展成了回忆录。我们将目光转向桑塔格计划发表的回忆她青年时期的文章，比如发表于 1987 年 12 月在美国备受关注的回忆文章《朝圣》中，她描述了自己成长的加利福尼亚青年时光和与托马斯·曼的会面。

1986 年 11 月，桑塔格发表了《我们现在的生活方式》(*The Way We Live Now*)，它主要体现了一种时代精神和经典短篇小说形式的巧妙结合。[503] 这部短篇小说非常成功，因此三年以后罗杰·斯特劳斯决定以书的形式出版，并配上英国艺术家、桑塔格的好友霍华德·霍奇金（Howard Hodgkin）的插画。小说的美版标题“The Way We Live Now”是桑塔格从维多利亚时期作家安东尼·特罗洛普（Anthony Trollope）的经典小说那里借来的。而她所写的东西已不能再过当代。这部短篇小说是对艾滋病的一种文学处理，这种疾病在 1980 年代十分残酷，一开始即被美国的右翼理论家用不加掩饰的仇恨修辞妖魔化为上帝对反常生活方式的末日惩罚；与此同时，它完全毁掉了一整代同性恋艺术家、作家、摄影师和剧作家。

《我们现在的生活方式》见证了桑塔格一段非常私人化的经历。在她自己的癌症极有可能被治愈时，她身边的人却不断遭遇医疗事故和死亡的侵袭。1984年，她的朋友约瑟夫·查金在心脏手术时突发严重的心肌梗死，他的余生都要承受严重的残疾。桑塔格的母亲米尔德丽德也在1986年罹患肺癌。桑塔格的妹妹朱迪斯讲述，她的母亲至死也没有和自己的女儿和解。[504] 越来越多的熟人和朋友死于这种免疫缺陷症（AIDS），感染者的身上不断出现卡波氏肉瘤（Kaposi-Syndrom），因此在一开始它被官方和医疗机构称为“同性恋肿瘤”，很长一段时间内没有人确切知道这种病究竟是由什么引发的。卢辛达·柴尔兹回忆，桑塔格面对这种疾病的发展，作出了和面对罹患癌症的友人时同样的反应。[505] 她建议艾滋病患者接受高强度的治疗，同时也成了纽约社区艾滋病研究倡议的董事会成员，它由桑塔格的朋友约瑟夫·索纳贝德医生（Dr. Joseph Sonnabend）创立，致力于研究HIV病毒和艾滋病的治疗方法。[506] 与之前相同的是，她又一次在亲密的朋友临死前陪伴着他们，比如保罗·塞克。

桑塔格的朋友、传奇摄影师罗伯特·梅普尔索普（Robert Mapplethorpe）感染艾滋病的消息刺激了桑塔格创作这篇小说。《我们现在的生活方式》以一个不知名的主角得了一种同样不知名的疾病为例，描绘了那些年里的气氛。在这里，桑塔格将注意力聚焦于死者的朋友和恋人上，囊括他们的恐惧、希望和斗争。她起草了一份恋人、朋友和熟人的字母表，从“Aileen”（艾琳）到“Zack”（扎克），他们的人生都被致命的疾病改变，他们一个接一个的陈述构成了小说的主体。这些接二连三的引用不仅证明了艾滋病在那些年所激发的社会间的联结和全方位的错愕，也证明了潜在死亡威胁的恐怖感，性仿佛成了死亡威胁的代名词。然而这些人同时又组成了一支相互支持的独特的“精锐部队（Phalanx）”。因而这部短篇是死亡也是希望的字母表。

桑塔格的短篇小说引发了热烈的回应，因为没有一篇小说像它那样切中了时代的不和谐之音。它不仅入选《1987 年美国最佳短篇小说》，是开篇之作，还被收录进短篇小说集《1980 年代美国最佳短篇小说》和《20 世纪美国最佳短篇小说》中。

*

桑塔格那些年大部分的写作和智识精力都花费在她为自己发掘的文化政治工作领域，并尤为热心地推动它们。可能正是因为这些工作，致使桑塔格在那段时间没有找到一种更长久也更为一贯的文学形式，尽管她尽了很大的努力。一方面，桑塔格为一系列的书撰写序言，她想用自己的知名度来支持这些作家，比如她曾为俄罗斯诗人玛琳娜·茨维塔耶娃（Marina Tsvetaeva）的诗集和她的朋友罗兰·巴特的读本以及瑞士作家罗伯特·瓦尔泽（Robert Walser）的文集作序。另一方面，据理查德·霍华德回忆，桑塔格明确的目标是让那些她感兴趣的不知名的欧洲作家在美国出名，并为他们寻找出版机遇。他们俩经常一起思索，怎样能说服罗杰·斯特劳斯让某些作家的作品在 FSG 出版社出版。斯特劳斯乐意听取并接受他们的建议，不会一直考虑自己的经济利益。例如桑塔格和霍华德曾说服斯特劳斯买下来自撒丁岛的不知名作家萨尔瓦托雷·萨塔（Salvatore Satta）的小说《审判日》（*Il giorno del giudizio*）的版权，并在 1987 年出版。斯特劳斯出版意大利文书籍的预算有限，因此必须在萨塔和翁贝托·艾柯（Umberto Eco）的《玫瑰的名字》（*Il nome della rosa*）之间作出选择，对此霍华德和桑塔格向他保证，艾柯跟萨塔相比完全不是一个级别。《玫瑰的名字》后来在美国成为畅销书，斯特劳斯常常幽默地讽刺这件事，并抓住每个机会数落他两个朋友错误的判断。[507]

根据桑塔格的笔会同事、美国诗人罗伯特·哈斯

（Robert Hass）的回忆，桑塔格担任美国笔会主席的那几年（1987~1989）被她形容为自己生命中作为公共知识分子的特别有趣的时光。[508]在她的主席任期内，尤为重要的任务是透过不同的作家会议和笔会聚会来推动为作家的言论自由进行的激烈的抗争，这项工作在1980年代中后期因社会主义阵营开始的政治解冻而达到顶峰。1986年1月，桑塔格在《纽约时报》发表文章《当作家们彼此交谈时》（*When Writers Talk Among Themselves*），它将人们的注意力吸引到即将在纽约举行的笔会会议上，在这篇文章中她中肯又自我讽刺地描述了这些会议："当作家们达到一定年纪或者取得一定成就后……他们便会收到大量的邀请，继而乘坐飞机，跨越边境，有时跨越大洋，住大酒店并且互相攀谈。"[509]尽管如此，她对她的讽刺性观察作了进一步补充，这些会面看起来有着重大的政治意义，因为其间的主题主要围绕"异见和人权"展开，试着让更多的人关注这些议题。桑塔格自己则将笔会首先理解成一个"人权组织"。[510]

桑塔格希望在与新左派果断分道扬镳之后能为她的政治生涯找到新的方向，而她这段时期的政治工作肯定也受到了这种想法的鼓舞。桑塔格这次不再参与支持大型的政治运动，而是投入到具体的行动中去。因此，她和其他作家一道组织了公众朗诵会，朗诵来自全世界被捕作家的文章，[511]起草并签署了鼓舞人心的呼吁释放作家的联名信，包括遭到捷克斯洛伐克官方逮捕的匈牙利少数派领袖米克洛斯·杜哈伊（Miklos Duray），在土耳其被逮捕的和平运动成员阿里·泰昆（Ali Taygun），在波兰被逮捕的文学教授兹比格涅夫·列维奇（Zbigniew Lewicki），以及韩国人金秀建（Kim Hyon-Jan）和金南洙（Kim Nam-Ju）①。[512]她抗议关闭布达佩斯的文化论坛和迫害它的前负责人桑多尔·莱扎克（Sándor Leszák）。她抗议将孟加拉诗人达乌德·海德（Daud Haider）从印度驱逐回国，而伊斯兰军方确定会在那里将他处死。纳丁·戈迪默回忆，行动对于桑塔格而言是她深刻感受到的一种道德义务："她为许多事贡献她的智识力量。她决定反对一种单纯的私人生活。不同于大多数作家，这对苏珊来说是一个存在意义上的困境。……她不能仅仅成为一名作家。她感到一种个人的责任要去公开反对偏见和压迫。"[513]

当桑塔格在1987年表明她希望任职笔会主席时，她对公共宣传和戏剧性演讲的本能直觉，她和美国出版界的良好关系，她的世界主义眼光和对于幕后角力的天赋都是优势。一些笔会的成员，比如弗朗西斯·金（Francis King）都曾因桑塔格的爱抱怨和傲慢无礼、自以为是和盛气凌人与她发生过摩擦，她以这种

① 此处原书两个韩国人的名字疑似有误，因而选取了音译的方式。

个性强力推行自己的政治议程，并因参会而要求头等舱的机票。按照作家们的传统复仇策略，金出版了一本名为《名片》（*Visiting Cards*，1990）的略带掩饰的影射小说。[514] 然而，据常年担任美国笔会负责人的凯伦·肯纳利回忆，桑塔格对自己的工作十分熟练且非常富有责任心。肯纳利说，桑塔格是“笔会历史上唯一一位知道如何与世界其余部分对话的主席。当她飞去欧洲参加一个代表大会时，她不是以美国人的身份参加，而是以一位国际作家的身份。主要因为她把欧洲人的内心世界摸得非常透彻”。[515]

那些年笔会的重心放在了让来自社会主义阵营的异见人士加入美国国籍一事上，以抗议对作家的政治迫害和逮捕，虽然这种抗议鲜有成效。在桑塔格就任主席期间，美国笔会发出的抗议信件和照会的最常接收人便是米哈伊尔·戈尔巴乔夫，尽管他从未回复。[516]

桑塔格作为笔会主席的最难忘时刻莫过于 1989 年 2 月伊朗国家最高领袖、大阿亚图拉鲁霍拉·霍梅尼针对萨尔曼·鲁西迪（Salman Rushdie）发出的教令（Fatwa），后者是当时英国最著名的作家，也是桑塔格的朋友。他的争议性小说《撒旦诗篇》（*The Satanic Verses*）讲述了《古兰经》某些诗篇的历史，依据传说，先知穆罕默德在写作这些诗篇时受了撒旦的唆使。鲁西迪在他的书中暗示整本《古兰经》不是出自真主之手，而是由穆罕默德执笔。在原教旨主义者眼中，这本小说的名字已然意味着渎神。霍梅尼悬赏 100 万美元索取鲁西迪的人头，并将死亡威胁扩展到所有参与书籍出版的人身上。紧接着就是一场国际性危机。印度和巴基斯坦针对即将发行的美版小说爆发了暴力抗争，游行示威者强行进攻美国大使馆。这本小说自 1989 年 9 月起便已经在英国销售，英国的穆斯林团体组织了大规模的焚书活动。欧洲的出版社，比如基彭霍伊尔和维驰（Kiepenheuer & Witsch）停止了它的出版计划。[517] 加拿大宣布禁止引进《撒旦诗篇》。美国维京出版社以及连锁书店巴诺（Barnes & Noble）、瓦尔登图书（Waldenbooks）和道尔顿（Dalton）都收到过炸弹威胁，之后它们下架了这本书。而当一些欧洲的作家甚至埃及的诺贝尔文学奖获得者纳吉布·马哈富兹（Naguib Mahfouz）对伊斯兰教令造成的言论自由限制提出公开谴责时，大部分在美国的作家都保持了沉默。桑塔格组织召开了笔会主席团的紧急会议并呼吁公开表态。肯纳利回忆，没有桑塔格，这样的表态是不可能实现的："几乎所有的人都在犹豫……但苏珊从来不畏惧任何东西。"[518]

因为这次表态，桑塔格此后还前往美国国会为相关议题作了听证。七年后——在美国政府无所作为以及第一波影响平息之后，尽管该书的意大利语译者被谋杀，日语译者遭袭击，悬赏鲁西迪人头的佣金增加到 500 万美元——桑塔格在比尔·克林顿总统就职之际尝试以公开信的方式再一次请求政治解决，比如像英国政府那样与伊朗断绝外交关系。但桑塔格打造自己招牌的行为模式似乎在当时已经过时。

桑塔格的文化政治活动、她任职笔会主席以及通过世界旅行与不同作家的会面都确立了她好斗的知识分子形象，也导致了这种形象在欧洲的传播，在那里她逐渐变得比在美国更受欢迎。如果说，桑塔格将大部分职业生涯都投入其中的“欧洲渴望（Europasehnsucht）”在美国越来越成为过去的一份遗产，那么相反的是，欧洲人则带着“美国渴望”来感知桑塔格，他们需要一种来自美国的、说着欧洲思想语言的智慧型声音，这种渴望和需求一直没有中断。

*

那些年桑塔格的文学创作几乎停滞。1982~1989 年，她只完成了一本书，而这本书原本并不在计划之内。正如桑塔格在 1989 年的一次采访中所评论的，《艾滋病及其隐喻》（*AIDS and Its Metaphors*）是一部偶然的作品。罗杰·斯特劳斯决定将桑塔格的书籍做成一套平装书系，并配上著名插画设计师威廉·德雷特尔（William Drenttel）设计的优雅封面。当时，对于该书系中《疾病的隐喻》的新版本，桑塔格想在1986年9月写作3页有关艾滋病的简短后记。而简短的后记最终变成95页的长篇。毫无计划的，桑塔格再次回到旧的散文形式，借助经典文学和哲学著作质问了时代精神中的某些特定潮流。

《艾滋病及其隐喻》因此也发表在《纽约书评》上，除了就政治话题与编辑通信以外，桑塔格已有八年时光没为这本杂志撰写文章。这篇散文深化了桑塔格在《疾病的隐喻》中的观点，用分析的方式提供了一种理性的声音，以对抗艾滋病在那些年所被迫确立的作为瘟疫和世界末日隐喻的话语。桑塔格重新探讨了“attack”（发作）和“invasion”（侵袭）的军事化隐喻，对此她在关于癌症的书中早已作过批评。她对比了艾滋病话语和梅毒与瘟疫话语以及它们想象的成因，描绘了病毒隐喻在其他生活领域的运用，最明显的就是计算机领域。文章的结尾桑塔格透露了她仔细斟酌过的猜测，艾滋病会丧失它的隐喻力量，只要这个疾病得到足够的研究，更少的人因其而死。

《艾滋病及其隐喻》是一本少有的不合时宜的书。一方面，它的观点在出版时已显得非常过时，远远落后于那些年最重要的艾滋病话语，比如同性恋记者兰迪·希尔茨（Randy Shilts）参与确立的议题。艾滋病群体的成员则更感到自己被攻击，因为桑塔格没有使用“同志（schwul/gay）”一词，一直说的都是

“同性恋（Homosexuellen/homosexual）”，更糟的是，她还提到了“反常的性实践者”。另一方面，这篇散文在某种意义上却十分前瞻。主要因为桑塔格冷静的语调摆脱了她在癌症那本书中展现的冷血与愤怒，这曾让许多读者感到不适和抽离。尽管桑塔格的预测可能是对的，艾滋病终将丧失隐喻的力量，但是这本献给她于秋天去世的朋友保罗·塞克的文集在1989年春出版时，确诊为艾滋病仍旧意味着死刑的判决。如果存在一种对病患及其好友对当下感受的最佳描述，世界末日的隐喻比它还拥有更少的隐喻。桑塔格在《我们现在的生活方式》中很好地表达了对这种情绪的支持和感受，但这在这篇散文中很少能被感受到。

这篇文章相应引发了压倒性的负面评价，充其量是恭敬，但带着某种怀疑。《纽约时报》再一次强烈地批评了桑塔格。曾在桑塔格职业生涯中对其进行过几次严厉批评的老派评论家克里斯托弗·莱曼－豪普（Christopher Lehmann-Haupt）讲道：“她从未真正定义那些最终又会回到她身上的议题。这就给读者造成这样一种印象，不是他遗漏了关键论据……就是这篇文章在根本上缺失了什么。”[519] 这是一种非常典型的观点。桑塔格对于外界对她七年后的第一本书的反应依旧感到极度失落。她并没有将批评家，如《纽约时报》的编辑克里斯托弗·莱曼－豪普攻击为“下三滥的作家”，[520]而是针对这些负面评价提出了反对意见，认为自己并不像兰迪·希尔茨那样是个记者，她的散文是一种文学创作，也应该被当成文学作品来评价。[521]

那个创造桑塔格事业的世界已然消逝。她的一些朋友去世了，她也有资金困难，看起来尽管有罗杰·斯特劳斯的慷慨相助，但她作为自由知识分子和作家的事业还是很难长久地维持。她令人印象深刻、充满魅力的外貌被一副衰老却依旧美丽的面孔取代，正如她在2002年的一次采访中回忆，她那时已经处在“男人不再幻想你”的年纪。[522]桑塔格好友和熟人的证词，以及她那些年的采访都反映了这次新的危机，在这些采访中她有时候很无礼，又一再变得十分自负。她可能会粗鲁地训斥采访者，如果他没有表现得足够恭敬，或者不由自主地作出愚蠢的评论，诸如她仅用了两天就成功地写出了关于艾滋病的长达31页的文章。或者她会激动地对谈话对象解释，她写散文不需要事先研究，她图书馆里的所有藏书——大约1000册——都存在她的脑子里，在写文章时，只需凭记忆引用。[523]这一时期，桑塔格对她自由职业知识分子作家的生活方式进行了热诚的辩护，而有时候这种辩护也被她扭曲为一种漫画式的夸张和一种偶尔激怒的自我夸耀。

重返魔山（1989~1992）

我不想写很多书。我只想写几本精彩的、一百年后人们依旧会阅读的书。[524]

如果说桑塔格在1960年代还积极投身于流行文化的接受问题，那么她现在还没有准备好面对符号的迅速转变，也就是说，是流行文化产业而不是精英高雅文化成为文化的统治者，进而决定着话语，并将智识的辩论挤到一边。时代精神的更替无法阻止，而对于桑塔格而言，以完全传统的推荐、分级、分类和定义的要求坚守她作为批评家的立场已变得越发艰难。桑塔格的许多朋友曾讲述，她对娱乐文化无法遏制的膨胀感到非常沮丧，而这种娱乐文化正是从她之前捍卫的先锋立场发展而来，现在却成了主流。与此同时，桑塔格自己有时也会陷入一种魔术师学徒般的变化中。如同史蒂夫·瓦瑟曼所言，桑塔格对美国流行文化“将人类行为最不得体的一面变成一个普罗大众值得追求的目标”深感愤怒。她在 1960 年代没能预见，“创造出西方经典的传统形式和传统美学等级会遭受娱乐文化的挤压，人们突然要为作出美学判断的权利而抗争”。桑塔格“不认为所有东西都具有同等价值。她相信历史会作出最终的裁判”。[525]

桑塔格对流行文化的热情并未完全熄灭。她继续去帕蒂·史密斯（Patti Smith）的演唱会，去朋克酒吧 CBGB，去看这部或那部好莱坞电影。让她感到惴惴不安的是流行文化赢得了如此巨大的影响力，令高雅文化变得越发边缘化。尽管如此，桑塔格还是在一种健康的实用主义的推动下，在接下来的几年中对这些文化实景至少保持了部分的妥协。她不仅只写作畅销书，还与世界上最著名的摄影师谈恋爱。

*

桑塔格在 1988 年末遇到了当时 39 岁的安妮·莱博维茨（Annie Leibovitz），后者为《艾滋病及其隐喻》的出版拍摄了一张作者照片。因为在《滚石》和《名利场》工作，莱博维茨作为摄影师的名气早已超出美国，她自然也知道《论摄影》这本书，为了准备拍摄，她还阅读了桑塔格的第一本小说《恩主》。莱博维茨对成名的动因有着良好的直觉，她为《名利场》拍摄的那些封面照，以及那些由谨慎的戏剧风格、经典的构图、强烈的概念意识和玩笑般的戏谑所共同构成的独特风格定义了1980年代的“名人”。她24岁就已成为《滚石》的首席摄影师，拍摄了流行文化时代最重要的照片，其中包括滚石乐队的一场盛大、夸张的巡回演唱会，以及小野洋子和约翰·列侬的最后一张合影，摄于列侬在纽约被射杀前。

1983年，莱博维茨开始为《名利场》工作，她很快成了酬劳最高的摄影师之一。没有人能像她那样把好莱坞明星和政要拍得如此迷人，尽管如此，她有时也会作出一些轻微的挑衅，引发一个又一个惹人瞩目的争议，同时赋予这些照片一种与众不同的风格。她为躺在盛满牛奶的浴缸中的乌比·戈德堡（Whoopi Goldberg）拍摄肖像，贝特·米德勒（Bette Midler）则被一大堆玫瑰花包围。

此时55岁的桑塔格自然也知道莱博维茨的摄影作品，甚至十分欣赏它们。莱博维茨后来把那段日子形容为没有安全感的时期。在认识桑塔格之后，她在纽约才有了家的感觉。她在寻找新的方向，桑塔格则一边批评一边鼓励着她。“你很棒，”桑塔格在她们第一次见面时说，“但是你可以更好。”[526] 从桑塔格口中说出的话在莱博维茨听来就像是最高形式的赞美，尽管桑塔格会批评她的作品，并要求她更加努力地工作，在她的照片中更加私人化，探索得更深。她遇到了支持自己艺术创作的那个人。

在许多同时代人的印象中，莱博维茨变得完全像桑塔格：一个自信时而自负的女性，为了她的事业巅峰而艰苦奋斗，并因此期望得到应有的认可。[527] 莱博维茨后来在一次采访中讲述，她们互相欣赏对方的雄心和艺术目标，尽管生活方式具有明显的差异，如他们的朋友所述，这些差异有时会呈现为戏剧化的争辩。桑塔格会在争吵中斥责她的女友愚蠢，比如当她需要向女友解释法国大革命和俄国十月革命的区别时。[528] 莱博维茨 2006 年出版的摄影回忆录《一个摄影师的一生》(*A Photographer's Life*) 中收录了桑塔格的私人照片，相反的是这些照片记录了她们关系的另一面，充满了大爱，一种坦诚的、自然的亲密以及温情脉脉的爱慕。

桑塔格和莱博维茨成了一对很明显的情侣。她们共同参加许多公开活动，无论是艺术展的开幕、戏剧的首演、募捐活动、系列演讲还是简单的餐馆就餐，她们经常由一小撮亲密的朋友陪同，其中包括帕蒂·史密斯与编辑兼作家莎朗·德兰诺。虽然她们常常一起出现，而且男女同性恋活动人士一直要求公共人物出柜——这在当时真是他们/她们的日常政治行为——但这对情侣从未公开承认她们的关系。比如理查德·霍华德回忆，他和笔会的许多作家是如何请求桑塔格为这场运动迈出重要的一步，让男同性恋和女同性恋尽可能得到社会的接受。[529] 桑塔格拒绝了。不仅由于她一生中也一直和男性有着严肃的恋爱关系，她也在她的纽约生活中建造起一间密室，在那里她一方面可以自然地尽情享受性，另一方面，她绝不会对此公开谈论。大部分采访过桑塔格的记者都知道她和莱博维茨之间的关系，甚至直接认识她们俩。但是，不违背她们的意愿进行报道也算一件好事，尽管她们是情侣这件事在整个纽约人尽皆知。

桑塔格即便被直接问及，也反对公开她们的关系，甚至走过了头，以致当她想将注意力从目前这段关系中转移开时，在采访中她谈起了三十年前与菲利普·里夫的婚姻。西格丽德·努涅斯讲述，桑塔格在一定程度上两者都想要：在私下坦然地享受她的性，在公共场合对此保持沉默，而令人惊讶的是，她尽管拥有极大的名气，最终却得到了它们。[530] 特里·卡斯尔作了解释，桑塔格在某种程度上认为公开出柜是很媚俗的事。[531] 在她生命快要完结时，以及在 2001 年预告即将出版卡尔·罗利森和莉萨·帕多克可能引发流言的、未经授权的八卦传记后，桑塔格告诉《纽约客》的胡安·埃克塞拉和《卫报》的苏珊·麦肯齐，在她的人生中，她不仅和女性也和男性在一起过，并补充道，她从不觉得这值得议论。[532]

此外，桑塔格看起来想要拒绝当时流行的所谓同性恋艺术家的认同政治。比如她在 1980 年代初就向她的朋友，后来成为敌人的埃德蒙·怀特解释，她何以不理解以“同性恋作家”的身份被人所知对他来说那么重要。[533] 正如她拒绝“女权主义作家”的标签那样，桑塔格同时也抗拒男女同性恋活动人士强加给她的“女同性恋作家”标签。她的工作面向更广大的受众。她不想别人透过认同政治的棱镜阅读她的文章，一旦出柜，这样的棱镜毫无疑问会被更多的人使用。[534]

桑塔格去世后，安妮·莱博维茨才公开承认她和桑塔格之间长久的恋情，而她也因为之前的采访遭到了美国讽刺类电视节目《每日秀》(*The Daily Show*)的批评，在这些采访中她表现的桑塔格仿佛只是她的“一个女性朋友”。“请称呼我们为恋人，”莱博维茨在2006年末对《旧金山纪事报》(*San Francisco Chronicle*)的一名记者说道，“我们从不喜欢‘生活伴侣’或者‘同伴’这样的词。苏珊也从不使用它们。我也从来不用……这段关系包含各个层面。它有高潮和低谷……我们在生活上相互帮助……我喜欢‘恋人’这个称呼。它听起来很浪漫。我的意思是，我想我表达得很明确。我爱苏珊。对此我毫无疑问。”[535]

*

桑塔格的新生活同样伴随着城市的变迁，这座城市她生活了几十年。桑塔格热爱纽约，直到她生命的终点，她经常极度亢奋地说，在美国的其他地方她没法生存。桑塔格说，在纽约，人们只需要走到街上，就会被在场的许多移民提醒，世界的其余部分真的存在。[536]这个大都市对她而言意味着“一艘船，停靠在美国之外的港口上”。[537]然而，她于1960年代末在日记中写道：“纽约因它的知识界，因其自由的舆论与美国剩余部分的关系，恰似意大利中部的梵蒂冈，一个有着巨大权力和财富的小型私人王国。”[538]因此至迟到1980年代末她已十分清楚，这是个财富至上的时代，智识的影响将被极端边缘化。

她在一次采访中惊讶地指出，她的熟人圈子里突然多了房产经理人，而他们之前都是耶鲁或者普林斯顿文学专业的学生。[539]从1970年代末开始，桑塔格不得不搬离她喜爱的位于河畔大道的楼顶房，从此开始了一段奥德赛之旅，在住过格林威治村的许多房子后，她搬到了西区和格拉梅西公园（Gramercy Park）边上，而她也越来越无法承担不断上涨的房租。虽然她过着相对富足的生活，但大部分的旅行费用都由出版社、笔会或者发出邀请的主办方承担。即便此时她在美国和世界其他地方还维持着一定程度的偶像地位，她在财务上也一直无法得到恒久的保障。她和罗杰·斯特劳斯商量提高版税和预付款，尽管它们看起来符合于她书籍的实际销量，但这给桑塔格造成了一种她是“一个慈善组织”的错觉，并使她逼迫自身为自己的文化政治事业额外地给报纸和艺术展的目录手册撰写文章，而这又进一步让她无法全心全意地投入到新的小说《火山情人》（*The Volcano Lover*）的创作中，在《艾滋病及其隐喻》出版后她便开始计划这本小说。[540] 她的境况在房子于1989年初失火之后变得真正严峻起来。消防队为了灭火在房顶凿开一个洞，而她的银行账户已没有足够多的钱允许她在屋顶和毁坏近半的房屋修缮过渡期内在酒店居住。[541]

当桑塔格在1989年初认识她未来的文学经理人安德鲁·怀利（Andrew Wylie）时，她总结了自己的情形并深深叹息道:“我受够了成为苏珊·桑塔格。我无法完成我的工作。我尝试着写小说。但我每天要接30通电话。他们想要我阅读一些书，并为他们撰写荐语。他们想要我发表讲话。他们想要我支持某个政治运动或者那些……其中许多事对我来说都很重要。但结果是，除了成为苏珊·桑塔格，我什么都做不了。”[542]

桑塔格似乎深陷在某种不再符合她原初动机和人生梦想的情形中动弹不得。从童年早期开始她就想成为作家，尽管此刻她被视为文学巨擘，却已有超过22年没有写出任何一本小说，1980年代的她主要投身政治运动，没有出版任何重要的作品，这十年绝大部分的时间便这样匆匆流过。

安德鲁·怀利和桑塔格是通过戴维·里夫的介

绍而相识。怀利在当时已经是美国出版界的传奇人物。在短短几年之间，他以无与伦比的野心和胆识建立起了一个中等规模的文学代理帝国，代理了150位美国当时最好的作家，其中包括菲利普·罗斯、诺曼·梅勒和索尔·贝娄。记者弗兰克·布鲁尼（Frank Bruni）当时在《纽约时报杂志》（*New York Times Magazine*）上建议怀利用他“完美无瑕的西装”、高效的行为举止、“非常规的经营模式”和与作家们商定的“惊人预付款”将“投行的精神”带往高雅文学的殿堂。[543]

在飞速变化的美国出版业，由于连锁书店以及丹妮尔·斯蒂尔（Danielle Steel）和迪恩·R.孔茨（Dean R. Koontz）这样的纯娱乐文学占据了极大的市场份额，高雅文学作家的版税收入相较之下就有些低了。相反，怀利像好莱坞经纪人那样代理他的文学明星，由此打破了不准对严肃文学明码标价的禁忌。通过艰苦的谈判，他成功为萨尔曼·鲁西迪和菲利普·罗斯争取到了几十万美元的版税，在出版社的努力下，他们的书成了畅销书。此外，他尤其将注意力放在自己作者的已出版书籍上，为它们在国际出版领域寻找出版的可能性。在此期间，怀利倡导的一种做法在美国的文学经理人中广为流传，那就是在国外自行规定合同，不再与次级代理人合作。他在与国外出版社的谈判中常常规定一项义务，那就是在新版图书中重新列上该作者的已出版书目清单。这样的代理人对桑塔格而言似乎是一个理想的合作对象。

怀利讲述，他为了桑塔格而尤为关注国际市场。此外，他提议也由他来负责桑塔格的采访和巡回演讲，这样她就终于有时间可以写小说了。怀利描述了他与桑塔格的关系以及她与罗杰·斯特劳斯关系的不同：“出版人和他的作者之间一直有一种轻微的家长式关系。我和苏珊之间则是另外一种。我是园丁，你有花园。……我们为你工作。当我告诉你，郁金香非常美丽，而你说，不，我想要玫瑰，那么没问题，我就种玫瑰。”[544]

当然，桑塔格和她代理人间的关系并非完全一帆风顺，但桑塔格在怀利那里找到了一个盟友和朋友，他以同样的信任支持她的兴趣，一如斯特劳斯这么多年所做的，而不同的是，怀利为她提供了至今不曾有过的经济保障。他的第一项谈判工作便是和FSG出版社协商一份新的合同。他建议桑塔格继续留在她的老出版社，不仅因为她和罗杰·斯特劳斯之间关系紧密，也因为她作品的经济价值，如果更换出版社她将无法掌控它们。怀利为桑塔格接下来的四本书和斯特劳斯谈下了六位数的预付款，比起她的巨大威望，这个数额较少反映她至那时为止取得的销售成就。

虽然桑塔格在合约签订后常常表示，斯特劳斯对于这种新策略给予她祝福，[545]但这位出版人自然不会对这种发展感到特别愉快。怀利说："这个过程非常艰难。"然而，一段时间过后这种怨恨就不见了。怀利回忆，斯特劳斯最终意识到这种情况会不可避免地发生，此外他还认为，如果桑塔格需要一位代理人的话，那么怀利就是正确的选择。FSG出版社当时的主编乔纳森·加拉西也同意："安德鲁和罗杰彼此相处得很融洽。在某种程度上，他们是同一类型的人。"[546]

有了这项巨额预付款，桑塔格终于可以按照她的意愿买一套自己的房子。1990年，她搬进了纽约雀儿喜城区23街伦敦露台建筑群的一间楼顶房，附近便是耸立的画廊区。公寓有五个房间，十分宽敞明亮，四周环绕露台，面朝哈德逊河，视野惊人。桑塔格现在有空间安置她的巨型图书馆了，可以把她一直藏在储藏室里的书重新拿回公寓里。她和安妮·莱博维茨之间也友好商定，后者搬进了同一建筑群的一间楼顶房。她们一起生活，但不住在同一套房子里。桑塔格于同年获得了许多人渴望在美国得到的，给予艺术家、作家和科学家的最高额奖金。这份麦克阿瑟基金会的奖金因其特殊性也被称为"天才奖"。桑塔格获得了340000美元的奖金，将在接下来的五年中分期支付，包含一份医疗保险。因为这些奖金和私人保障，以及怀利和两名助理的帮忙——他们为她打理组织方面的工作——她终于找回了生活的状态，能够写她的小说了。

桑塔格的朋友史蒂夫·瓦瑟曼引领她回归文学，部分地回归到1980年代末1990年代初的时代精神里，回归到桑塔格的散文不再受欢迎的环境中。媒体界也发生了急剧的变化。虽然桑塔格还能继续写散文，但现在发表这些文章的杂志，比如于加利福尼亚新成立的《三便士评论》，重新崛起的《泰晤士报文学副刊》，著名的《哈珀芭莎》，传统的《巴黎评论》(*Paris Review*)或者就算是《纽约书评》也已经完全处在主流的焦点之外，它们的读者群缩小为一群受过高等教育的边缘人士。相反，小说创作却能保证作家在广大读者群中的威望，同时又融合了桑塔格追求的严肃性与魅力。它也给予桑塔格一种个人的解放。“我想，”瓦瑟曼说，“她越来越确信，她在小说这种形式中拥有更大的自由可以去尝试不同的观点。她可以为不同的甚至矛盾的观点找到不同的声音，她不再从理论上论证，而是通过她的角色间的对话。就像人生一样，小说并不追求一种唯一的有明确目标的结论。”[547]桑塔格还给予小说这种类型一个更高的评价。只有文学形式的王者才能保证进入奥林匹斯。瓦瑟曼说：“比起散文共和国，她更愿意在小说的帝国中寻找文学的最高形式。苏珊感到她在和这种文学类型中最伟大的代表人物对话。即她想成为其中一分子的对话。”[548]乔纳森·加拉西也回忆，桑塔格“在某种程度上视小说为她的更高使命”。[549]桑塔格的儿子戴维·里夫注意到，他的母亲在写作时还顾及了死后的声誉。“我不想写很多书，”桑塔格对儿子说，“我只想写几本精彩的、一百年后人们依旧会阅读的书。”[550]

1989年末，桑塔格已经开始严肃地撰写她的长篇小说《火山情人》(1992)，这次她准备坚持下去。从1979年起，德国学术交流中心即邀请她前往柏林，并提供了一份奖学金。这座城市展现的变革在柏林墙倒塌之际达至顶峰，因此对于桑塔格来说它变得越来越有趣。桑塔格在1989年夏接受了这份奖学金，并开始尽情利用她的柏林时光，尽管她的周围发生了许多政治事件。一年后她又在德国学术交流中心的帮助下重返柏林，继续写作小说。她和安妮·莱博维茨一起前往意大利旅行，为她的小说作进一步的研究。

“当我开始写这本小说时，像在攀登珠穆朗玛峰，”桑塔格告诉《纽约时报》的莱斯利·加里斯(Leslie Garis)，“我告诉我的精神病医生，‘我怕我不适合’。让我感到担忧的是，我可能不再写散文了，因为它们有着强烈的伦理因素，正如我想的，还有重要的社会贡献。但我的精神病医生却说：‘为什么您认为小说给人们带来的快乐就不算社会贡献呢？’”[551]加里斯描述了桑塔格在这种坦白时刻是怎样强忍泪水的。乔纳森·加拉西讲述，实际上他的作者在后来谈及她的小说时一直热情地宣告：“我想要给予快乐！”[552] 桑塔格写作动机的转变也反映在小说英文版的副标题上——一个传奇——这完全是在讽刺地影射历史爱情小说这种形式和桑塔格的知识分子女战士形象。

桑塔格写作《火山情人》的灵感来自一幅维苏威火山的铜版画，她在 1980 年于伦敦大英博物馆附近的一家古董店购得，随后被挂在楼顶房中。书店的老板告诉她，皮耶罗·法布里斯（Pietro Fabris）的这幅铜版雕刻原本出自威廉·汉密尔顿（William Hamilton）的《燃烧的旷野》（*Campi Phlegaraei/Flaming Fields*，1776），他在书中描绘了维苏威周边的火山景观。之后桑塔格阅读了一本汉密尔顿的传记，发现她在儿时观看的由费雯·丽（Vivien Leigh）和劳伦斯·奥利弗（Laurence Olivier）主演的好莱坞经典电影《汉密尔顿夫人》（*That Hamilton Woman*，1941）中已经知道了他的故事。“直到《火山情人》，”桑塔格在一次采访中说道，“我才允许自己去写故事，一段真实的故事，而不是人们意识中的冒险。”[553]

《火山情人》讲述了一段有确切历史记载的，发生在英国大使、收藏家和业余自然科学家威廉·汉密尔顿爵士与他的妻子、18 世纪最漂亮的女性之一艾玛·汉密尔顿，以及海军上将霍雷肖·纳尔逊（Admiral Horatio Nelson）之间的著名三角爱情故事。桑塔格的文本较为接近历史人物和当时的戏剧性进展，但小说中的每个角色都有着她自己的性格特征。威廉·汉密尔顿是位忧郁孤僻的古典艺术品收藏家，试着通过对哲学、文学和自然科学的痴迷研究来治愈自己的忧郁。艾玛吸引桑塔格的地方是她作为一名女性的人生轨迹，一个乡村铁匠的女儿，在17岁那年就已登为那个时代最著名的绘画模特之一，一个绝对的明星。在最终嫁给两西西里那不勒斯王国（das neapolitanische Königreich beider Sizilien）的英国大使之前，她凭借自己的美丽和社会直觉成了那个时代最著名文学家们的缪斯，[554] 纳尔逊让桑塔格感兴趣的地方是他为了追求目标而付出的极大毅力和热情。桑塔格用异常丰富的细节描绘了法国大革命背景下的意大利南部小王国，就是这段时期奠定了欧洲现代文化的基石。桑塔格找到了一种轻快、灵活的叙事风格，与她此前的文学创作皆有不同。这是她写的第一本拥有真正娱乐价值的书，她通过准确研究故事主角的传记、历史书籍和书信确保了能够实现它们。桑塔格描写了发生在那不勒斯宫廷的血腥战役、奢靡仪式以及放荡的性爱场面。

如果她不用这本书去追求理论目标，那么书的作者就不是桑塔格了。她进而解释道，小说在结构上借鉴了保罗·亨德密特（Paul Hindemith）的芭蕾舞剧《四种气质》（*Die vier Temperamente*，1940）。她还在历史描述中插入了关于收藏和忧郁的本质以及关于美和幽默的小品文。桑塔格在1960年代初曾嘲讽过那种无处不在的全知视角，如今她正带着极大的兴致和技巧使用这种方法。她的叙事是一种现代的、对20世纪末经典全知视角的时而反讽的适应：用当代的注脚来评论所述时代的文本。

这种视角和杂文式的评论有时令这本小说脱离了纯文学的范畴，因此许多批评家将它归入米兰·昆德拉和V. S. 奈保尔（V. S. Naipaul）的散文化小说的文学传统中。但是桑塔格在与文学杂志《巴黎评论》的访谈中认为自己是属于巴尔扎克、托尔斯泰、普鲁斯特和托马斯·曼的欧洲小说传统。她尤其提到了她青年时期十分着迷的托马斯·曼的《魔山》。[555]贯穿整本小说的主题是汉密尔顿研究维苏威火山的热情，这似乎并非偶然。在某种意义上，火山是魔山的一种变体，它不仅存在于当时真正相信维苏威火山魔力的人的幻想中，也存在于它对古老欧洲文化的重要意涵内。整个欧洲大陆的旅行者如同在曼的魔山上一样聚集在那不勒斯，在欧洲被一次新的战争撼动之前，尽情享受和体验着高雅文化的精神乐园。桑塔格的小说是一本极其欧洲的书，出自一个坚定探究欧洲文化诞生的美国人的视角。由此桑塔格射出了这一箭，它由阅读曼的《魔山》拉开，用她的话讲，这是“最伟大的哲学小说”，[556]她从中发现了自己青年时期幻想中的欧洲。

《火山情人》于1992年秋在美国出版时，成了一个重大的媒体事件，几乎所有的美国报纸都在热烈地评论它。每一家较大的报纸都对桑塔格进行了人物采访，谈论她新发现的历史小说作者角色。几乎所有的评论家都称赞这本小说的语言特质，其中的大部分认为，桑塔格找到了一种具有说服力的虚构之音。[557]《洛杉矶时报》形容这本小说是“桑塔格在59岁时积累的人生智慧的宝藏”，并很高兴“桑塔格从未像这次一样拥有可读性”。[558]美国最具影响力的文学批评家、《纽约时报》的角谷美智子将《火山情人》描述为“一次阅读享受……观点和智慧的火花像是一座闪耀在黑夜里的罗马烛台或凯瑟琳之轮”。[559]这本小说在《纽约时报》畅销书排行榜上待了8周，并被翻译为20种语言。桑塔格对这次成功感到开心。在她上一本小说《死亡匣子》失败的25年后，她终于成功享受了作为小说家的名声。

然而，这本小说在德国却遭到了更严厉的批评。大部分的德国批评家都指责它缺乏文学情感，尽管小说中有大量的描写，但情感的空缺常常让读者感到不满，主要因为在小说的许多地方，桑塔格的散文家角色和小说家身份一起穿越而过。桑塔格的语言很少穿透她用精湛技艺描摹的表面。《南德意志报》的责任编辑约翰内斯·威尔姆斯（Johannes Willms）发表了一份尤为苛刻且每一段都差别对待的评论，他甚至在详细地证明，桑塔格这本小说的大部分内容都在轻松地依赖她主人公的历史日记、书信和回忆录。评论的结论只能被称为是毁灭性的：“该书的大段文字都让这本所谓的小说读起来完全像是对原始文本的改写，她就是简单地抄录，完全没有带着深刻批判的理解去真正理解……桑塔格进一步缺乏的是一种心理上的移情能力，这意味着她描绘的角色很少是虚构的，仅仅作为一种历史贴纸或者历史剪影出现。”[560]

实际上，在现在的美国也很少会遇到毫无保留地喜欢桑塔格小说的读者。即便是桑塔格最好的朋友，像纳丁·戈迪默也承认“她惊人的智识阻碍了她的小说创作”。[561]美国媒体对《火山情人》的正面关注与回护主要归功于好的故事情节，这是几近六十的桑塔格提供给文化批评界的。随着时间的变化，她又重新发明了自己。从之前超现代的、存在主义的文学家，从“激进的时髦”的主角，从深思熟虑的理论家和严肃的知识分子转变成现在的一个写浪漫主义大部头的经典作家。桑塔格对自己小说的评论有力地证明了这种印象，这些评论经常听起来更像是出自一位公关女士（PR-Frau）而非一位作家。她不断地向出版社提供故事，比如这些特定的主题和角色是怎样“朝她走来”，或者这部她有如“在醉意蒙眬中”完成的作品，是因为她脑中突然冒出了最后的句子，而为了这个句子——“该死的！”——她需要写一本小说。许多有关她艺术创作的评论没有对文学创作过程进行恰当的描述，因而看起来并不可靠。它们对桑塔格只是采取了一种基于浪漫主义美学艺术理想的过于明确的自我风格化的批评态度。

精神的先锋戏剧（1993~1997）

> 在我的人生中，我所目睹的最让人惊讶的可能就是崇高意志的灭亡。我的印象是，大部分人目前都感到十分疏离，几乎无法理解人们可能做的一些超越原则的事，一些无私的事，不论经济上的动机或者困难的程度，亦不论是否舒适或者是否个人的险境。[562]

苏珊·桑塔格最显著的特点就是不安分，正是出于这种不安分她完全沉迷于追寻自己的愿望、梦想和目标中。戴维·里夫讲述，他的母亲一直都坚定地盯着未来，很少回望过去，也从未满足于已取得的成功，或者变得完全怀旧。[563]这种态度很大程度上致使桑塔格获得成功，并使她拥有一直停留在同时代讨论核心的能力，进而以自己的作品吸引新一代的读者。因此，桑塔格的朋友、加利福尼亚的文学教授特里·

卡斯尔称她是“一位智识上的马拉松运动员，一直在试着超越自己”。[564]《火山情人》在美国取得轰动性成功之后，桑塔格越发致力于她尚未达到但认为自己有能力达到的领域。戏剧便是其中之一。桑塔格已经写过一些关于戏剧的散文，也热衷于看戏，是欧美戏剧的行家。她自己已经导演过两部戏剧，一部是路伊吉·皮兰德娄（Luigi Pirandello）的[《如你所愿》（*As You Desire Me*）]，1979 年于意大利；另一部是昆德拉的（《雅克和他的主人》），1985 年在马萨诸塞州剑桥。尽管有过这些尝试，她自己却从未完成过一部戏剧作品。桑塔格的朋友、智利作家和知识分子阿里尔·多尔夫曼（Ariel Dorfman）主要因戏剧《死亡与少女》（*Death and the Maiden*，1991）在美国成名，它被改编成电影，由西格妮·韦弗（Sigourney Weaver）主演，据他讲述，桑塔格计划要写戏剧的目标已很明确。

多尔夫曼和桑塔格经常争论为舞台写作的技术原则。桑塔格在《火山情人》中运用了一种对她来说很反常的现实主义，而在戏剧作品中她又回到了经典现代主义的美学之源。多尔夫曼讲述，戏剧对桑塔格来说首先是一项智识计划，他说道：“她不会为了让自己的戏剧在舞台上更吸引人而牺牲一个逗号。”[565]桑塔格没有去迎合主导着美国戏剧圈的自然主义传统，而是在她的戏剧中进行语言实验，以某种可行的方式抛出哲学问题，并将语音的重要性推向戏剧的中心。她不关心主题，而是将焦点集中在对对话或者独白的语言材料的一种形式主义还原上，允许多元的意义和解读方式。它也包含了一种完全有备而来的不可理解性，这在桑塔格的前两本小说《恩主》和《死亡匣子》以及她的电影《食人族二重奏》《卡尔兄弟》和短篇小说《没有向导的旅行》中被证明是有问题的。

从诸多层面上看，桑塔格实践的这种戏剧理念的伟大先驱是塞缪尔·贝克特（Samuel Beckett）。而她最欣赏的是朋友罗伯特·威尔逊的戏剧制作，后者从1960年代起就晋级为美国最成功的导演，并以他超现代的风格在欧洲所有重要的舞台上赢得了轰动的成功，他的风格结合了抽象的舞台设计、令人印象深刻的光效、恍惚的麦克风声音和看似机械化的舞蹈编排，以此达到包含严峻的美感、冷酷的氛围和浓厚智性的效果。为了桑塔格的新计划，威尔逊成了她最紧密的盟友。

实际上，她从1979年起就已经开始实施这个计划，当时她想写一部关于美国作家爱丽斯·詹姆斯（Alice James）的剧本，她是作家亨利·詹姆斯和心理学家威廉·詹姆斯的妹妹，移民到了英格兰，和她的生活伴侣凯瑟琳·洛林（Katherine Loring）一直生活在那里，在她移民的八年后的1892年，年仅43

岁的爱丽斯死于乳腺癌。詹姆斯主要因为她死后出版的日记而为人所知，日记中她以锋利的笔尖记录了那个时代的礼仪和传统，描写了她在家庭中经历的心灵创伤和她作为一个仇恨女性的社会的牺牲品的个人处境。她的信件、传记和日记使她在1980年代成为女权圈子中一个经常被议论的象征。桑塔格和爱丽斯·詹姆斯生平的相似性为她的戏剧创作提供了丰富的土壤。她对此评论道："我认为，我的整个人生都是在为写作《床上的爱丽斯》而准备。"[566]《床上的爱丽斯》（*Alice in Bed*，1991）是一份关于"女性的忧伤和愤怒"的文件，桑塔格说，它涉及女性所处的"精神监禁的现实状态"。[567]

桑塔格在那些年中视自己为受浪漫主义启发的艺术家，她经常带着这种典型的自我陶醉宣称，1990年1月她在柏林仅仅用了两周就写完了《床上的爱丽斯》，[568]这是一份让人难以相信的证词，因为无论在柏林还是在纽约，桑塔格每次朗诵完这个剧本都要进行诸多修改。[569]桑塔格在当时是这样描述她对戏剧的痴迷的："是的，我听到了声音。这就是为什么我喜欢写戏剧。"[570]

《床上的爱丽斯》于1991年9月在波恩首演，两年后罗伯特·威尔逊将它搬上了柏林的戏剧舞台，九年后终于首次在纽约的戏剧工作坊演出，由荷兰戏剧家伊凡·范·霍夫（Ivo van Hove）导演。在它的演出史上，《床上的爱丽斯》获得了令人印象深刻的一长串从客气到恶毒的批评。这部戏剧展现了桑塔格似乎完全忽略了供她使用的素材和她自己对它们的理解，而被一系列前后不连贯的伪实验画面、对话和陈词滥调所取代，她想以此表现卧病在床的詹姆斯的绝望状态。因此，戏剧以一个令人困惑的画面开场，画面中一位女性躺在一排床垫上，而在另一个场景中，19 世纪的女权主义原型马格丽特・富勒（Margaret Fuller）和艾米莉・狄金森（Emily Dickinson）出现在一个茶会上。剧作缺少一个连贯的理念将 8 个围绕卧床的爱丽斯・詹姆斯的场景串联在一起。人们被迫面对着矫揉造作的语言和大量的感情上的澎湃。桑塔格宣称这部剧只花费了她两周的时间，它没能展现桑氏浪漫的、心醉神迷的创作过程，反而表现了她艺术水准上的伪文艺（Dilettantismus）。

此外，大量的借用也有问题，桑塔格不只借用了爱丽斯・詹姆斯的传记材料，比如那个茶会场景，依据桑塔格的说法，是对 19 世纪另一位著名的爱丽丝的艺术参考，那就是刘易斯・卡罗尔（Lewis Carroll）的《爱丽丝梦游仙境》，但这场戏却与卡里尔・丘吉尔（Caryl Churchill）的戏剧《顶尖女子》（*Top Girls*，1982）中的一个幻想的女性名流集会的场景极为相似，这位英国剧作家成功结合了女权主义的主题和实验戏剧的技巧。当评论家如吕迪格尔・沙普尔（Rüdiger Schaper）在《南德意志报》上指责桑塔格的作品是一个“松散的戏剧小品”，[571] 或者如格哈特·施塔德迈尔（Gerhard Stadelmaier）在《法兰克福汇报》上欢乐地嘲笑桑塔格“实际上没让她的爱丽斯说出任何东西……但她又让爱丽斯不停地说着些没用的话”时，[572] 他们的评论已经看起来较为收敛。如果评论家不把自己限制在礼貌的传统中，那将会发生什么呢？我们可以阅读一下《纽约》杂志的剧评人约翰·西蒙（John Simon）的评论：“桑塔格女士……一定是给自己设定了一项任务，写一部配得上达达主义、超现实主义、荒诞派戏剧和后现代主义奥秘的艰难的作品。如果它让人感到含糊、荒谬、毫无逻辑又震惊，为什么不把它做到极致呢？”[573]

*

桑塔格和罗伯特·威尔逊的紧密合作开始于一部只有 6 页纸却全面的戏剧，这是桑塔格为了在波士顿美术博物馆举办的 1991 年威尔逊回顾展的目录手册所写。在某种意义上，《一个帕西法尔》（*A Parsifal*）是对理查德·瓦格纳的《帕西法尔》的解构，灵感源自于威尔逊在洛杉矶歌剧院排演的歌剧。桑塔格将帕西法尔解释成一个无知又残暴的战士。这部短剧在桑塔格死后才首次由实验戏剧团体萨旺特旅馆（Hotel

Savant）在纽约的超外百老汇 P. S. 122 上演。然而，无论在剧本上还是舞台上，桑塔格都明显错误地估计了她的实验主义，这说明，要成为一个好的实验派作家，首先要成为一个好的现实主义者。桑塔格向威尔逊转交剧本时说："没有人会将它搬上舞台。如果有，那就是你。"[574]

威尔逊和桑塔格合作的高潮是桑塔格改编的易卜生戏剧《海上夫人》（*Fruen fra havet*），这次的改编是她和威尔逊以及几个演员一起在沃特米尔艺术中心（Watermill Center）的一个工作坊中完成的，1998 年在费拉拉（Ferrara）首演，之后成功地在意大利、西班牙、波兰、挪威、法国、土耳其和韩国巡演。威尔逊非常喜欢和桑塔格合作。他回忆，她的戏剧作品一直都会留出一个巨大的精神与潜在的空间，好让他在搬上舞台时可以填充。[575]

很难猜测桑塔格这样一位目光锐利的批评家对她戏剧作品令人怀疑的质量是否有所认知。毕竟，大肆批评其他作家的作品而对自己的作品手下留情这种事并不新鲜。桑塔格在一些采访中承认，她好几年前就已经不去阅读别人对她作品的评论了，她把它们都交给了儿子戴维，再由他转告母亲这些评论的好与坏。[576]她朋友们的反馈似乎也很少是批判性的。即便是多尔夫曼或威尔逊这样经验丰富的艺术家也不会真心地批评她的作品，当桑塔格向他们俩痛苦地抱怨自己的戏剧上演得还不够频繁或者还有一些短篇小说没有被搬上戏剧舞台时，比如短篇小说《宝贝》于1994年被改编成戏剧在汉堡的塔莉亚剧院（Thalia-Theater）上演，阿里尔·多尔夫曼安抚地说，她的戏剧面向的是一个特殊的知识分子群体，对于大众来说过于先锋。[577] 罗伯特·威尔逊向桑塔格解释，她的时代终会到来，因为她的戏剧是哲学指向的，“所以，正如莎士比亚的剧作一样，它们不会过时”。[578]

*

桑塔格在戏剧领域的突破没有缘于她的剧本，而是一部戏的制作，她则是戏剧的导演。这部剧比起任何的一部都要受到国际媒体前所未有的关注。当桑塔格于1993年8月在被围困的萨拉热窝上演贝克特的《等待戈多》时，戏剧技艺已不重要。桑塔格更多的是想将她对象征性姿态的傲慢偏好——有时候这种偏好在她自己的剧本中会表现得令人反感——转变成政治宣言，没有什么会比这更有效果。

1993年4月，桑塔格首次前往处于巴尔干战争中的波斯尼亚，主要是为了探望儿子戴维·里夫。里夫在萨拉热窝为美国的杂志作报道，并写了一本有关发生在欧洲核心地区的内战的书，在西方媒体眼中，每天都有上千平民在这场战争中以最残酷的方式死亡。[579]萨拉热窝被塞族军队包围，每天遭受着轰炸和狙击手持续不断的射击。桑塔格不仅出于对儿子的担心，也出于同欧洲的紧密联系而感到应有义务做些什么并采取具体的行动。“发生在卢旺达的事，”桑塔格说，“比发生在波斯尼亚的要恶劣得多。但让我感到难以置信的是，在二战结束五十年后的现代欧洲还会出现种族灭绝和集中营。”[580]自然的，桑塔格想要到事发现场亲自体验。德国的战争记者卡罗琳·艾姆克（Carolin Emcke）将这种目击证人式的义务形容为桑塔格的本性，她们俩成了朋友：“在他人受苦的情况下，她无法容忍自己是一个外国人并得到保护。她不满足于自己‘第一世界的知识分子’角色。她想知道面前的这块战争区域中到底发生了什么，这样她才能真正地理解。”[581]因此桑塔格也经常冒着生命危险，经历艰难的旅途到达战争前线，由于萨拉热窝机场被炸，人们需要通过丘陵地带的一条被塞族军队掌控的沙石路，这条沙石路穿过了阿尔卑斯山的迪纳拉山脉（Dinarische Alpe）①。

桑塔格和联合国人道主义项目的一名负责人结为好友，她询问是否可以随同增兵部队一起搭机前往萨拉热窝。这位60岁的老人通过她的两次越南之行和赎罪日战争期间的纪录片拍摄经历而体验过战争，但

① 东阿尔卑斯山东南段，与亚得里亚海的达尔马提亚海岸（Dalmatia coast）平行向南延伸。

让她迟疑的是，她该如何有意义且“合乎道德地”利用她的战地时光。“你能在萨拉热窝做什么，”当时桑塔格在英国的《卫报》上问道，“如果你既不是记者也不是人道组织成员的话？”[582]然而，这两周的经历对桑塔格来说影响重大，她寻找新的机会回到萨拉热窝并具体实施：“我遇到一些戏剧界的人，问他们是否想要我回来和他们一起工作一段时间。他们说‘好’。没有经过多少思考，这部戏剧自己就出现在我的脑海里：《等待戈多》。”[583]

对桑塔格而言，在战争期间来到被摧毁的波斯尼亚城是她人生中最重要的经历之一，在多年后的采访中她还一直不断回忆起它。桑塔格准确地描述了这些经历带来的巨大力量：“这不简简单单是一次战争经验，这是一场关于人类生活持续性的经验。人们无法想象那里的匮乏。没有吃的东西，没有供暖，没有光，窗户没有玻璃，没有电，没有邮政系统，没有电话——人们完全被阻断了，处在持续不断的危险境地里。战争意味着噪音——巨大的噪音——死亡围绕着你，无所不在。你随时可能被打爆脑袋，或者是你右边和左边的人。尽管如此，人们还在难以置信地继续活动着，随处可见只为继续活着的人。”[584]

美国记者、知识分子和《纽约书评》的作者马克·丹纳（Mark Danner）也曾和桑塔格一起在萨拉热窝待过一段时间，他回忆：“桑塔格很了不起。她不仅觉得自己在为对的一方而战，而且非常投入。这可能听起来很奇怪，但这就是她生命里的时光。”[585] 丹纳描述桑塔格是怎样老到地引领他进入战区生活的。她向他展示如何躲在货厢后面，它们遍布全城，用来躲避无处不在的狙击手的袭击。她还教他如何寻找时机尽快成功地找到下一个安全的躲避之处。

记者们住在被炸掉一半的假日酒店，这是城里唯一还经营的酒店，但也和整个萨拉热窝一样，他们必须应对没有水、缺少供暖或者电的情形。他们使用手电筒，用瓶子和废纸篓在公共水泵那里将水取回房间，以备洗澡和冲厕所之需。“这对桑塔格来说是一次大冒险。她相信她努力的结果。”[586]

桑塔格的行动实际上是值得赞赏的，即便偶尔也会遭遇现实的困难。很长一段时间她都试着为儿童建一所小学，但他们的父母害怕自己的孩子在去往学校的途中可能成为狙击手的牺牲品。这个计划失败了。接着她又在纽约文学圈中组织了一次捐款活动，亲手将这笔募集到的急需款交给了生活在被黑市统治的萨拉热窝的笔会成员。[587]

桑塔格猛烈抨击了法国知识分子安德烈·格鲁克斯曼（André Glucksmann）和伯纳德-亨利·莱维（Bernard-Henri Lévy），他们飞往萨拉热窝，逗留了24小时，仅仅为了游览一圈和举办一场记者会。正如她向《华盛顿邮报》记者透露的，她将自己归入在西班牙对抗佛朗哥政权的乔治·奥威尔（George Orwell）和欧内斯特·海明威（Ernest Hemingway）的传统。[588]她无法理解全世界知识分子的不作为，她甚至还说服安妮·莱博维茨来到萨拉热窝两周，记录城市的毁灭和人民的不幸。“人们告诉我，我是因为疯了才会来这里，”桑塔格说，“但他们不理解为什么我不得不来。在我知道发生了什么的那一刻，这是我唯一可能的决定。”[589]

马克·丹纳也讲述，萨拉热窝的居民完全是以批评的眼光来看待桑塔格的。他们有些人认为，桑塔格在利用她的萨拉热窝经历进行自我宣传。有时候许多记者也不喜欢她。她没有报道战争，在围城的萨拉热窝总共九周的时间里没有做任何具体的事，而她给一些同事造成的印象却是，她才是那个“经历所有、感受最真切”并“独自战斗在前线”的人。[590]

然而，桑塔格要上演《等待戈多》的想法不仅在萨拉热窝居民中也在记者中产生了巨大的反响。当桑塔格于1993年7月第二次来到萨拉热窝时，她便开始在青年剧院排演她要导的贝克特的戏，这个剧院是萨拉热窝唯二还在运行的剧院，在围城之后依旧有戏剧上演。她的戏是导演哈里斯·帕索维克（Haris Pašović）组织的小型戏剧节的一部分。桑塔格描述了这部戏异常困难的排演工作，不仅因为缺少最简单的装备如探照灯或服饰，演员们也一直处在因恐惧、个人损失和缺乏食物而引发的疲惫状态中。桑塔格和她的舞台布景设计师奥根詹卡·芬奇（Ognjenka Finci）用萨拉热窝新生活的日常勋章来打造舞台：弹药盒、沙袋和一张病床。为了强调等待经验的集体性，桑塔格给弗拉季米尔（狄狄）和爱斯特拉冈（戈戈）的角色各安排了三个演员，依次来表演同样的剧本，并将两个男性组成一组，或者一个男性和一个女性以及两个女性组成一组。所有演员都穿着集中营犯人或者监狱囚犯的服饰。不同于在贝克特的两幕剧中每一幕的最后戈多都没有出现，考虑到观众观演后漫长又危险的回家之路，桑塔格认为排演第一幕就已足够。演出舞台则用蜡烛和手电筒来照明。[591]

根据波斯尼亚导演达沃·科里克（Davor Koric）的讲述，虽然戏剧编排有点“僵硬和不必要的严肃”，[592]但桑塔格的《等待戈多》以有力的方式象征了萨拉热窝戏剧制作的文化常态，即痛苦的无助感。《等待戈多》向外界展示了，在前南斯拉夫联邦的多元文化国际大都市中什么东西正在饱受消亡的威胁，那就是城市的生活方式和艺术的多样性，因此这次演出是一个抵抗毁灭和围城的典范。除此之外，选择该剧是对北约、欧洲邻国和美国的一次尖锐批评，它们对发生在萨拉热窝的战役或多或少都抱持着观望态度，而两年后它们向波斯尼亚派遣了军事部队，几天内便结束了围城。萨拉热窝等待着盟军空袭塞族军队，等待着自由。但它也等待着水、气、电，等待着食物、香烟和柴油，等待着轰炸或狙击的结束，而最终等待的则是终结对持续的死亡的恐惧。

桑塔格的知名度和她《等待戈多》的象征性价值引起了媒体的极大关注。记者、电视和广播节目团队大量涌入摇摇欲坠的青年剧院。没有一份西方报纸，没有一个新闻频道不报道桑塔格的戏剧工作。桑塔格热情地接受了许多采访，在这些采访中她几乎是兴奋地透露有关她的行动和她在萨拉热窝的消息。而爆炸性的宣传对许多居民和一些记者来说毫无意义。在他们眼中，桑塔格很少对萨拉热窝的命运感兴趣，她更加在意严格的自我推销，并以此美化自己是这座废墟城市的英雄。不仅美国的保守主义报纸和杂志——桑塔格的政治行动总归都是它们的眼中钉——就连左派杂志的副刊也这么认为。这种情绪的典型例子体现在《南德意志报》上，它以刻薄的冷嘲热讽将桑塔格描述为“长着美狄亚般长发的勇敢的道德家”，“在被包围的城市里以导演的身份让冷漠的世界蒙羞”。[593] 桑塔格对这些指控感到非常恼火。她在《纽约书评》上发表了一篇长文为自己辩护，在文中她解释了自己看待事物的角度。如果说，她在早期的采访中还讲述自己是如何请求萨拉热窝戏剧人的允许来排演一出戏，[594] 那么在此刻以及之后的所有采访中，她又夸张地说是人们反过来请求她。接着她宣称在媒体极大关注的这件事上她是无辜的。桑塔格说，她自己根本不想要任何报道或采访，是演员和剧院的人请求她把记者放进了剧院。

当然，指责桑塔格在萨拉热窝漫长的、有生命危险的以及耗费精力的工作仅是出于愤世嫉俗的刻薄。确切地说，是桑塔格将她有极大价值的知名度带到了这座被战争摧毁的城市的战斗中，只为了引起西方国家的干预。回头来看，基于她的萨拉热窝采访和她在那边的同事的讲述，我们有这样一种印象，这是一位充满热情但有时太过轻信的女性。桑塔格似乎十分严肃地相信她的种种投入依据的是西班牙内战中知识分子的行动传统，而没有意识到，她的热情洋溢时而也会狂妄地表现为某种时代错置感（Anachronismus）。她对这些指控感到极为受伤。

波斯尼亚战争结束后，桑塔格和戴维·里夫每年都至少会回一次萨拉热窝，维持他们在围城时建立起的联系并提供具体的援助。桑塔格因为她在萨拉热窝的行动不仅被授予城市荣誉市民称号，还被授予了瑞士的“文化万宝龙艺术赞助奖（Montblanc de la Culture Arts Patronage Award）”。她把奖金捐给了萨拉热窝的人道主义机构。在她去世后，波黑首都中心的一个公共广场甚至以她的名字命名。

在桑塔格接下来几年的工作中，她的萨拉热窝经历以戏剧化的方式发挥着影响。她在许多采访中提及，某种程度上，她将前南斯拉夫联邦地区的战争视为她一生都钦佩的欧洲文化的终结。对她而言，西欧的文化和政治阶层对这场战争的冷漠标志着她的欧洲理想主义幻想开始逐渐破灭，这一点在她之后的文章中有迹可循。桑塔格在美国观察到严肃高雅文化的消失，而她在欧洲发现的它原本的模型目前看来也在衰落。1998 年 5 月，桑塔格在柏林的一次会议上作了关于她的欧洲梦的报告，她在这篇名为《对欧洲的认识（又一首挽歌）》[*The Idea of Europe*（*One More Elegy*）] 的文章中称，古老欧洲随同它的艺术价值、伦理严肃性和真诚，如今也被这个“欧元区”挤到了一边，它现在还是一个国家主题公园，将欧洲高雅文化的主角变成他们自己地理意义上的移民和流亡者。[595] 桑塔格的这篇文章与其说是对事件经过的一次准确描述，不如说是一份与启迪她整个人生和工作的梦的告别书。

南斯拉夫战争之后，这种发展最明显地体现于她专注写作的一本名为《在美国》(*In America*) 的新小说中。这本小说以历史人物海伦娜·莫德耶斯卡（Helena Modjeska，1840~1909）为原型，描写了波兰女演员玛丽娜·札丽佐斯卡（Maryna Zalezowska）于 1876 年从俄占波兰移民美国的旅程，她在美国迅速晋升为 19 世纪最著名的舞台剧演员之一。桑塔格在波士顿的一家小书店里发掘了她的小说角色，当时她在翻阅一本关于波兰演员亨利克·显克维奇（Henryk Sienkiewicz）的专著。在他年轻时，他曾作为莫德耶斯卡身边最亲近的人之一，陪同她一起在加利福尼亚的安纳海姆（Anaheim）建立起了短期存在的乌托邦式的农业公社。

尤其是在《在美国》的导言中，桑塔格将自己引入到小说里，并指明了她和女主人公之间的一些相似之处。从表面上看，《在美国》像是对女明星和名气的一种沉思。而在某种程度上，这本小说也显示桑塔格的内心已回归美国。小说最动人的段落在于玛丽娜与古老欧洲和它的文化观念身不由己的告别，以及登上美国公共舞台的困难。

桑塔格的萨拉热窝经历是她事业生涯中重要的一段，主要体现在她的观点上，她十分震惊地说，她在其中成长的西方文化变化得如此之大，以至于智识行为，比如她在波斯尼亚的行动似乎失去了价值和可信度。这种失望的语调非常真实，比如她曾在一次美国剧作家托尼·库什纳（Tony Kushner）的采访中哀叹，现在大部分的人完全无法理解我们可以出于利他主义和恪守信条而行事。桑塔格将这种道德的堕落与一种修辞的堕落联系在一起，而自爱弥尔·左拉（Émile Zola）以来，知识分子和作家都坚定不移地使用这种修辞："'我的原则禁止'或者'我相信这是对的；因此我准备去做它'，或者'我必须去做这件事，即便它有危险’——这种语言形式和思考方式绝迹了。对大部分的人来说，它确实不再具有任何意义。”[596]

桑塔格在演讲、采访、讲话和论坛交流中表达了这种观点，她经常提及她的萨拉热窝经历，带着侵略的愤怒猛烈地攻击其他在场人士的发言，尽管他们站在她这边并赞同她的政治论点。她同时代的许多人，比如曾与桑塔格一起在萨拉热窝为笔会组织募捐活动的记者保罗·伯曼（Paul Berman）也坦言她的这种行为让人无法忍受，尽管他非常尊敬桑塔格。[597]

相反，桑塔格奇特的态度让她的朋友们都感到很愉快。比如温迪·莱瑟讲述，桑塔格根本不接受没到过战区的人的观点。[598]但对莱瑟来说，这不是自以为是，而是一种道德确信的表达，虽然它有时会转变成自我中心主义。桑塔格太相信她的伦理准则，以至于不想看到它们在谈话中被稀释。莱瑟讲起某一次桑塔格邀请她参加在旧金山的午餐，因为她想认识莱瑟的朋友，诗人托姆·冈恩（Thom Gunn）。这次见面显然让冈恩感到十分精疲力尽。他发现桑塔格的确是一个坚持道德原则的好人。“但是她是一个好人这件事，”冈恩说，“也完全无法让与她共进午餐变得更加轻松。”[599]

即便是桑塔格的密友和辩护者安德鲁·怀利也不得不承认，虽然她拥有极大的人性温暖和好奇心，私下也不会那么自命不凡，但也完全可以说她是一位高傲的贵妇人（Grande Dame）。“她与玛利亚·卡拉斯（Maria Callas）一样，用同样的方式展现她的攻击性。我们一直都知道，我们是在和一个明确知晓自己要什么的人在一块。当她不喜欢某些东西时，苏珊就会展开攻击。”[600] 特里·卡斯尔也同样讲述，桑塔格随时准备变得批判、具有攻击性、无礼和粗鲁，如果她不喜欢某些东西的话：“她从未停止成为那个她自称的‘世界的批判者’。她保留粗鲁对待他人的权利，如果他们说了她不喜欢的话或者她认为这些话很愚蠢或者很平庸。……这便是她散发的气息。”[601] 卡斯尔说，桑塔格的态度最终变成了学术界和智识领域的一种真正的文学形式，并引发流言，成为某种秘密的娱乐。因此，在一次表彰晚宴上，当一位斯坦福大学的杰出教授出于好奇向桑塔格打听她的朋友、知识分子乔纳森·米勒时——他在英国的地位如同桑塔格之于美国——她反问对方是否不看报纸。或者在一群诺福克大学的学生面前，她责骂英语教授戴纳·海勒（Dana Heller）愚蠢，因为后者问她是否知晓她的戏剧《床上的爱丽斯》的书名被美国作家凯斯琳·施恩（Cathleen Schine）用在一本小说上。[602] 桑塔格甚至在笔会的一次正式宴会上愤然离席，因为她的邻座，双日出版社（Doubleday）的一位编辑不知道她是谁。[603]

斯蒂芬·科赫和西格丽德·努涅斯讲述，桑塔格是一个极具天赋且很懂结交的权谋政治家。604 比如，她的一个电话就可以说服《名利场》的编辑蒂娜·布朗，让她把安妮·莱博维茨拍摄的备受争议的照片用作杂志封面，照片上即将临盆的黛米·摩尔（Demi Moore）① 赤身裸体。她为一个不知名作家的游说可能会使他提名获奖或找到一家更好的出版社。当有人发布一些关于她的让人不快的信息时，如果她愿意，可以透过安德鲁·怀利、罗杰·斯特劳斯和他们的律师来进行干预。依据理查德·霍华德和斯蒂芬·科赫的讲述——他们自 1960 年代以来便与桑塔格保持着亲密的朋友关系——那些年桑塔格身边聚集着一大群关系密切的人，保护着她，对抗许多攻击和影响。一位评论家将这群亲信比作“一个政治社团的军事力量”。605 桑塔格渴望崇拜者，她的许多朋友、助理和熟人都欣然扮演这种角色，不仅仅因为她是一个有影响力的女性，也因为她是一个有绝对魅力、殷勤周到和慷慨的朋友，直到高龄也散发着生动活泼的年轻人般的光芒。FSG 出版社的宣传负责人杰夫·赛洛伊（Jeff Seroy）回忆和桑塔格在一起的夜晚是多么美妙。她感兴趣的东西太多了——戏剧、歌剧、日本料理——她热情的能力极具传染性。“和苏珊一起要么坐在副

① 代表作《人鬼情未了》（*Ghost*，1990）、《脱衣舞娘》（*Striptease*，1996）和《魔鬼女大兵》（*G. I. Jane*，1997）。

驾驶上，要么就成为路边的一个被碾压的动物，但是坐在副驾驶上已是一个很棒的经历。”[606]

*

在面对她诊断的严肃性和理想主义的衰落时，某种高傲的苦涩也能从桑塔格 1990 年代末的小品文中觉察出来，在这些散文中她又开始逐渐关注她眼中的唯一高雅文化堡垒，那就是文学。最明显的是桑塔格在 1996 年的《三十年后》(*Thirty Years Later...*) 中所流露的抱怨口吻，这篇文章是她的散文集《反对阐释》的西班牙文新版序言。其他的作家在回顾自己最重要的作品时，可能会被某种怀旧的情绪感染。而桑塔格不是这样。她更多是承认，在面对自己早年的文章时心里极其矛盾。桑塔格说，其中一个原因在于文化的价值，以及对欲望、感官和流行文化的辩护，如今以另外一种符号，作为一种胜利的消费资本主义价值而回归。在她当年如此激烈地抗议，要求消弭精英文化和流行文化之间的等级制度时，她无法知道，流行文化会如此这般地质疑高雅文化的基石，她也无法知道，她所推崇的越界的艺术会加速消费文化轻浮地越界。年轻、煽动、文化革命式的桑塔格，和在这篇文章中认同自己是高雅文化保守辩护人的年长的桑塔格之间的区别不能够再大了。“如今，”桑塔格说道，

“严肃（和道义）的观念对大部分人来说是古怪的、‘不现实的’，如果允许的话——作为一种气质的任意抉择——可能是不健康的。”[607]

她的另一些批判性文章也体现了对严肃和智性艺术的这种哀叹，以及对文化平庸化的宣战。比如，在《百年电影回眸》（*A Century of Cinema*）中，桑塔格为电影历史的百年发展后所开始的高雅艺术的死亡感到惋惜。她主要以电影热的绝迹来论证自己的观点，正是这种电影热推动着1960年代和1970年代的电影爱好者去观看艰涩的欧洲电影导演的长长的回顾展，以及订购法国的《电影手册》（*Cahiers du Cinéma*）。桑塔格认为，在电影爱好者眼中，电影应变得具有魔力、不重复而且是唯一的经验，它是一种姿态，而这种姿态在如今的电影工业中已经不复存在。1996年2月25日，桑塔格在《纽约时报》上发表了这篇名为《电影的没落》（*The Decay of Cinema*）的文章，在纽约的文化圈中引发了一场争论。不但因为桑塔格表达了众人的感受，而且正如这位女作家很有道理的对高雅文化衰落的抱怨，《纽约时报》的文化编辑将许多包含导演姓名的段落从文章中删除，因为他们已然不为读者所知。[608]

尽管桑塔格授权删除那些焦虑的抱怨语调，但它们依然是她这段时期最漂亮的文章。这些文章全部是欧洲和南美作家美版作品的序言——比如胡安·鲁尔福（Juan Rulfo）1955年的短篇小说《佩德罗·巴拉莫》（*Pedro Páramo*），关于德国作家W. G. 泽巴尔德（W. G. Sebald）的《悲怆的心灵》（*A Mind in Mourning*）以及《死后立传：以马查多·德·阿西斯为例》（*Afterlives: The Case of Machado de Assis*）[609]——它们反映了桑塔格十分具体的行动，比如当她作为马克莫里斯舞蹈团（Mark Morris Dance Group）的顾问成员或者法斯宾德基金会纽约分部的成员时，她会为它们的利益不遗余力地宣传。桑塔格为那些在美国完全不知名的世界文学作家写了一系列序言，其中包括19世纪的巴西经典作家马查多·德·阿西斯、德国传奇流亡作家温弗里德·格奥尔格·泽巴尔德、原南斯拉夫的后现代主义作家丹尼洛·契斯（Danilo Kiš）、波兰诗人亚当·扎加耶夫斯基、波兰先锋主义经典作家维尔托德·贡布罗维奇（Witold Gombrowicz）以及墨西哥文学的民族英雄胡安·鲁尔福。由于桑塔格的支持，他们中一些人的作品在FSG出版社出版，由安德鲁·怀利代理。

在她的这些序言中，桑塔格又恢复了一种赞赏且优雅的老派世界文学激情，以证明她对高质量的文学作品再一次投入热情。当然，桑塔格的序言也一直流露着她对作家的自我定位和她自己的文学志向。然而，正是由于她的职业视角，才会诞生这些轻松的传记式随笔，准确描述了这些作家和他们的作品。因为这些文章，桑塔格不仅为她的智识兴趣找到了一座壁龛，也具体扩大了她的“大图书馆计划”。如果桑塔格未能有效地发挥她的影响力，这些作家中的一些人，比如胡安·鲁尔福，可能永远不会被翻译成英文。对于另一些作家而言，如果他们的封面上没有出现桑塔格的名字，也不会拥有庞大的读者群体。桑塔格喜欢这个贵妇人的角色，为伟大的文学热情地，有时甚至是异常地倾入心血。

生命与死后生命（1998~2001）

跳舞时我很快乐。[610]

与安妮·莱博维茨一起的生活塑造了桑塔格的1990年代。她们一起旅行了许多地方，比如约旦、埃及、意大利和日本。出于研究的目的，她们拜访了桑塔格小说《在美国》的女主人公海伦娜·莫德耶斯卡先前位于加利福尼亚安纳海姆的农场。[611] 1996年，莱博维茨在纽约上城区的莱茵贝克（Rhinebeck）购买了一处风景如画的地产。克利夫顿角（Clifton Point）曾是传统的阿斯特家族（Astor family）① 的农庄，这个家族是极有影响力的老纽约金融贵族和上流

① 阿斯特家族在19和20世纪于英美的商业、社会和政治领域取得了显著成就。其祖先起源于意大利阿尔卑斯山地区，后定居在德国。约翰·雅各布·阿斯特（John Jacob Astor）在18世纪代表该家族首次出现在北美，他是那个时代最富有的人之一。

社会的代表。这块地产拥有很多19世纪末20世纪初的房子，以及一个池塘和哈德逊河畔的一块地。莱博维茨带着极大的乐趣重整了这块地产，并和桑塔格一起搬进了池塘边的一座小房子里，在剩余的装修工作全部完成以后，这个房子变成了桑塔格自己一人的乡间小屋。[612]

在罹患乳腺癌之后，桑塔格对自己身体发出的信号十分敏感。她的身体在1998年夏变得越发糟糕，7月初她重新接受了医学检查。[613]结果让人沮丧。她又得了癌症，这次是一种罕见的宫颈癌。[614]虽然这次诊断预测的治愈概率要高于上一次，但对一位65岁且已经得过癌症的人来说，这种希望也不绝对。正如她第一次面对疾病时那样，桑塔格这次也只为一种可能性作心理准备：活下来。戴维·里夫后来把这种态度形容为“积极的拒绝”。[615]桑塔格相信，正如她二十三年前坚信的那样，她可以战胜概率。卢辛达·柴尔兹回忆：“苏珊当时绝口不提她可能的死亡。”[616]

桑塔格在巨大的折磨下度过了接下来的一年半时光。在纽约的西奈山医院（Mount Sinai Hospital），她做了彻底的子宫切除手术，并进行了漫长的放化疗医治。[617]患病的第一个月，安妮·莱博维茨几乎每天都陪在她身边——在桑塔格的鼓励下——记录下她爱人患病的不同阶段。莱博维茨在2006年出版了她被广泛讨论的摄影集《一个摄影师的一生》，而里面的小画幅照片是她职业生涯中最动人和最受争议的摄影作品。它们展示了桑塔格是怎样在神志模糊的状态中由一位医护人员清洗身体，又是怎样在朋友和助手的帮助下进行化疗，以及她是怎么失去她那著名的头发的。

安德鲁·怀利每天在中央公园晨跑后都会去看望桑塔格，他生动地讲述了桑塔格是怎样将她的生还和她目标的实现结合起来的。即使在半睡半醒间，她还在思考她想写的书。某天早晨当怀利走进病房时，他的朋友还没醒，皮包骨头地躺在病床上。“我看着她，”怀利说，“然后想，上帝啊，她死了。当我碰到她的手臂时，她突然间醒了，然后说：‘我要工作！’‘什么？’我问道。她接着回答：‘我要工作！’我抱着她：‘你完全疯了。’这就是典型的苏珊。她真的就处在死亡的门槛上，尽管如此，她不想让我以为她很快就要睡着了！”[618]

化疗抑制住了肿瘤，但它强烈的副作用包括脚上的严重神经性病变，因此66岁的桑塔格在经过漫长的物理治疗后必须重新学习走路。康复的过程十分煎熬，但她是位斗士。她很开心自己能活下来，享受着每一分钟。[619]

与此同时，桑塔格出于一种几乎无法控制的意愿又开始写作。她在第二次癌症期间完成的第一篇文章是为一本摄影集所写的导言，她和莱博维茨一起构思了这本摄影集。为了1999年秋出版的《女性》(*Women*)，莱博维茨对200名美国女性——女艺术家、女政治家、家庭妇女、农妇和脱衣舞女——拍摄了肖像，并将它们编排成一份千禧年之交美国女性生活的人类学大纲。这个构思在很大程度上模仿了魏玛共和国时期奥古斯特·桑德(August Sander)拍摄的德国人肖像集《时代的面孔》(*Antlitz der Zeit*, 1929)，[620] 却采取了一种完全中立的摄影视角，比桑德更强调不同社会背景间存在的冲突。桑塔格在她的序言中问道，是否存在着某种事物能将摄影集中呈现的女性统统联系在一起？但在经过一系列反思之后，这些反思的某些部分看起来并不符合这个时代，桑塔格没有回答这个问题。在这篇散文中，她继续讨论了《火山情人》结尾部分四位女性的独白以及在她的剧本《床上的爱丽斯》中已经讨论过的主题：女性的存在。桑塔格在多数情况下没有成功地挖掘出该主题表面之下的内涵，这表明，虽然她对此深感兴趣，但这个主题不是特别适合于她。她自己作为女性的人生过于矛盾，因此不具有代表性。她既不接受被她批评的20世纪六七十年代女权主义话语，也不遵循1990年代以来盛行于美国大学的后女权主义性别逻辑。她宁可退回到更遥远的地带。在那些年的采访中，她承认她对弗吉尼亚·伍尔夫重新有了兴趣。在许多层面上，桑塔格带有人类学色彩的思考与伍尔夫在《一间自己的房间》(*A Room of One's Own*，1929)中的反思相类似。但不同于伍尔夫的是，桑塔格没有成功地解释清楚女性在日常生活中的根本问题，也没有强调一位女性的“人类境况(conditio humana)”的普遍性。

桑塔格在《女性》这本光滑锃亮的摄影集中更加积极突出的，以及在她严重患病后标志着她成功回归公共生活的，是她个人形象的确定。《女性》的最后是桑塔格的一张肖像，这是她最美的照片之一，诞生于她与摄影机长达一生的爱恋。她剪短了的灰白头发在化疗过后又重新浓密起来，赋予她颇有戏剧张力的脸庞以一种感官的重量。她双手支撑着下巴，穿一件深色高领毛衣，眼神专注，比以往任何时候都更像一个独立的批判权威的偶像。

*

戴维·里夫在回忆母亲的文章《疾病更甚于隐喻》(*Illness as More than Metaphor*，2006)中讲道，尽管桑塔格从不谈论死亡，但她会死的想法却像一个“幽灵处在她的许多讲话背后”。这尤其体现在桑塔格“对长寿无法抑制的渴望”和“她时常说的活到100岁的愿望”中。[621] 在周边的人看来，死亡的强烈压抑的主要影响有时候明显地反映在她超人般的生存渴望里。桑塔格还能够一直谈话、阅读、看电影一整晚而不睡觉。[622]她有时候在采访中会自嘲地说道，她有种感觉，自己已经用完了九条命中的六条，她同时又解释道，自己现在才刚开始真正写作，而最好的作品尚未到来。“我有一个完全新的人生，”她在2000年3月宣称，“它会变得非常伟大。”[623]“一天只有24小时，但我试着以48小时来对待它。”[624]而桑塔格也正是这么做的。她甚至开始学钢琴，这是她母亲在小时候禁止她做的。[625]桑塔格的热情是维系生命的一个动力，并传染给了她的很多朋友。当她的前助手之一杰夫·亚历山大（Jeff Alexander）教她如何使用网络并为她设立了一个电子邮箱时，桑塔格对这个新的事物投入了极大的热情，一个月后就比她的助手知道得更多。桑塔格在她的楼顶房里安置了许多台电脑，这样她就可以随时随地地写作和上网了。[626]

桑塔格在化疗期间完成了小说《在美国》。正如她之前的小说《火山情人》，这本关于波兰演员海伦娜·莫德耶斯卡的小说也是对历史事件的一次文学改编。小说的中心人物是一个强悍的女性。桑塔格在创作中结合了传统的作者视角与想象的日记片段、书信、对话以及内心独白。

尽管她尽了所有努力，结果却让人沮丧，冗长的篇幅都是关于演员和明星偶像，关于欧洲移民和美国梦的陈词滥调。许多场景都单调与刻板。女主人公高尚的无私和她在艺术上的沉醉，有时好像桑塔格带着时而佯装的天真在发表她关于公共人角色的观点。

在小说的个人叙事层面，有迹象表明桑塔格也在利用作品中的女主人公来探讨自己的声望。比在《火山情人》中表现得更为强烈的是，桑塔格在这本小说里戏谑地影射了自己的个人经历，比如她的萨拉热窝岁月，她和菲利普·里夫的婚姻，以及她祖父母波兰犹太人的出身。小说在导言中贯穿着针对桑塔格弱点的自我指涉式奇怪评论，许多加戴引号的概念需要理解，像在费力地暗示她有着严肃知识分子的声誉。

尽管具有实验性倾向，《在美国》的大部分内容却还是传统的。这不仅明显区别于 1960 年代受过高度现代主义训练的桑塔格的文学观点，更是站在了“世界文学作为高雅文化”这种不容置疑的论断的对立面，体现在那些年桑塔格对作家如约瑟夫·布罗茨基、安娜·班蒂（Anna Banti）、丹尼洛·契斯和豪尔赫·路易斯·博尔赫斯（Jorge Luis Borges）的讨论上。如果说桑塔格认为她的文学偶像偏爱某种不受潮流影响的复杂性，甚至在主流文化中赋予这种偏爱一个颠覆性的地位，那么她对《在美国》所采取的力求通俗的策略就危险地接近于被瑞士文学批评家安德里亚·柯勒（Andrea Köhler）所贴切形容的“在素材和故事情节上追求休闲读者的品味”。[627]

鉴于上一本小说的成功，FSG 出版社为《在美国》投入了同样规模的宣传经费。虽然桑塔格因为复发的癌症而明显的愈发虚弱，但她依然非常专业地对这种促销努力予以支持。《在美国》出版于2000年春，FSG的宣传负责人杰夫·赛洛伊在全美组织了一轮详尽的巡回朗诵会，他陪同桑塔格前往芝加哥、西雅图、波特兰、旧金山、洛杉矶、伯克利、丹佛、爱荷华城、休斯敦、迈阿密与华盛顿。尽管旅途辛劳，桑塔格却非常享受这种巡回朗诵，也很开心与她的听众见面。[628]

美国评论界对《在美国》的评价褒贬不一。极具影响力的批评人如《纽约时报》的角谷美智子曾热情地赞扬了《火山情人》，却形容《在美国》是“对一本19世纪绝对传统的小说的一次彻底传统的模仿”。[629]另外一些批评人，如《华盛顿邮报》的理查德·洛瑞（Richard Lourie），虽然承认小说存有薄弱之处，却依旧被它的全景历史和叙述者桑塔格的“干劲、智性和兴致”所鼓舞。[630]

然而，桑塔格遭到了一次严厉的反击，81岁的业余历史学家、加利福尼亚“海伦娜莫德耶斯卡基金”的创办人艾伦·李（Ellen Lee）在2000年5月指控桑塔格抄袭。[631]李在桑塔格的小说中发现了12段逐字逐句抄袭或稍加改动的段落，它们皆出自海伦娜·莫德耶斯卡的回忆录《回忆与印象》（*Memories and Impressions*，1910）、莫德耶斯卡友人的信件、诺贝尔文学奖获得者亨利克·显克维奇的《美国肖像》(*Portrait of America*, 1959)、一本不知名的莫德耶斯卡传记《公正的罗莎琳德：海伦娜·莫德耶斯卡的美国生涯》(*Fair Rosalind: The American Career of Helena Modjeska*, 1969)以及薇拉·凯瑟(Willa Cather)的先锋小说《我的死敌》(*My Mortal Enemy*, 1926)。桑塔格以傲慢和一般的闪烁其词回应了这些指控。她提到了小说前面的说明，在其中她已强调，这本小说受到历史人物莫德耶斯卡和她周围人士的启发——“不多也不少”。[632]桑塔格说，小说中的大部分人物都是她自由虚构的，与历史模板有根本的区分。[633]在面对《纽约时报》时，桑塔格援引了文学理论来为自己辩解：“所有处理真实历史人物的作家都会改写和吸取原始材料……我使用了这些原始材料，也彻底改变了它们……我看了这些书。有一个更大的理由需要提出，那就是文学一直以来都暗含一系列的引用和影射。”[634]

如果仔细检查她的文本，那么抄袭的指控是不成立的。有疑问的段落占据了小说387页中的3页。乔纳森·加拉西和杰夫·赛洛伊指出，单在法律上它也不涉及抄袭，因为桑塔格使用的原始材料都因为年代久远而不再受版权保护。但是两人一致认为，这样的问题可以用最简单的方式规避，只要详细注明这些原始材料就行。[635]另一方面，这也体现了桑塔格文学作品中一种常常不予交代的互文（Intertextualität），在《火山情人》和《床上的爱丽斯》中它已表露得很明显，但大多未引起注意。这种情况似乎一方面要归咎于桑塔格所使用的历史材料，另一方面也与她常年写作散文有关，依据体裁，散文要求全方位地研究和使用其他文本，这也就影响了桑塔格写作小说的方式。

尽管有许多异议，《在美国》却被美国最负盛名的文学类奖项国家图书奖提名。当2000年11月桑塔格站在曼哈顿万豪马奎斯酒店的舞台上接受奖杯时——附带10000美元的奖金——她无法掩饰自己的惊讶："说自己感到震惊已经是一种轻描淡写了，"她几乎无法呼吸，"我比我所能表达的还要感动。"[636]在之后的记者会上，桑塔格对于那些有关负面评价的提问回答得略微有些执拗，她说自己没有阅读任何评论。"被批评是痛苦的。"[637]

在纽约的文学圈中，桑塔格的小说比起她的散文要较少地受到喜爱，这次授奖继续被视作对她智识偶像地位的推崇。[638]然而，在她的小说出版以及获奖时的诸多采访中，她强调自己没有受到现已成为共识的公众评判的影响，并再次申明她已经成功转型为小说家。桑塔格认为她的小说水准要高于散文，有时甚至更大胆地称，如果自己1960年代的散文被逐渐遗忘却因小说被记住，那也不算坏事。[639]

虽然桑塔格即将步入七十，但她并不像一个年长的女性。安德鲁·怀利说：“甚至在生命终点时，她看起来依旧像 21 岁。她对不知道的东西一直很感兴趣。许多人在晚年会回到他们熟悉的事物中。但桑塔格的生活让人觉得她仿佛昨天才出生，还有整个世界等待去探索。”[640] 桑塔格称自己的年龄是“奇异的”。她依旧做着一生中都在做的事。[641] 即使年岁已高，她还维持着一种不循规蹈矩的生活方式。[642] 这尤其体现在日常生活的强度上，也体现在对新朋友的坦率上，以及对新的艺术和政治作品的热切能力上。

桑塔格现在将她的日常生活分成两部分，一部分在纽约，另一部分则是进行长时间的旅行，前往柏林、京都、巴哈马和巴黎，安妮·莱博维茨在巴黎的大奥古斯丁堤岸（Quai des Grands-Augustins）有一处房子，从那里可以看到塞纳河和太子广场。巴黎传奇摄影师尤金·阿杰特（Eugène Atget）和布拉赛（Brassaï）拍摄下了这幢房子 19 世纪时的样子。毕加索也在那里画了他著名的《格尔尼卡》（*Guernica*）。

纽约现代艺术博物馆馆长、桑塔格的朋友克劳斯·比森巴赫（Klaus Biesenbach）讲述，她经常每晚要去 3~4 个展览，每当她对什么东西不感兴趣了，就会去下一个。[643] 某一次，她的助理向她推荐了一家位于中国城的时髦的保加利亚酒吧，那里每周四晚都会举行摇滚演出，毫无疑问她会过去。“奥斯卡·王尔德说过，我可以拒绝任何东西，除了尝试，”桑塔格对一位加拿大记者说道，“我想，一个保加利亚酒吧，那我必须去！”[644]这种对流行文化特定方面的热望，桑塔格一直保持到她生命的终点。因此，她为帕蒂·史密斯畅销歌曲合集《大地》（*Land*，2002）内的小册子写了一篇短文，还为布鲁克林的艺术流行电音组合费舍尔斯普纳（Fischerspooner）的专辑《奥德赛》（*Odyssey*，2005）写了一首反对小布什的歌《我们需要一场战争》（*We Need a War*）。在那些年，桑塔格喜欢漫不经心地推荐动画片《玩具总动员2》（*Toy Story 2*，1999），因为比起赞誉有加的《美国丽人》（*American Beauty*，1999），它讲述了更多的美国市郊生活。[645]

桑塔格对意大利文版《火山情人》的译文不甚满意，要求更换一名新的译者，出版社为她安排了保罗·迪罗纳尔多（Paolo Dilonardo），他已经将桑塔格的一系列书籍翻译成意大利文。当时迪罗纳尔多对《卫报》讲道：“我们一起逐字逐句地翻译这本小说……桑塔格喜欢语言，针对一个词语的含义可以讨论上数小时。”[646]桑塔格和迪罗纳尔多在他们的合作过程中建立了亲密的友谊。[647]许多人认为他是桑塔格人生最后阶段最亲密的伴侣之一。他们互相了解对方，而迪罗纳尔多也搬进了桑塔格的楼顶房。

克劳斯·比森巴赫曾讲述，桑塔格尤其对媒体艺术家感兴趣，比如道格·艾特肯（Doug Aitken）、杰夫·沃尔（Jeff Wall）、道格拉斯·戈登（Douglas

Gordon）或者马修·巴尼（Matthew Barney）。他们一起观赏新的艺术作品，然后再与这些艺术家见面。[648]桑塔格向她的朋友介绍她那一代的同事，而比森巴赫则引荐她认识纽约和柏林的艺术家，比如马修·巴尼、安德列斯·古尔斯基（Andreas Gursky）以及萨莎·瓦尔茨（Sasha Waltz）。同时，桑塔格一直保持清醒，凭借强大的鉴别力和严肃性展开对话。她的坦率是个性中天生的，不管是夜晚派对后和出租车司机交谈，还是在柏林的当代艺术研究院与实习生沟通，比森巴赫这样回忆。[649]

桑塔格在一次派对上和克劳斯·比森巴赫、比约克（Björk）以及马修·巴尼一道认识了来自原南斯拉夫的纽约著名表演艺术家玛丽娜·阿布拉莫维奇（Marina Abramović），她热情地讲述起桑塔格对当代艺术事无巨细的认识。桑塔格强大的理解力让她印象尤为深刻。她们经常一起坐在桑塔格的厨房里聊艺术和她此前在南斯拉夫的经历，直至夜幕降临。“我一直觉得我让身边的人压力太大，”阿布拉莫维奇说道，“但我终于发现了一个甚至让我感到压力过大的人。”[650]

*

因为国家图书奖对《在美国》的认可，她的文学声誉等于获得了官方的保证；桑塔格在 2000 和 2001 年搜集编辑了她近二十年的文章和演讲，结成文集《重点所在》(*Where the Stress Falls*，2001)。虽然她以熟悉的激情打算开始新的写作计划，比如一部关于文学的文集，囊括了她近来的散文和演讲，一本发生在日本的新小说，一部短篇小说集和第三本关于她疾病的自传。[651] 然而，如桑塔格所承认的，她太缺乏纪律性，没有办法规律地写作。相反，她的工作强度时强时弱，而且她以一种蓄意的轻描淡写模糊地掩饰了这个问题，并在 2002 年 1 月告诉英国的《卫报》："我不觉得有必要每天或每周都写作。但是，我一旦开始，就会在书桌旁坐上 18 个小时。……我经常早上开始动笔，再突然回过神时天已经黑了，中间没有起来过。这对膝盖很不好。"[652]

这种工作方式不可持久。对桑塔格来说，这些写作的困难都源自一个至关重要的问题。在两次罹患癌症之后，她更加强烈地追求一种确定的、理想化的死后生命。戴维·里夫在桑塔格死后出版的散文集《同时》(*At the Same Time*，2007)的序言中描述，他的母亲属于这样一类作家，"他们在面对死亡的必然性时，以幻想他们的作品会比他们活得更久……来安慰自己"。[653] 这种幻想也可能变成完全的挫败，它体现在桑塔格持续不断的抱怨中，她认为自己不像她那一代的其他作家那样多产，比如菲利普·罗斯、约翰·厄普代克（John Updike）或者乔伊斯·卡罗尔·奥茨（Joyce Carol Oates）。“我不是全职作家，我从来就不是，也永远不会是……我会长达数月来回地游荡、做梦、拜访一些地方或者看一些东西……我永不停歇。”[654]

2000年秋，卡尔·罗利森和莉萨·帕多克出版了那本未经授权的、充满猜测的传记，它对桑塔格渴望的死后声誉造成了进一步的威胁。[①] 卢辛达·柴尔兹和特里·卡斯尔说，桑塔格对两位传记作家感到非常愤怒，他们像两个影子跟在她身后多年。两位作家带着私人和政治的敌意，将他们新保守主义的观点灌入到整本传记中。[655] 虽然桑塔格阻止她的大部分朋友和熟人与他们对话，虽然也有安德鲁·怀利和FSG出版社律师的支持，但这本传记还是在诺顿公司（W. W. Norton & Company）出版，并在出版预告中形容她为“曼哈顿的女预言家（Sibyl of Manhattan）”。

桑塔格的名声一直都拥有不同的侧面，一面是令人头疼的小孩，另一面则是女神般的贵妇人。这本传记没有对她的形象造成持续的消极影响。相反，当她在全世界范围内获得一个又一个最重要的文学奖项时，这位女作家的声望在接下来的一年中得到了持久

① 即《铸就偶像》。

的恢复。2001 年 5 月，她在以色列国际书展中被授予耶路撒冷奖。桑塔格被公认为当今最重要的文学家之一，与作家西蒙娜·德·波伏娃、豪尔赫·路易斯·博尔赫斯、约翰·马克斯维尔·库切（John Maxwell Coetzee）以及豪尔赫·森普伦（Jorge Semprún）并列。

对桑塔格而言，这次获奖的喜悦并不强烈。当时的以色列外交部长希蒙·佩雷斯（Shimon Peres）是这个奖项的评审委员会负责人，而颁发奖项的是耶路撒冷当时的市长、后来的以色列总理埃胡德·奥尔默特（Ehud Olmert）。他们都积极支持以色列的犹太定居点政策。桑塔格的获奖也被美国和以色列的左派认为是对这项定居政策的间接支持。[656] 她带着极强的敏感勇敢地涉足了这个困难的政治领域。在演讲《文字的良心》（*The Conscience of Words*）中，她对巴以之争表明了坚决的立场。她批评了以色列，但没有直接冒犯这个东道国。她不是以她的政治确信来论证自己的观点，而是以她的作家身份。桑塔格说，存在一种责任伦理，它并不与大众媒体简化的观点有何不同："我认为，只要以色列的居民不从这些占领区中撤出，这里就不会有和平……我这么说……是基于一种尊严。文学的尊严……文学的智慧与意见的表达是颇为对立的……作家的工作是让我们摆脱束缚，使我们振作，开辟新的同情道路和新的意愿。提醒我们……

我们可以改变。”[657]

在场的许多人从心底赞同她的发言。场内掌声雷动，但主要是来自美国的观众，其他人既有离开会场的，也有像埃胡德·奥尔默特一样在一言不发地听着。[658]

除了在耶路撒冷的演讲和散文集《重点所在》，2000 和 2001 年桑塔格主要将精力投入较小的计划中。比如被人遗忘的俄罗斯犹太裔作家列昂尼德·茨普金（Leonid Tsypkin）。1990 年代初，桑塔格在伦敦的一家旧书店里撞见了《巴登 - 巴登的夏日》（*Summer in Baden-Baden*，1981）这本小说，认为它是“20 世纪下半叶的……文学杰作”。[659] 她开始研究起茨普金的生平，并与他的儿子米哈伊尔（Mikhail）成为朋友，后者于 1977 年从苏联移民到美国。此外，她开始推动这本小说的新版在美国的新方向出版社（New Directions）出版，并在 2001 年 7 月为它写了一篇热情洋溢的序言，同样发表在《纽约客》上，以确保茨普金在美国有大量的读者并能被翻译成欧洲多国语言。

2001 年秋，桑塔格的《重点所在》出版，这是她二十年后的第一本散文集，美国批评界的评价十分友善。我们有时能在这些评价中感受到一种怀旧式的安慰，因为我们再次拥有了一个知识分子和作家，一位美国文化圈的代表人物，她带着古老的热情推动着自己的文化事业。然而，大部分评论家都在追溯她早期的、如今已成为传奇的散文。《新闻日报》（*Newsday*）评价桑塔格是那种“对一切都感兴趣的”天赋型作家。[660] 或者像《洛杉矶时报》说的，她有着可改变的清醒头脑，这样的头脑“不畏惧反对自己之前的观点”。[661]《重点所在》中的文章缺乏一种严肃的分析，因为它们中的大部分都无法达到桑塔格早期文章的紧密与复杂性。许多文章都是偶尔出于资金紧张才撰写的杂志文章、序言、手册短文、后记或者演讲发言，并已经多次发表在不同的杂志或者不同版本的书籍上——从 1980 年代所写的关于舞蹈的文章开始，到 1990 年代末为泽巴尔德、德·阿西斯和鲁尔福所写的序言——它们都写得很草率。这个散文集没有一个统一的主题，也缺乏桑塔格在其他散文集中所表现的充满幻想的见解。《华盛顿邮报》和《纽约时报》因此对这本文集持贬低态度，谴责它传教一般过分夸大的腔调，这种腔调经常在“对显而易见的事作出雷鸣般的宣告中”达到顶峰。[662]《纽约时报》的评论家威廉·德雷谢维奇（William Deresiewicz）说：“当《重点所在》对于巩固桑塔格的思想家地位没有很大帮助时，桑塔格前所未有地极力宣告她的道德优越感，以及她模范般完成的知识分子作为社会良心的使命。实际上，她是这么久以来第一个公开将自己封圣的人。”[663]

他人的痛苦（2001~2004）

> 所有的记忆都是个人的，不可再生产——它随着每个人死去。所谓的集体记忆不是纪念而是一种规定：这很重要，这是关于事情如何发生的故事，用照片将故事锁定在我们的脑海中。[664]

2002年1月，苏珊·桑塔格与著名的加利福尼亚大学洛杉矶分校（UCLA）签署合同：后者将购买她当时已有20000册藏书的无所不包的私人图书馆，以及她的信件和手稿。收购费用为110万美元，是当时收购一位作家档案所需的最高支出。桑塔格规定她的大部分未发表手稿在她死后五年之内不予公开。她原本想把它们卖给纽约公共图书馆，但此刻她很开心保存她遗赠并向民众放开的地方与她有着千丝万缕的联系。[665]她的生命旅程仿佛又回到了开始的地方，就是在那里，桑塔格开始了她对高雅文化的崇拜。洛杉矶分校的图书馆向她支付的破纪录金额已表明，她最终也登上了精神的奥林匹斯。

好比视觉艺术家的一次全面性回顾展，对许多作家来说，出售自己的档案通常意味着不再从事积极创作，以及从公共生活中逐步退出。对桑塔格而言不是这样，因为接下来的几年又是一个紧张的创作时期，由于扮演政治挑衅者的角色，她再次被抛向国际媒体关注的中心。

2001 年 9 月 11 日，桑塔格正在柏林。她以“杰出访问学者”的身份在著名的美国学院访问了十天，这是德国和美国的文化从业者以及政治家见面会谈的地方，而桑塔格的这次停留是在为之后的一系列一流讲座拉开序幕。她像世界上的大部分人一样，全程透过电视获悉了家乡纽约发生的事。虽然桑塔格自己在纽约没有电视，但这次她坐在阿德隆酒店（Hotel Adlon）的房间里，直勾勾地盯着电视屏幕。这场导致近 3000 人丧生的袭击标志着小布什政府饱受争议的反恐政策的开始，直至伊拉克战争爆发。袭击过后，她酒店房间的电话不断响起，许多编辑请求桑塔格发表意见。正如《日报》(*Die Tageszeitung*）记者哈拉尔特·弗希克（Harald Fricke）在一篇关于收效显著的美国学院课程的文章中提到的，桑塔格对于把她滥用为“观点机器”的企图感到愤怒。然而，她没有抑制住愤怒，给《纽约客》写了一篇关于 9·11 事件的短文，并发给了她的编辑朋友大卫·雷姆尼克（David Remnick）。[666]

在一次桑塔格原本要朗读她的小说《在美国》的美国学院活动上，来了将近100名听众，其中有西格丽特·勒夫勒（Sigrid Löffler）和克里斯托弗·斯托茨（Christoph Stölzl），大家都期待桑塔格对9·11事件发表看法。“我不会说任何东西。”她一开始便表明态度。尽管如此，她之后还是从口袋里拿出了她为《纽约客》写的文章，并把它朗读出来。[667] 当她站上讲台时，人们从她身上察觉出了某种不适：她承认，这篇文章“在语言层面上没有达到特别高的水准，它在道德说教，它可能离原本的目标太远，它很夸张”，[668] 而当她读完这篇文章之后，所有的听众都坐在位子静默了。[669]

这篇名为《杀人犯不是懦夫》（*The Murderers Were No Cowards*）的文章的删节版发表在《纽约客》上，未删节的德文版则发表在《法兰克福汇报》上，它引发了一场愤怒的争论。桑塔格说，美国在面对恐怖袭击的“大剂量现实”后，“距离现实更加遥远”。[670] 她谴责了美国政治和媒体反应的“自以为是的蠢话”和“公然的欺骗”，抱怨民主讨论的缺席。“几乎所有美国官员和媒体都发出的道貌岸然、掩盖事实的如出一辙的辞令”，让她想起“苏联共产党代表大会上获得一致掌声且沾沾自喜的庸俗话语”。[671]

她尤其尖锐地攻击了关于怯懦的袭击者的平庸修辞，它像一根红线贯穿于美国人民对恐怖袭击的反应中："谁敢承认这不是'怯懦地'袭击'文明'或'人性'或'自由世界'，而是袭击自我宣称的世界超级大国，而且袭击的发生是出于美国特殊的结盟与行动？……如果要使用'怯懦地'这个词，那么用它来形容那些从报复范围之外的高空进行杀人行为的人，比起形容那些通过自杀来杀人的人要更为贴切。"[672]

*

此外，桑塔格还在她的文章中要求对美国情报系统的失败和中东政策进行分析，主张严肃探讨这个悲伤的事件。"让我们用一切手段共同悲伤。但让我们不要一起愚蠢。"[673]这是文章结尾段落被引用最多的话。《杀人犯不是懦夫》是一个知识分子的自白，它反思了从珍珠港事件和麦卡锡时代直到冷战军备竞赛时期美国的帝国主义修辞，并在小布什政府原教旨保守主义的立场中辨认出过往矛盾的回声。

在纽约空袭，小布什政府实施无能的外交政策，以及把桑塔格所谴责的那种"懦夫的修辞"当成嗜好的六年后，人们不再理解的是，桑塔格在袭击发生后即时所写的那篇短文于当时的世界引发了多大的愤慨。

2001年9月，关于桑塔格的争议在美国的自由派中也引发了情绪化的争论。尤其是发表在《纽约客》"城市谈话"上的经过编辑的版本，相比德文版它在争议中显得更加扼要。此外，编辑版删去了至关重要的引导语，在这些句子中，桑塔格作为震惊和悲伤的美国人与纽约人，表示了自己与这些遇难者同在的心情。[674]

桑塔格认为恐怖袭击与美国的全球政策有关，而这种观点被绝大部分受过教育的美国人视作一种极为严重的羞辱。鉴于袭击发生后几周内超过90%的美国人都支持桑塔格所批评的小布什政府的政策，这种结果也就不那么令人惊讶了。即便是大部分原本支持桑塔格立场的纽约自由派人士，也无法抑制他们对桑塔格带着怒火的观点的愤慨，他们对这些事感到过于震惊，失去朋友和亲人的痛苦又太过强烈。这篇文章也体现了桑塔格与可怕事件的巨大现实间的地理距离。桑塔格偏偏非常在意亲历现场这件事，而凑巧隔着地理距离发表的言论听起来并不像一个长期生活在纽约的人所说的话。倘若桑塔格听到过双子塔坍塌时发出的震耳欲聋的响声，或者亲眼看到过摸爬滚打的人群在大街上逃亡，或者闻到过弥漫全城数日的呛鼻浓烟，她可能会作出另外一番评论。

《纽约客》收到了不计其数的针对这篇文章的愤怒的抗议信。[675] 桑塔格自己也收到了充满仇恨的信件，其中甚至包括死亡威胁。[676]即便在欧洲，桑塔格的言论有时也被认为是“刺耳的声音”、“愤怒的长篇大论”或者“接近于歇斯底里的……刚愎自用”。[677]而这些描述在美国已算温和。对于新保守主义媒体，比如《华盛顿时报》（*Washington Times*）、《纽约邮报》（*New York Post*）、《旗帜周刊》（*The Weekly Standard*）或者《国家评论》（*National Review*）来说，桑塔格很少失去她1960年代参加政治活动以来的煽动性，它们为她打造了一个标志性的形象，象征“反美的左派”或者“轰炸机左派”，为她贴上“叛徒”和“道德白痴”的标签。《旗帜周刊》在许多期杂志中颁发了“桑塔格证书……颁给那些涉及恐袭时头脑尤其混乱的知识分子和艺术家”。[678]很有影响力的保守主义博主安德鲁·沙利文（Andrew Sullivan）也设立了类似的每周颁发的“苏珊桑塔格奖”。即使是温和的报纸和杂志如《华盛顿邮报》或《新共和国》（*New Republic*）也指责桑塔格道德水准上的愚笨，或者在文章的开头这么问道：“奥萨马·本·拉登、萨达姆·侯赛因和苏珊·桑塔格有什么共同之处？”［答案是，依据《新共和国》主编劳伦斯·卡普兰（Lawrence Kaplan）的观点，他们都将恐怖袭击归咎于美国的外交政策。］[679]

桑塔格不是唯一一位批评美国政府并遭到如此反对的评论家。一种政治和媒体氛围突然在美国蔓延开来，在很大程度上扼杀了自由和民主精神。当时，白宫新闻发言人阿里·弗莱舍（Ari Fleischer）在一次新闻发布会上公布了明确的原则：“人们必须注意他们的言行。”[680]著名脱口秀节目《政治不正确》（*Politically Incorrect*）的主持人比尔·马赫（Bill Maher）作出了类似桑塔格的评论，认为袭击者不能被称为“懦夫”。许多企业因此撤回了广告宣传，虽然马赫反复道歉和澄清，但还是被美国广播公司（ABC）解雇。得克萨斯州和俄勒冈州的报纸编辑也为他们报纸的一些专栏作家的批评总统的行为道歉，其中有一位专栏作家甚至因批评小布什政府的言论而被解聘。[681]

桑塔格处理完在德国的事务后搭乘第一发航班从柏林返回了纽约，然后乘坐出租车以最近的道路驶向依旧冒着刺鼻浓烟的前世贸中心所在地，现在它是一个万人坑，她在附近来回游荡了一小时。[682]安妮·莱博维茨此刻正以51岁的高龄等待她的第一个孩子降生，两周后，她和桑塔格一起获准进入灾难现场。[683]桑塔格告诉一位意大利记者，她此刻才理解什么是“巨大的牺牲数目和毁灭的现实”，这根本上改变了她对这件事的看法。[684]

虽然桑塔格从未直接与她的9·11言论保持距离，[685]但在接下来的几个月中，她借由几次杂志和电视采访的机会向美国大众评论了那篇文章。尽管桑塔格宣称这些评论是澄清，但其中的某些部分其实完全等同于自我纠正。比如，在著名网络杂志《沙龙》（*Salon.com*）的一次采访中，桑塔格对她被保守派媒体荒谬的妖魔化进行了辩护。“我知道这是一个多么激进的观点，”她在那里解释道，“很偶然的，我代表了一种观点。但是我一刻也没有想过，我的散文会是激进的或者尤为不符合主流。因为在我看来这是常识。”[686]桑塔格特别在意这样一种澄清，那就是她不认为恐怖袭击是“以非法的手段寻求合法的利益”。[687]与此同时，她没有解释这种言论是如何与她认为的情形具有一致性，即恐怖袭击是“美国政治、利益和行动产生的结果”。[688]但是她以习惯的直率详尽解释了自己的新观点。如果塔利班政权的“伊斯兰法西斯主义”在阿富汗能被颠覆的话，她会感到开心，但并非以通常美军轰炸平民的方式。她也解释，美国和以色列在定居点问题上的政治转向很少能改变伊斯兰激进主义的恐怖活动：“如果明天以色列宣布单方面从西岸和加沙地区撤军……接着巴勒斯坦国也宣布……那么我认为，支持本·拉登基地组织的力量不会因此而减弱。”[689]

这些采访显示桑塔格又回到了她旧有的政治范式。在众多随后于美国和欧洲进行的谈话、报告及采访中，桑塔格为自己塑造了一个小布什政府统治下的新保守主义美国最聪明以及消息最灵通的批评者形象。

她嘲弄和批评了共和党推行的无条件爱国主义，[690]热情地鼓动一个具有批判精神的媒体空间，在广大观众面前宣扬应该放弃电视而尽可能地使用其他获取信息的渠道，包括国外报纸和网络博客。[691]在这个美国公众几乎全体支持反恐战争的时刻，她谴责了媒体工作者自愿的自我审查，认为这是对美国民主的威胁。桑塔格抨击了所谓反恐战争是一场“预见不到终点之战”的新观念，并揭穿这场战争其实是种“充满强烈后果的隐喻”，是“一场依据小布什政府的愿望而发动的幻象战争”。她尖锐地批评了《爱国者法案》造成的对公民权利的限制，比如警方监听程序的简化或者银行保密义务的松懈，她也批评了破坏外交规则的行为：“没有无终止的战争。但权力会因一个认为自己不会受到挑战的国家而扩张。”[692]

在有迹象表明美国即将攻打伊拉克时，桑塔格表示了强烈的反对，不仅因为她不相信小布什政府信誓旦旦保证的伊拉克有存在大规模杀伤性武器的危险，也因为她想警告大家，这个中东国家可能因为一场逊尼派、什叶派和库尔德人之间旷日持久的内战而瓦解。[693]这样的观点不仅大多数的欧洲人会表示支持，纽约知识分子圈的大部分人也予以赞同。但只有像桑塔格这样的、少数的美国人会如此早又如此公开地支持它们。即便是著名的自由派报纸如《纽约时报》或《洛杉矶时报》，也因战时状态而不敢进行批判性报道。此外，桑塔格在表达这些观点时更为接近她不言而喻的目标，她不仅在表述自己的观点，更像在耶路撒冷或者9·11袭击时所做的那样，从伦理层面展开论证，而完全不同于美国有线电视新闻网（CNN）和福克斯新闻（Fox News）等电视节目和日报政治专栏的舆论制造。这不是因为她的这些论证没有倾向性，而是因为它们提出了文化和历史层面的根本性问题：为什么美国政策的实施都基于这样一个标准，那就是外国人的生命没有美国人的有价值？为什么我们在设想战争时，真正的战争牺牲品——平民——却一直不在考虑范围之内？[694]桑塔格代表了那个时代美国公众的良心，对许多美国的左派来说，没有再比这更好的形容了。

*

作为现代人类的基本经验，战争仅是借由图像而被经历。每一场现代战争都会诞生一些标志性的照片，它们成了文化记忆中无法抹灭的部分。是否那些记录奥斯维辛或者贝尔根－贝尔森（Bergen-Belsen）集中营的照片让盟军结束了二战，或者是那张越战中被凝固汽油弹击中的光着身子尖叫着跑开的9岁小女孩潘金福的照片，抑或伊拉克战争期间拍摄于巴格达中央监狱的虐俘照片。早在2001年2月，桑塔格就已经在牛津大学的大赦国际（Amnesty International）讲座上作了一次报告，其中她分析了战争是如何通过摄影来呈现的，由此她继续编织着自己的智识线索，这条线索在她还是一个加利福尼亚的 12 岁犹太小女孩时便已开始：当她第一次看到集中营牺牲者的照片时。受到媒体加工处理 9·11 事件以及之后的阿富汗战争的启发，桑塔格重拾了这个话题。当她的散文《关于他人的痛苦》（*Regarding the Pain of Others*）在 2003 年 3 月以书的形式出版时——它的删节版发表于 2002 年 12 月的《纽约客》——伊拉克战争即将爆发，由于这场战争，桑塔格的思想变得前所未有的重要。

《关于他人的痛苦》是桑塔格最后一次回归她原本的写作类型——散文。其中心主题是战争摄影如何影响民众对军事暴力和人员伤亡的理解。从某种意义上看，它可以理解为桑塔格三十年前《论摄影》的进阶评注。在《论摄影》中，桑塔格依旧强调图像世界包罗万象的逻辑，而在这本最新的摄影散文中，她描述了一条“回归真实”的道路。她毫无意外地在文中加入了对萨拉热窝时光的评论与回忆。这篇散文是一篇有关摄影的论文，同时也是关于战争的论文。桑塔格讨论了那些收藏著名战争照片的图书馆，这些战争照片走进了集体记忆。她描述它们的接受史，也讲述它们的诞生史，其中一些是特意的摆拍，因而并不满足战争摄影所特别要求的真实性。她分析了所谓“好品味”的观念——它不允许印刷和展示美国的战争死难者，敌人的照片却以一种古老的、殖民主义的形态出现在所有媒体上。在弗吉尼亚·伍尔夫的散文《三基尼金币》（*Three Guineas*）的基础上，她思考了战争照片的震撼意义，而伍尔夫给出的唯一答案就是和平。桑塔格则是另一种观点。对她来说，照片并不包含明确的信息。它们不是故事，它们被怎样阅读取决于它们处在怎样的语境中，以及有哪些关于它们的叙述业已存在。

如果说，桑塔格早期散文的基调还是由爆发的激情和名言警句所决定，那么最新的这篇则带着一种成熟知识分子的老练。桑塔格提出问题，针对反对意见进而作出论证，但又不急于给出明确的答案。她正是在一种冷静的讨论中从各个方面逐渐探讨了粗略和复杂的观念，她不直接给出宏大的断言，而是让它们逐步渗透到读者的深层意识之中。

自《论摄影》出版后，桑塔格关于摄影的观点成了媒介和学术界的共识。这次她利用《关于他人的痛苦》重新修正了这些观点。在她之前的散文集中，桑塔格还曾这样描述，事件，比如战争尽管可以通过照片变得“更真实”，而媒体的过度饱和却会使读者变得迟钝。只有在这种意义下，我们才能解读她那时对“图像生态学”的要求。相反，一个异常清醒的桑塔格却在她的新文章中讲道："这样一种图像生态学不会存在。并没有一个监护委员会为我们定量分配恐怖以维系它的震慑能力。而且恐怖也不会减弱。"[695]战争的恐怖真实存在，桑塔格说，它不是电视屏幕上的模拟；对大部分西方民众而言，摄影的呈现是他们设想战争的唯一方式。桑塔格进行了一次艺术史、媒介史和摄影史的巡回之旅，从克里米亚战争到两次世界大战，从西班牙内战到越南战争，她指出，新闻中的战争照片同娱乐产业的暴力场面相比具有另一种价值，因为它们能够唤起同情。对于桑塔格而言，这种特质使得战争照片成为目击证人。虽然它们不能帮助我们理解战争的恐怖，但是，桑塔格谨慎地希望，它们能让我们思考并采取相应的行动。

严肃的出版界的反应非常统一，几乎都是积极与正面，但《纽约时报》的著名批评家角谷美智子是个例外，她评价桑塔格"模棱两可的智慧"具有修正主义倾向。[696]《新闻日报》称赞《关于他人的痛苦》是"20世纪六七十年代桑塔格批判性散文所呈现能量的一次真正回归"。[697]《华盛顿邮报》认为这本书满足了人们对伊拉克战争照片的期待，提供了受欢迎的解释。[698]《洛杉矶时报》确认了桑塔格无可抵挡的力量——在她发射出可怕的道德问题，却不给予"我们可以在其中寻求庇护"的答案时。[699]

*

桑塔格回归文化批评使她在欧洲的人气有了一次攀升。在伊拉克战争爆发前夕，法国、德国和俄罗斯已经明确批评了小布什政府的军事计划。而战争伊始，这种批评扩展成二战以来最为严重的跨大西洋争论，欧洲媒体的反应异常统一，即便是美国盟友的媒体如英国、西班牙和波兰，也从纯粹对战争政策的不解发展为明确的反美语气。在这种背景下，桑塔格在所有美国作家中表现得最具欧洲性。那些年在柏林、巴黎和伦敦，她明显被培养成一个具有批判精神的智识“解释机构”。如果她的反伊拉克战争立场在美国属于少数派的话，那么这种观点在欧洲则属于多数派。“一个随着苏东剧变而消失的形象，”洛塔尔·缪勒在《南德意志报》中描绘了这个现象，“却在苏珊·桑塔格这个美国人身上重现：作为异见者的知识分子。”[700]

当德国书业和平奖基金管理委员会于2003年10月将德国最重要的文学奖项授予桑塔格时，德国和美国都主要将其当作一种政治信号。在授奖理由中，管委会——包括约阿希姆·萨托利乌斯（Joachim Sartorius）、迈克尔·克鲁格（Michael Krüger）、尤塔·林巴赫（Jutta Limbach）和克里斯蒂娜·怀斯

(Christina Weiss)——的表态也验证了它。“桑塔格，”他们宣称，从未丢失“欧洲遗产的眼界”，是“两个大陆之间最卓越的智识大使。”他们带着一种微妙而明确的、对美国单边政策的旁敲侧击继续讲道：“在一个充斥着伪造图像和歪曲真相的世界内部，她代表着自由思想的尊严。”[701]

德国的保守主义政客批评了这件事，美国大使丹·科茨(Dan Coats)、德国总统约翰内斯·劳(Johannes Ran)、联邦总理格哈德·施罗德(Gerhard Schöder)和外交部长约施卡·菲舍尔(Joschka Fischer)也缺席了颁奖典礼。尽管如此，2003年10月在法兰克福圣保罗教堂举行的授奖仪式上并没有发生什么风波。[702]桑塔格的密友伊万·纳格尔(Ivan Nagel)对她的称颂令人印象深刻，鉴于她对战争的思考，纳格尔尤其赞扬了桑塔格的作品。她那些既不属于和平主义也不属于好战主义哲学的关于越战、赎罪日战争、波斯尼亚和伊拉克战争的矛盾判断回过头来对纳格尔而言却是“理智的和清晰的，也是预言般的”。“完美……意味着不断改变”，纳格尔对于桑塔格思想中的矛盾坦然地说出了自己的看法。即便纳格尔对小布什政府有所批评，认为“统治人民、军队和企业的权力交到了一群不懂战争的人手里”，他们很容易“释放残暴”，[703]但他还是很难适应欧洲知识分子当时针对美国的那种反思性批评。

桑塔格的致谢并不包含任何攻击美国的言论。相反，她智慧的、修辞十分凝练的讲话充满着“调和的基本词汇”，如同克里斯托弗·施罗德（Christoph Schröder）在《法兰克福评论》（*Frankfurter Rundschau*）中说的那样。[704] 她以《文学就是自由》（*Literature Is Freedom*）为题，用一场文学批评式的阅读代替了“欧洲和美国隐藏的敌对”，在其中她提到了亚历克西·德·托克维尔（Alexia de Tocqueville）和 D. H. 劳伦斯（D. H. Lawrence），以说明跨大西洋间的不愉快在历史上可能一直是常态而非例外。现在流行的关于两个大陆间差异的刻板印象不仅是 19 世纪美国文学的主题，也是到美国旅行过的欧洲游客一直以来的普遍观察。对于桑塔格，是这种刻板印象导致了“旧”（欧洲）与“新”（美国）的根本对立。她援引了唐纳德·拉姆斯菲尔德（Donald Rumsfeld）关于新旧欧洲的讽刺式区分，认为所谓“新的”的解释权保留在美国对其同盟的选择上。尽管桑塔格“在直接的未来”中没有找到任何解决这种敌对的办法，但她仍旧看到了一个和解的机会。此时她尤为关注文学的角色，因为它可以破除神话。桑塔格说，作家可以做一些事去克服关于不同存在的陈词滥调，并以此为我们提供“那些使你以为自己已思考过、感觉过或相信过的东西变得混乱的经验”。她用美好的故事结束了自己的讲话，作为一个亚利桑那州的小女孩，她靠着阅读德国经典文学活了下来，与此同时，每晚又会遭受有关纳粹士兵的噩梦侵扰。在仅仅几百公里远的地方，她未来的德国编辑弗里茨·阿诺德正坐在战俘营里，凭借阅读美国和英国经典文学幸存下来。文学，桑塔格说，对两人都意味着“逃出民族虚荣心、小市民习气以及强迫性地方主义的监狱”，[705] 同时也意味着——自由。

*

德国书业和平奖并不是桑塔格斩获荣誉的终点。两周以后，她在西班牙的自治区首府奥维耶多（Oviedo）接受了阿斯图里亚斯亲王文学奖（Prinz-von-Asturien-Preis für Literatur），而她一定也开始希望自己能够荣获诺贝尔文学奖。在去世前不久，她告诉文学经理人安德鲁·怀利，让她感到欣慰的是博尔赫斯也没拿到诺贝尔奖。[706] 桑塔格在她人生的最后几年中除了获得一系列文学奖项外，还受到了许多有威望讲座的邀请以及被授予荣誉博士称号。2003 年 5 月，她在得克萨斯州休斯敦的罗斯科教堂（Rothko Chapel）接受奥斯卡罗密欧人权奖（the Oscar Romero Award for Human Rights）时为艾沙·梅努钦（Ishai Menuchin）念了颂词；2003 年 6 月，她在伦敦的伊丽莎白女王大厅举行了关于文学翻译的圣杰罗姆讲座；2004 年 3 月，她在开普敦和约翰内斯堡举行了第一届纳丁戈迪默讲座。

桑塔格利用发表获奖感言和报告的机会，主要传达了她对文学及作家承载批判精神的理解。她写的如今已成为一种桑塔格惯例的序言也具有同样的功效。因此，她为鲍里斯·帕斯捷尔纳克（Boris Pasternak）、玛琳娜·茨维塔耶娃（Marina Tsvetaeva）和赖内·马利亚·里尔克（Rainer Maria Rilke）三人书信集的美版及新版写了序言；为意大利作家安娜·班蒂的小说《阿尔泰米西娅》（*Artemisia*，1947），为已被遗忘的俄裔法国作家维克托·塞尔日（Victor Serge）的《图拉耶夫事件》（*L'Affaire Toulaev*,1950）或者冰岛的世界级文学家、诺贝尔文学奖获得者赫尔多尔·拉克斯内斯（Haldór Laxness）的《在冰川下》（*Undir Helgahnúk*，1968）作序。在这些文章中，桑塔格对文学的理解完全具备了宗教的性质。里尔克、茨维塔耶娃和帕斯捷尔纳克对她来说是“一个上帝和两个崇拜者，并且后两位还互相崇拜（而我们，他们书信的读者，都知道他们也是未来的上帝）”。[707] 她把安娜·班蒂的《阿尔泰米西娅》形容为“一本书的不死鸟，重生于另一本书的灰烬”。[708] 她在革命的共产主义者和反斯大林主义者塞尔日身上发现了“小说的真相”，那就是用一种具有治疗作用的、面向一切无限和普遍事物的开放性来取代历史矛盾和生活世界的残暴。[709]拉克斯内斯的《在冰川下》对桑塔格来说是"神秘智慧"的典范。[710]在她的纳丁戈迪默讲座中，桑塔格甚至谈论到世界文学的"福音派动力（evangelische Antrieb）"，[711]并以一种令人难以想象的对于救赎的期盼，认为"文学的一个功能，重要且必要的功能即是预言"。[712]"人们的最高荣耀"最终将来自"他们的作家"。[713]

这些关于文学救恩期待的观点反映了桑塔格自童年早期便开始的与阅读相关的原初渴望。要成为一位好作家，她在 2004 年 3 月解释，那么就应该生活在一个"可能受到陀思妥耶夫斯基、托尔斯泰、屠格涅夫和契诃夫影响的时代"。[714]这是桑塔格在世界文学的所有叙述中所挖掘的文学亲和力的先知式特征，她想以此攻击电视时代可以替换的循环叙述。在她生命的最后岁月里，文学不仅仅是一个基本的自由空间，也是一种极具社会责任的预知领域。这种近乎宗教的东西成了桑塔格在 2003~2004 年所写的最后一本散文集的主题。《同时》（*At the Same Time*）出版于桑塔格死后的 2007 年 3 月，它是一份为如今已经完全过时的文学家的社会责任而发表的偶尔听起来让人深感绝望的辩护词。除了已经提到过的序言和报告之外，桑塔格的最后一本散文集还收入了她的书业和平奖演说、耶路撒冷奖获奖演说以及她为 9·11 事件而写的饱受争议的文章。这本文集标志着桑塔格最初关于高雅文化的始动巅峰，由此她将自己从童年的混乱中拯救出来，而如今，这个原始动力的社会合法性正面临倒退的威胁，她想透过一种神秘的提升将其从历史倒车中拯救出来。

2004 年 3 月初，纳丁・戈迪默说服桑塔格和她一起去南非的荒原度过一个短暂的假期。返回纽约后不久，身上出现的一连串神秘肿块引起了她的注意。她知道，这是灾难性的征兆。[715] 当她于 3 月 13 日和朋友杰夫・赛洛伊在布鲁克林音乐学院为制作莎士比亚的《仲夏夜之梦》(*Midsummer Night's Dream*) 而见面时，她已经拿到了诊断结果，是骨髓增生异常综合征，急性白血病的先兆，可能是在最近一次的癌症治疗过程中由放疗所引起。桑塔格必须服用镇静剂才能克服惊恐的发作。她颤抖着跟朋友说："这就是世界末日。"[716]

桑塔格的最后时光持续了 9 个半月。她面临两个选择，接受治疗，从而让生命的最后几个月能够相对轻松地度过，或者同意骨髓移植，这是让她活下去的唯一方法，虽然成功的希望渺茫，桑塔格还是决定做骨髓移植。"我不关心生活质量！"她对斯蒂芬・尼莫尔（Stephen Nimer）解释道，后者是她在曼哈顿斯隆凯特琳纪念癌症中心的主治医生。[717] 她含泪告诉安德鲁・怀利，她别无选择："我还有许多事必须要做，如果没有完成，我无法原谅自己。"[718]

戴维·里夫回忆起母亲在决定移植骨髓后抱有多么大的希望，而且她的惊恐也很少再发作。[719] 她甚至重新开始工作，2004 年 5 月，她为《纽约时报杂志》写了一篇令人印象深刻且有说服力的关于巴格达中央监狱虐俘照片的散文。“照片就是我们”，她在文章中准确又无可争辩地讲道。[720]

然而，怀抱希望的时间相对短暂。当她从一次几乎夺去生命的严重感染中恢复后，随即动身前往西雅图的福瑞德哈金森癌症研究中心（Fred Hutchinson Cancer Research Center）进行治疗，那是移植骨髓最好的地方。安妮·莱博维茨从她的一个朋友处借了一架飞机，桑塔格从纽约飞往了西雅图。[721]

桑塔格可能不知道骨髓移植失败的后果十分严重。在关于母亲最后一次罹患癌症的散文中，戴维·里夫以详尽的细节沉重地描写了苏珊·桑塔格是多么惊讶于她身体对骨髓移植的排异反应以及白血病的复发：她颤抖地尖叫着，认识到自己现在注定要死了。[722] 面对风景如画的联合湖（Lake Union）和瑞尼尔山（Mount Rainier），桑塔格的身体承受着几近酷刑的折磨：在安妮·莱博维茨为她的终身伴侣所拍摄的最后照片中，桑塔格已经让人无法辨认。她时常毫无意识，因为服用药物而变得浮肿。在她生命的最后阶段，大部分时间都染成黑色的长发在医院里被剪成了白色的短发。她被医疗器械包围着，让人觉得好像处在极度的筋疲力尽和死亡的分界线上。莱博维茨用相机记录了桑塔格对抗癌症的私人战争，一场必败的战争。随之而来的是这些照片的伦理问题，它们让桑塔格的许多朋友和熟人深感震惊，因为对于他们来说，显而易见的是，桑塔格自己已经无法决定它们的拍摄。之后在她的摄影集《一个摄影师的一生》中发表这些照片对莱博维茨而言可谓一场复杂的良心抉择。最终，在心里占据上风的是，她觉得开明的、艺术品味高雅的桑塔格“也会捍卫这项工作”。[723]

安妮·莱博维茨安排桑塔格飞回了曼哈顿的斯隆凯特琳纪念癌症中心。斯蒂芬·尼莫尔医生用一种实验性药物试着对她进行最后一次治疗，它曾对很少的白血病患者有过帮助。然而，桑塔格的个案毫无希望。最后几周她一直处在昏迷状态，几乎无法交流。2004 年 12 月 28 日清晨，在她的儿子和最亲密友人的陪伴下，苏珊·桑塔格去世了。“死神走了，她的死很轻松，”戴维·里夫回忆，“她没有什么痛苦。”[724]

注 释

1 Vgl. Gespräch des Autors mit Marina Abramović am 8. März 2007 sowie Michael Krüger: Ah, Susan! Toujours fidèle; Vor einem Jahr starb Susan Sontag. Wir alle vermissen sie sehr. In: Frankfurter Allgemeine Sonntagszeitung, 1. Januar 2006, und Joseph Hanimann: Verpaßtes Rendezvous; Pariser Gedenktopographie. In: Frankfurter Allgemeine Zeitung, 19. Januar 2005.

2 Lothar Müller: An den Abgründen der Oberfläche (...) Zum Tod der Essayistin, Schriftstellerin und Moralistin Susan Sontag. In: Süddeutsche Zeitung, 30. Dezember 2004.

3 Henning Ritter: Sie kam, sah und schrieb (...) Zum Tode von Susan Sontag. In: Frankfurter Allgemeine Zeitung, 20. Dezember 2004.

4 Margalit Fox: Susan Sontag, Social Critic With Verve, Dies at 71. In: The New York Times, 28. Dezember 2004.

5 Ebd.

6 Susan Sontag: Susan Sontag. The Passion for Words. Interview mit Marithelma Costa und Adelaida Lopez (1987). Im Folgenden abgekürzt als »Costa/Lopez«. In: Leland Poague (Hg.): Conversations with Susan Sontag, Jackson 1995. Im Folgenden abgekürzt als »CWSS«, S. 222–236, hier S. 223. Diese und folgende Übersetzungen stammen, sofern nicht aus den deutschen Ausgaben zitiert wird, vom Autor.

7 Gespräch des Autors mit David Rieff am 29. Mai 2006.

8 Susan Sontag: Projekt einer Reise nach China. In: Susan Sontag: Ich, etc. Erzählungen, München und Wien 1979, 2003, S. 9–34, hier S. 18. In einem Interview mit dem Journalisten Geoffrey Movius vom New Boston Review (»An Interview with Susan Sontag«, 1975. In: CWSS, S. 49–56) erklärte Sontag: »In einigen neueren Erzählungen, wie ›Projekt einer Reise nach China‹ in der Aprilausgabe des Atlantic Monthly von 1973, schöpfe ich aus meinem eigenen Leben.«

9 Susan Sontag: Pilgrimage. In: The New Yorker, 21. Dezember 1987. S. 38–56. Im Folgenden abgekürzt als »Pilgrimage«.

10 Susan Sontag: Hirsch CXLIII. Interview mit Edward Hirsch. S. 183. In: The Paris Review, Nr. 137, Winter 1995. S. 176–208. Im Folgenden abgekürzt als »Hirsch«.

11 Gespräch des Autors mit Lucinda Childs am 13. April 2007.

12 Ellen Hopkins: Susan Sontag Lightens Up. The ›Dark Lady‹ of American Intellectuals Ventures from her Lofty Terrain into the

Steamy Times of an Adultress and her Besotted Lover. In: Los Angeles Times Magazine, 16. August 1992. Im Folgenden abgekürzt als »Hopkins«.

13 Vgl. Carl Rollyson, Lisa Paddock: Susan Sontag. The Making of an Icon, New York 2000, S. 4. Im Folgenden abgekürzt als »Rollyson/Paddock«.

14 Hopkins, S. 23 ff.

15 Rollyson/Paddock, S. 4. Rollyson und Paddock haben sich die amtlichen Urkunden schicken lassen, weisen aber nicht auf die offensichtliche Differenz zwischen den Aussagen Sontags hin.

16 Sontag: Projekt einer Reise nach China. In: Sontag: Ich, etc., S. 22.

17 Joan Acocella: The Hunger Artist. Is There Anything Susan Sontag Doesn't Want to Know? In: The New Yorker, 6. März 2000, S. 68 ff. Im Folgenden abgekürzt als »Acocella«.

18 Geoffrey Movius: An Interview with Susan Sontag (1975), S. 53. In: CWSS, S. 49–56.

19 Marta Kijowska: Die Wohltäterin; Eine besondere Beziehung: Polen trauert um Susan Sontag. In: Frankfurter Allgemeine Zeitung, 4. Januar 2004.

20 David Rieff: Going to Miami. Exiles, Tourists and Refugees in the New America, Boston 1987, S. 4.

21 Jonathan Cott: Susan Sontag. The Rolling Stone Interview (1978). Im Folgenden abgekürzt als »Cott«. In: CWSS, S. 106–136, hier S. 133.

22 Gespräch des Autors mit Andrew Wylie am 20. März 2007.

23 Hirsch, S. 182.

24 Eve Curie: Madame Curie. Eine Biographie, Frankfurt/Main 2003 (26. Auflage).

25 In Depth with Susan Sontag. Dreistündiges Interview mit Sontag auf dem Washingtoner TV-Sender C-Span. Sendedatum: 2. März 2003. Im Folgenden abgekürzt als »C-Span-Interview«.

26 Zoë Heller: The Life of a Head Girl. In: The Independent (London), 20. September 1992, S. 10 ff. Im Folgenden abgekürzt als »Heller«.

27 Sontag: Pilgrimage, S. 39.

28 Hirsch, S. 182.

29 Ron Grossman: At the C-Shop with Susan Sontag, In: The Chicago Tribune, 1. Dezember 1992. Im Folgenden abgekürzt als »Grossman«.

30 Hirsch, S. 183.

31 Sontag: Projekt einer Reise nach China. In: Sontag: Ich, etc., S. 6.

32 Sontag: Pilgrimage, S. 38, und Hirsch, S. 180.

33 Annie Leibovitz: A Photographer's Life, New York 2006, ohne Seitenangaben.

34 Ebd.

35 Susan Sontag: Hommage an Halliburton. In: Sontag: Worauf es ankommt, München und Wien 2005. S. 331–335, hier S. 332.

36 Ebd., S. 331.

37 Hirsch, S. 179.

38 Cott. In: CWSS, S. 121.

39 Nadine Gordimer and Susan Sontag. In: CWSS, S. 215–221, hier S. 215.

40 Costa/Lopez. In: CWSS, S. 222.

41 Leslie Garis: Susan Sontag Finds Romance. In: New York Time Magazine, 2. August 1992, S. 21 ff. Im Folgenden abgekürzt als »Garis«.

42 Garis, S. 21 ff.

43 Sontag: Pilgrimage, S. 38.

44 Gespräch des Autors mit Nadine Gordimer am 6. März 2007.

45 Ebd.

46 Conversation. Susan Sontag. Interview mit Elizabeth Farnsworth. News Hour with Jim Lehrer. PBS. Channel Thirteen, New York. Sendedatum: 2. Februar 2001.

47 Acocella, S. 68 ff.

48 Gespräche des Autors mit Richard Howard, Stephen Koch und Steve Wasserman am 2. Dezember 2006 sowie am 23. Februar, 28. März und 6. März 2007.

49 Sontag: Pilgrimage, S. 43.

50 Ebd.

51 Ebd., S. 39.

52 Ebd., S. 38.

53 Heller, S. 10 ff.

54 Rollyson/Paddock, S. 19.

55 Ebd., S. 20.

56 Sontag: Pilgrimage, S. 39.

57 A Lifestyle Is Not Yet a Life. Interview mit Monika Beyer (1980). In: CWSS, S. 165–174, hier S. 173.

58 Sontag: Pilgrimage, S.39.

59 Ebd., S. 40.

60 Ebd.

61 The Habits of Consciousness. Interview mit Roger Copeland (1981). In: CWSS, S. 183–191, hier S. 191.

62 Gespräch des Autors mit Steve Wasserman am 6. März 2007.

63 Sontag: Pilgrimage, S. 41, vgl. auch Acocella, S. 68 ff.

64 Susan Sontag and Philip Fisher: A Conversation. In: Salmagundi, Saratoga Springs, Sommer 2003, Nr. 139/40, S. 174 ff.

65 Cott. In: CWSS, S. 233.

66 Sontag: Pilgrimage, S. 42.

67 Ebd., S. 46.
68 Ebd., S. 53.
69 Susan Sontag: Die Briefszene. S. 289 f. In: Nadine Gordimer (Hg.): Telling Tales, Berlin 2004, S. 277–304.
70 Grossman, S. 1 ff.
71 Vgl. Mary Ann Dzuback: Robert M. Hutchins. Portrait of an Educator, Chicago 1991, S. 5–45.
72 A Gluttonous Reader: Susan Sontag. Interview mit Molly McQuade (1993). Im Folgenden abgekürzt mit »McQuade«. In: CWSS, S. 271–278, hier S. 271.
73 Vgl. Maxine Bernstein und Robert Boyers: Women, the Arts and the Politics of Culture: An Interview with Susan Sontag. Im Folgenden abgekürzt als »Bernstein/Boyers«. In: CWSS, S. 57–79.
74 Grossman, S. 1 ff., und McQuade. In: CWSS, S. 272.
75 Vgl. Sharon Cohen: The Nobel-ist of All. University of Chicago Celebrates 100th. In: ATP-Press, 29. September 1991.
76 McQuade. In. CWSS, S. 272.
77 Heller, S. 10 ff.
78 Grossman, S. 1 ff.
79 Ebd.
80 McQuade. In: CWSS, S. 275.
81 Gerhard Spörl: Die Leo-Konservativen. In: Der Spiegel, Nr. 32, 4. August 2003, S. 42–45.
82 Ebd.
83 Hirsch, S. 184.
84 Ebd.
85 Christine Stansell: American Moderns. Bohemian New York and the Generation of a New Century, New York 2000, S. 147.
86 Vgl. Jack Selzer: Kenneth Burke in Greenwich Village. Conversing with the Moderns, 1915–1931, Madison 1996.
87 Hirsch, S. 184.
88 Suzie Mackenzie: Finding Fact from Fiction, In: The Guardian (London), 27. Mai 2000. Im Folgenden abgekürzt als »Mackenzie«.
89 Garis, S. 21 ff.
90 Vgl. Brett Harvey: The Fifties. A Woman's Oral History, New York 1993.
91 Mackenzie, S. 31 ff.
92 Acocella, S. 68 ff.
93 Sontag: Die Briefszene. In: Gordimer: Telling Tales, S. 225.
94 Heller, S. 10 ff.
95 Acocella, S. 68 ff.
96 Ebd.
97 McQuade. In: CWSS, S. 277.
98 CWSS, S. XXVI.

99 Gespräch des Autors mit Sontags ehemaligem Assistenten Jeff Alexander am 2. März 2007.
100 Michael D'Antonio: Little David, Happy at Last. In: Esquire, März 1990, Bd. 113, Nr. 3, S. 128–138, hier S. 137. Im Folgenden abgekürzt als »D'Antonio«.
101 Susan Sontag on Film. Interview mit Victoria Schultz (1972). Im Folgenden abgekürzt als »Schultz«. In: CWSS, S. 23–34, hier S. 31.
102 Suzy Hansen: Rieff Encounter. In: New York Observer, 1. Mai 2005.
103 Vgl. Susan Sontag: In Amerika. München und Wien 2002, S. 34 f.
104 Rollyson/Paddock, S. 41.
105 Mackenzie, S. 31 ff.
106 Acocella, S. 68 ff.
107 Vgl. David Halberstam: The Fifties, New York 1993, S. 3–24.
108 Cott. In: CWSS, S. 115.
109 Ebd.
110 CWSS, S. XXVI.
111 Sontag: Die Briefszene. In: Gordimer: Telling Tales, S. 225.
112 Susan Sontag: For Isabelle, S. 41. In: Nancy Cohen u. a. (Hg.): Isabelle Huppert. Woman of Many Faces, New York 2005, S. 41 ff. Rede anlässlich der Trophée des Arts Gala an der Alliance Française zu Ehren Isabelle Hupperts in New York, 5. November 2003.
113 Sigrid Löffler: Eine europäische Amerikanerin, Kantianerin und Vordenkerin ihrer Epoche im Gespräch in Edinburgh. Portrait der Friedenspreisträgerin Susan Sontag. In: Literaturen, Oktober 2003.
114 Sontag: Die Briefszene. In: Gordimer: Telling Tales, S. 289.
115 Ebd.
116 Heller, S. 10 ff.
117 Sontag: Die Briefszene. In: Gordimer: Telling Tales, S. 289.
118 Stanley Karnow: Paris in the Fifties, New York 1997, S. 3–42.
119 Susan Sontag: On Self. Tagebuchaufzeichnungen aus den Jahren 1958–1964. In: The New York Times, 10. September 2006, S. 53 (29. Dezember 1958). Im Folgenden abgekürzt als »On Self«.
120 Cott. In: CWSS, S. 134.
121 Ebd. S. XVII.
122 Sontag: On Self, S. 53 f. (31. Dezember 1958).
123 Edward Field: The Man Who Would Marry Susan Sontag, Madison 2005, S. 160. Im Folgenden abgekürzt mit »Field«.
124 Sontag: On Self, S. 53 (31. Dezember 1958).
125 Ebd., S. 54 (2. Januar 1959).
126 Ebd. (19. Februar 1959).
127 Ebd. (28. Februar 1959).
128 Gespräch des Autors mit Stephen Koch am 23. Februar 2007.
129 Gespräch des Autors mit Elliott Stein am 7. Dezember 2006.

130 Vgl. Tony Judt: Past Imperfect. French Intellectuals 1944–1956, Berkeley, Los Angeles, Oxford 1992.
131 Cott. In: CWSS, S. 129.
132 Vgl. Sontag: Die Briefszene. In: Gordimer: Telling Tales, S. 300.
133 Hopkins, S. 23 ff.
134 Gespräch des Autors mit Richard Howard am 2. Dezember 2006.
135 Sontag-Interview von Barbara Rowes: Bio – Susan Sontag. In: People Magazine, 20. März 1978, S. 74 ff. Vgl auch Garis, Heller und Hopkins.
136 Suzy Hansen: Rieff Encounter. In: The New York Observer, 1. Mai 2005.
137 Susan Sontag: The Third World of Women. In: Partisan Review, Nr. 40, Frühjahr 1973, S. 180–206, hier S. 205.
138 Gespräch des Autors mit Annette Michelson am 15. Januar 2007.
139 CWSS, S. XXVI-XXVII, und Richard Howard: Remembering Susan Sontag. In: Los Angeles Times, 2. Januar 2005.
140 D'Antonio, S. 132.
141 Acocella, S. 68 ff.
142 Ebd.
143 Suzy Hansen: Rieff Encounter. In: The New York Observer, 1. Mai 2005.
144 Sontag: On Self, S. 54 (19. November 1959).
145 Gespräch des Autors mit Richard Howard am 2. Dezember 2006.
146 Field, S. 160.
147 Ebd., S. 160–164.
148 Gespräch des Autors mit Elliott Stein am 7. Dezember 2006.
149 Acocella, S. 68 ff.
150 Field, S. 162.
151 Gespräch des Autors mit Richard Howard am 2. Dezember 2006.
152 Vgl. Acocella, S. 68 ff.; Rollyson/Paddock, S. 56.
153 Sontag: On Self, S. 54 (19. November 1959).
154 Fornes im Interview mit Maria M. Delgado. In: Maria M. Delgado (Hg.): Conducting a Life. Reflections on the Theatre of Maria Irene Fornes. North Stratford 1999, S. 255. Sontag erzählte die Geschichte mit geringen Abweichungen auch in: Costa/Lopez. In: CWSS, S. 227.
155 Vgl. ebd. und Field, S. 163.
156 Sontag: On Self, S. 54 (24. Dezember 1959).
157 Gespräch des Autors mit Richard Howard vom 2. Dezember 2006.
158 Field, S. 162.
159 D'Antonio, S. 137.
160 Ebd., S. 132.
161 Hirsch, S. 187.
162 Ebd., S. 190 f.

163 Brief von Robert Giroux an Susan Sontag vom 1. Juli 1981, New York Public Library, FSG-Files, BOX 346.
164 Z. B. bei Hopkins, S. 23 ff., oder bei Miriam Berkley. In: Publisher's Weekly, 22. Oktober 1982.
165 Vgl. Christopher Lehmann-Haupt: Roger W. Straus Jr. Book Publisher from the Age of Independents, Dies at 87. In: New York Times, 27. Mai 2004, Arts/Cultural Desk, S. 10, und James Atlas: Obituary: Roger Straus: Charismatic Co-Founder of Farrar. In: The Independent (London), 31. Mai 2004, S. 31, und Writers Pay Tribute to Roger Straus. In: Los Angeles Times, 6. Juni 2004.
166 Interview des Autors mit Michael Krüger per Email vom 19. März 2007.
167 Gespräch des Autors mit Jonathan Galassi am 26. März 2007.
168 Gespräch des Autors mit Sigrid Nunez am 21. März 2007.
169 Roger Straus an Susan Sontag, FSG-Files, BOX 344, 30. April 1962 und 14. Januar 1963.
170 Verschiedene Briefe in FSG-Files, BOX 344.
171 Adam Zagajewski in: Writers Pay Tribute to Roger Straus. In: Los Angeles Times, 6. Juni 2004, Book Review, S. 4.
172 Gespräch des Autors mit Stephen Koch am 23. Februar 2007.
173 Gespräch des Autors mit Richard Howard am 2. Dezember 2006.
174 Gespräch des Autors mit Ned Rorem am 7. Dezember 2006.
175 Gespräch des Autors mit Stephen Koch am 23. Februar 2007.
176 Ned Rorem: The Later Diaries of Ned Rorem 1961–1972, San Francisco 1983, S. 143.
177 Gespräche des Autors mit Richard Howard und Elliott Stein am 2. und 7. Dezember 2006.
178 William Phillips: A Partisan View: Five Decades of Literary Life, New York 1983.
179 Gespräch des Autors mit Elizabeth Hardwick am 6. April 2007.
180 Vgl. Arthur Marvick: The Sixties, Oxford und New York 1998, S. 3–41 und S. 288-359 (im Folgenden abgekürzt als »Marvick«) und David Denby: The Moviegoer. Susan Sontag's Life in Film. In: The New Yorker, 12. September 2005, S. 102 ff. Im Folgenden abgekürzt als »Denby«.
181 FSG-Files, originaler Entwurf für den Buchumschlag, BOX 344.
182 Daniel Stern: Life Becomes a Dream, In: New York Times, 8. September 1963, Book Review.
183 Carolyn G. Heilbrun: Speaking of Susan Sontag, In: New York Times Book Review, 27. August 1967. Im Folgenden abgekürzt als »Heilbrun«.
184 Deborah Solomon: Utopia Parkway. The Life and Works of Joseph Cornell, New York 1997. S. 317.

185 Susan Sontag: Dreißig Jahre später… In: Sontag: Worauf es ankommt, S. 353.
186 Vgl. Steven Watson: Factory Made: Warhol and the Sixties, New York 2003 und Jon Margolis: The Last Innocent Year – America in 1964, the Beginning of the ‚Sixties', New York 1999, S. 3–36.
187 Sontag: On Self (27. Juli 1964).
188 Brief von Roger Straus an Harry Ford vom 4. Juni 1964 und ähnliche Briefe, BOX 344, FSG-Files.
189 Gespräch des Autors mit Annette Michelson am 15. Januar 2007.
190 Heilbrun.
191 Hirsch, S. 185.
192 Siehe z. B. Anna Fels: Necessary Dreams. Ambition in Women's Changing Lives, New York 2004, S. 99–106.
193 Hirsch, S. 185.
194 Sontag: On Self (27. Juli 1964).
195 Hirsch, S. 188.
196 C-Span-Interview, 2003.
197 Judith Thurman bei einem Podiumsgespräch beim Susan Sontag Tribute vom 5. Februar 2007 im 92ndY in Manhattan.
198 Acocella, S. 68 ff.
199 Hirsch, S. 192.
200 Ebd., S. 193.
201 Ebd.
202 Gespräch des Autors mit Richard Howard am 2. Dezember 2006.
203 Brief vom 18. November 1965 über ein Symposium, an dem Sontag teilnahm und wo sie über Filme wie die Avantgarde-Filme von Jonas Mekas, Kenneth Anger oder Mike Kuchar sprach, FSG-Files, BOX 342 A.
204 Vgl. dazu die genaue Beschreibung der Ereignisse in Steven Watson: Factory Made, Warhol and the Sixties, New York 2003, S. 143–147.
205 Susan Sontag: Jack Smith's Flaming Creatures. In: Sontag: Against Interpretation: And Other Essays, New York 1966, S. 226–231.
206 Hopkins, S. 23 ff.
207 Rollyson/Paddock, S. 76.
208 Hopkins, S. 21 ff.
209 Brief von Roger Straus an Maurice Temple Smith vom 9. April 1964, FSG-Files, BOX 343.
210 Vgl. Victor Navasky: Notes on Cult; or, How to Join the Intellectual Establishment. In: New York Times, 27. März 1966. Im Folgenden abgekürzt als »Navasky«.
211 Bernstein/Boyers. In: CWSS, S. 57–78, hier S. 57.
212 Brief von Roger Straus an Maurice Temple Smith vom 9. April 1964, FSG-Files, BOX 343.

213 Brief von Lila Karpf an Gerard Pollinger (London), Alexander Gans (Amsterdam) und Herbert Lottman (Paris) vom 7. Mai 1965, FSG-Files, BOX 343.
214 Ebd.
215 Navasky.
216 Susan Sontag: Jack Smith's Flaming Creatures. In: Sontag: Against Interpretation, New York 1966, S. 226–231, hier S. 231.
217 Vgl. William Phillips: Leserbrief an die New York Times unter dem Stichwort Susan Sontag Finds Romance vom 23. August 1992.
218 Gespräch des Autors mit Richard Howard am 2. Dezember 2006.
219 Gespräch des Autors mit Elliott Stein am 6. Dezember 2006.
220 Susan Sontag: Anmerkungen zu »Camp«. In: Susan Sontag: Kunst und Antikunst. 24 literarische Analysen, München und Wien 1980, S. 269–284, hier S. 280.
221 Ebd.
222 Denby, S. 102ff.
223 Vgl. Navasky.
224 Thomas Meehan: Not Good Taste, Not Bad Taste – It's ‚Camp'. In: New York Times Magazine, 21. März 1965.
225 CWSS, S. XXVII.
226 Eliot Fremont-Smith: After the Ticker Tape Parade. In: New York Times, 31. Januar 1966.
227 Callie Angell: Andy Warhol Screen Tests. The Films of Andy Warhol. Catalogue raisonné, Volume II, New York 2006, S. 190.
228 Ebd.
229 Bernstein/Boyers, S. 75.
230 Gespräch des Autors mit Stephen Koch am 7. März 2007.
231 Susan Sontag: Gegen Interpretation. In: Sontag: Kunst und Antikunst, S. 9–18, hier S. 12 f.
232 Ebd.
233 C-Span-Interview, 2003.
234 Gespräch des Autors mit Elliott Stein am 7. Dezember 2006.
235 Gegen Interpretation. In: Sontag: Kunst und Antikunst, S. 18.
236 Ebd.
237 Sontag: Gegen Interpretation. In: Sontag: Kunst und Antikunst, S. 18.
238 Eliot Weinberger: Notes on Susan. In: New York Review of Books, 16. August 2007. S. 27 ff., hier S. 27.
239 Susan Sontag: Die Einheit der Kultur und die neue Erlebnisweise. In: Sontag: Kunst und Antikunst, S. 285–295, hier S. 294.
240 Ebd.
241 Benjamin DeMott: Lady on the Scene. In: The New York Times Book Review, 23. Januar 1966.
242 Robert Mazzocco: Swingtime. In: The New York Review of Books, 9. Juni 1966.

243 Vgl. Elizabeth W. Bruss: Beautiful Theories. The Spectacle of Discourse in Contemporary Criticism, Baltimore und London 1982, S. 224–237. Im Folgenden abgekürzt als »Bruss«.
244 Norman Podhoretz: Making It, London 1968, S. 154 f.
245 Harvey Teres: Renewing the Left. Politics, Imagination, and the New York Intellectuals, Cambridge 1996, S. 173–203.
246 Vgl. Kommentare bei Eliot Fremont-Smith: After the Ticker Tape Parade. In: New York Times, 31. Januar 1966 und Herbert Mitgang: Victory in the Ashes of Vietnam? In: New York Times, 4. Februar 1969.
247 Vgl. Irving Howe: Decline of the New, New York 1970, S. 218–223.
248 Vgl. Liam Kennedy: Susan Sontag. Mind as Passion, Manchester 1995, S. 16–46. Im Folgenden abgekürzt als »Kennedy«.
249 Navasky.
250 Gespräch des Autors mit Stephen Koch am 7. März 2007.
251 Ebd.
252 Edmund Wilson: The Sixties. The Last Journals. 1960–1972, New York 1973, S. 569 und S. 748.
253 Siehe z. B. Hopkins, S. 23 ff.
254 Irving Howe: Decline of the New, New York 1970, S. 258 ff.
255 Gespräch des Autors mit Elizabeth Hardwick am 6. April 2007.
256 Gespräche des Autors mit Richard Howard und Sigrid Nunez am 21. Dezember 2006 und am 21. März 2007.
257 Gespräche des Autors mit Richard Howard und Stephen Koch zwischen Dezember 2006 und März 2007.
258 BBC 2, 17. November 1964. Vgl. Brief von Laurence Pollinger an Roger Straus vom selben Datum. FSG-Files, BOX 343.
259 Heller, S. 10 ff.
260 Gespräch des Autors mit Terry Castle am 4. März 2007.
261 Gespräche des Autors mit Terry Castle und Wendy Lesser am 4. und am 7. März 2007.
262 Vgl. z. B. Sontag: On Self, undatierter Tagebucheintrag vom Februar 1960 und Tagebucheintrag vom 8. November 1965, S. 55 und S. 57.
263 Sontag: On Self (8. November 1965).
264 Ebd. (4. Juli 1965).
265 Susan Sontag an Roger Straus am 5. Juli 1972, FSG-Files, BOX 344.
266 Susan Sontag und Jean-Louis Servan-Schreiber: An Emigrant of Thought. In: CWSS S. 143– 164, hier S. 146.
267 In: Kennedy, S. 1.
268 Heilbrun.
269 Vgl. Sontag: On Self (17. November 1964).
270 Lila Karpf an Susan Sontag am 23. November 1966, FSG-Files, BOX 343.
271 Gespräch des Autors mit Richard Howard am 21. Dezember 2006.

272 Vgl. z. B. Charles Poore: Against Joan of Arc of the Cocktail Party. In: New York Times, 28. April 1966 oder Henry Luhrman: A Bored Susan Sontag: 'I Think Camp Should be Retired'. In: The Columbia Owl, 23. März 1966.
273 Brief Susan Sontags aus London an Roger Straus vom 11. August 1966, FSG-Files, BOX 342 A.
274 Ebd.
275 Gespräch des Autors mit Stephen Koch am 7. März 2007.
276 Carlin Romano: Desperately Seeking Sontag. In: FAME Magazine, April 1989, S. 89.
277 Gespräche des Autors mit Stephen Koch und Elliott Stein am 7. März 2007 und am 6. Dezember 2006.
278 Sontag: On Self (24. November 1965).
279 Ebd. (4. Januar 1966).
280 Gespräch des Autors mit Stephen Koch am 7. März 2007.
281 Gespräch des Autors mit Ned Rorem am 6. Dezember 2006.
282 Vgl. Joseph Cornell: Theater of the Mind. Edited and with an Introduction by Mary Ann Caws, New York und London 1993, S. 327–338.
283 Gespräch des Autors mit Robert Wilson am 7. April 2007.
284 Sontag: On Self (6. August 1966).
285 Susan Sontag: The Dark Lady of Pop Philosophy, Interview mit Victor Brockris. S. 85. In: Victor Brockris: Beat Punks. New York's Underground Culture from the Beat Generation to the Punk Explosion, New York 1988, S. 73–89.
286 C-Span-Interview, 2003, und Evans Chan: Against Postmodernism, etcetera. A Conversation with Susan Sontag. In: PMC 12. Januar 2001, Paragraph 55.
287 Gespräche des Autors mit Stephen Koch, Elliott Stein und Richard Howard zwischen Dezember 2006 und März 2007.
288 Speaking Freely (Interview mit Edwin Newman, 1969). Im Folgenden abgekürzt als »Newman«. In: CWSS, S. 3–22, hier S. 15.
289 James Baldwin u. a.: Police Shooting of Oakland Negro. In: New York Times, 6. Mai 1968. S. 46.
290 Brief von Lila Karpf an Fritz J. Raddatz vom 17. Januar 1968, FSG-Files, BOX 342 A.
291 Gespräch des Autors mit Stephen Koch am 7. März 2007.
292 Gespräch des Autors mit Elizabeth Hardwick am 6. April 2007.
293 Vgl. Tom Wolfe: Radical Chic & Mau-Mauing the Flak Catchers, New York 1970.
294 Gespräch des Autors mit Elizabeth Hardwick am 6. April 2007.
295 Vgl. Eliot Weinberger: Notes on Susan. In: New York Review of Books, 16. August 2007.

296 Vgl. Scott McLemee: The Mind as Passion. In: The American Prospect, Februar 2005, S. 33.
297 Susan Sontag: Styles of Radical Will, New York 1969, S. 203.
298 Brief von Hall D. Vursell an den Graphikdesigner Milton Glaser vom 8. April 1968, FSG-Files, BOX 347.
299 Undatiertes Memorandum von Robert Giroux an Susan Sontag, FSG-Files, BOX 347.
300 Sontag: ‚Thinking Against Oneself': Reflections on Cioran. In: Sontag: Styles of Radical Will, S. 74–99.
301 Andrew Kopkind: Communism and the Left. In: The Nation, 27. Februar 1982.
302 Vgl. Brief von Lila Karpf an Guiliana Broggi vom 8. November 1968, FSG-Files, BOX 347.
303 Brief von Lila Karpf an Guiliana Broggi vom 8. November 1968. Ebd.
304 Brief von Susan Sontag an Roger Straus vom 26. August 1968. Ebd.
305 Vgl. hierzu auch Kennedy, S. 61–73.
306 Sontag: Reise nach Hanoi. In: Styles of Radical Will, S. 271.
307 Charles Ruas: Susan Sontag: Past, Present and Future. In: New York Times, 24. Oktober 1982, S. 11 ff.
308 Evans Chan: Against Postmodernism, etcetera. A Conversation with Susan Sontag. In: PMC, 12. Januar 2001.
309 Sontag: Reise nach Hanoi. In: Styles of Radical Will, S. 214.
310 Ebd., S. 259.
311 Gespräch des Autors mit Stephen Koch am 28. März 2007.
312 Brief von Roger Straus and den italienischen Verleger Alberto Mondadori vom 17. März 1967 und Brief von Susan Sontag an Roger Straus vom 11. August 1966, FSG-Files, BOX 342A.
313 Brief von Roger Straus an den italienischen Verleger Alberto Mondadori vom 17. März 1967, FSG-Files, BOX 342 A.
314 Hirsch, S. 191.
315 Eliot Fremont-Smith: Diddy Did it – or Did He? In: New York Times, 18. August 1967.
316 Benjamin DeMott: Diddy or Didn't he? In: New York Times Book Review, 27. August 1967.
317 Susan Sontag / Joe David Bellamy (1972). In: CWSS, S. 35–48, hier S. 43.
318 Alfred Kazin: Bright Book of Life. American Novelists and Storytellers from Hemingway to Mailer, New York 1974, S. 184.
319 Susan Sontag: Todesstation, München und Wien 1985, S. 373.
320 Gespräch des Autors mit David Rieff am 29. Mai 2006.
321 Gespräch des Autors mit Stephen Koch am 28. März 2007.
322 Susan Sontag: Resnais' Muriel. In: Sontag: Against Interpretation, S. 237. Übersetzung des Autors. Die vorliegende deutsche Überset-

zung gibt den Originaltext nur gekürzt wieder. Vgl. Sontag: Resnais' Muriel. In: Sontag: Kunst und Antikunst, S. 213–221.

323 Vgl. Sontag in folgenden Interviews: Guy Scarpetta: Susan Sontag. Dissidence as Seen from the USA (In: Tel Quel Nr. 76, Sommer 1978, S. 28-37). In: CWSS, S. 97–105. Jean-Louis Servan-Schreiber: An Emigrant of Thought (In: TF1, 13. Dezember 1979). In: CWSS, S. 143–164. Sowie Cott. In: CWSS, S. 113 f.

324 Vgl. ebd.

325 Hopkins, S. 23ff.

326 Vgl. Denby, S. 102ff.

327 Ebd.

328 Vgl. C-Span-Interview 2003.

329 Mel Gussow: Susan Sontag Talks about Filmmaking. In: New York Times, 3. Oktober 1969. Im Folgenden abgekürzt als »Gussow«.

330 Vgl. Victoria Schultz: Susan Sontag on Film. In: Changes, 1. Mai 1972, S. 4. Im Folgenden abgekürzt als »Schultz«. Sue Johnson: Duet for Cannibals. In: Cinema Papers, Juli-August 1975, S. 112.

331 Gespräche des Autors mit Stephen Koch und Sigrid Nunez im März 2007.

332 Schultz, S. 4. Vgl. auch Leticia Kent: What Makes Susan Sontag Make Movies? In: The New York Times, 11. Oktober 1970.

333 Gussow, S. 36.

334 Brief an Roger Straus aus Stockholm vom 9. November 1968, FSG-Files, BOX 342 A.

335 Michael Levenson: The Avant-Garde and the Avant-Guardian. In: The Harvard Crimson, 27. Juli 1973.

336 Vgl. zahlreiche Briefe und Rechnungen in den FSG-Files, insbesondere BOX 342 B und 344.

337 Ebd.

338 Vgl. Susan Sontag: Cuban Posters. In: Dugald Stermer und Susan Sontag: The Art of Revolution. 96 Posters from Cuba, New York 1970. Ohne Seitenangaben.

339 Vgl. Sontag an Straus aus Stockholm, 4. März 1969, FSG-Files, BOX 342 A.

340 Sontag: Some Thoughts on the Right way for Us to Love the Cuban Revolution, In: Ramparts, April 1969, S. 10. Vgl. dazu auch Kennedy, S. 71 ff.

341 New York Times, 21. Mai 1971.

342 Vgl. Mary Breasted: Discipline For a Wayward Writer. In: Village Voice, 4. November 1971. S. 1.

343 Vgl. Cott. In: CWSS, S. 114.

344 Bernstein/Boyers S. 63 ff.

345 Bonnie Marranca: Interview – Susan Sontag on Art and Consciousness. In: CWSS, S. 79–88, hier S. 86.

346 Hugh Kenner: The Harold Robbins Built Style to Make it with the Literati. In: The New York Times Book Review, 2. November 1969.
347 (Ohne Autor): Suicide off L.I. Is Identified as Woman Writer. In: The New York Times, 9. November 1969.
348 Gespräch des Autors mit Stephen Koch am 7. März 2007.
349 Sontag an Straus aus Stockholm, 19. Januar 1971, FSG-Files, BOX 342 B.
350 Sontag an Straus aus Stockholm, 9. März 1969, FSG-Files, BOX 342 A.
351 Schultz, S. 4.
352 Dennis V. Paoli: Child Admitted only with College Graduate, In: Village Voice, 24. August 1972, S. 55.
353 Susan Sontag: Debriefing. In: Sontag: Ich, etc., S. 35–54, hier S. 39.
354 Cott. In: CWSS, S. 122.
355 Leticia Kent: What Makes Susan Sontag Make Movies? In: The New York Times, 11. Oktober 1970.
356 Gespräch des Autors mit Richard Howard am 21. Dezember 2006.
357 Helen Benedict: The Passionate Mind – Susan Sontag. In: Helen Benedict: Portraits in Print. A Collection of Profiles and the Stories behind them, New York 1991. S. 21–36, hier S. 23. Im Folgenden abgekürzt als »Benedict«.
358 Edwin Newman: Speaking Freely, Susan Sontag. In: CWSS, S. 3–23, hier S. 10.
359 Robert Brustein: If an Artist Wants to Be Serious, and Respected and Rich, Famous and Popular, He Is Suffering from Cultural Schizophrenia. In: New York Times Magazine, 26. September 1971.
360 Vgl. Ronald Bergan: Nicole Stèphane; Renowned for her Acting Debut She Later Struggled to Bring Proust to the Screen. In: The Guardian (London), 23. März 2007, S. 42, und (ohne Autor): Kommentar: Jede Menge verlorener Zeit. In: Frankfurter Allgemeine Zeitung, 29. März 2007, S. 37.
361 Vgl. z. B. Schultz, S. 5.
362 Brief vom 11.07.1972, FSG-Files, BOX 344.
363 Jonathan Rosenbaum: Goodbye, Susan, Goodbye: Sontag and the Movies. In: Synoptique 7, 14. Februar 2005 (URL: http://www.synoptique.ca/core/en/articles/rosenbaum/).
364 Gespräch des Autors mit Richard Howard am 21. Dezember 2006.
365 Susan Sontag: Remembering Barthes. In: Under the Sign of Saturn, New York 1980, S. 169–181, hier S. 176. Vgl. Auch Michael Krüger: Ah, Susan! Toujours fidèle; Vor einem Jahr starb Susan Sontag. Wir alle vermissen sie sehr. In: Frankfurter Allgemeine Zeitung, 1. Januar 2006, S. 32.
366 Charles Ruas: Susan Sontag: Me, Etcetera… In: CWSS, S. 175–183, hier S. 175. Im Folgenden abgekürzt als »Ruas«.

367 Cott. In: CWSS, S. 109.
368 Brief Tom Rosenthals aus dem britischen Verlag Secker und Warburg an FSGs britische Agentin Deborah Rogers, 25. April 1973, FSG-Files, BOX 342 B.
369 Sontag an Straus, 13. Mai 1973, vgl. auch die juristische Korrespondenz zwischen Carnegie und Straus, FSG-Files, BOX 342 B.
370 Vgl. Sigrid Nunez: Sontag Laughs. In: Salmagundi, Saratoga Springs, Herbst 2006, Nr. 152, S. 11–21.
371 Roger Copeland: The Habits of Consciousness. In: CWSS, S. 183–192, hier S. 189.
372 Sigrid Nunez: Sontag Laughs. In: Salmagundi, Saratoga Springs, Herbst 2006, Nr. 152, S. 11–21.
373 Sontag an Straus, 2. Juni 1973, FSG-Files, BOX 342 B.
374 Vgl. Stephen Pascal und Leo Lerman: The Grand Surprise. The Journals of Leo Lerman, New York 2007, S. 413. Im Folgenden abgekürzt als »Lerman«.
375 Ruas. In: CWSS, S. 175.
376 Mehrere Briefe von Straus an Sontag nach Paris, FSG-Files, BOX 342 A/BOX 342 B.
377 Vgl. Philip Nobile: Intellectual Skywriting. Literary Politics and the New York Review of Books, New York 1974, S. 211 f.
378 Gespräch des Autors mit Sigrid Nunez am 21. März 2007. Nunez war damals Assistentin bei der New York Review of Books.
379 Sontag an Straus aus Paris, 5. Juli 1972, FSG-Files, BOX 344.
380 Sontag an Straus aus Paris, 21. Mai 1973, FSG-Notes BOX 342 B.
381 Susan Sontag: On Paul Goodman. In: Sontag: Under the Sign of Saturn, S. 3–10.
382 Ebd.
383 Ruas. In: CWSS, S. 176.
384 Vgl. Elizabeth Bruss: Beautiful Theories. The Spectacle of Discourse in Contemporary Criticism, Baltimore und London 1982, S. 208–216.
385 Bernstein/ Boyers. In: CWSS, S. 60.
386 Sontag an Straus aus Paris, 1. August 1973, FSG-Files, BOX 342 B.
387 Sontag: Debriefing. In: Sontag, Ich, etc., S. 51.
388 Rollyson/Paddock, S. 146.
389 Schultz, S. 3.
390 Zitate aus dem Filmbooklet für das Screening im Filmspielhaus «New Yorker« im Sommer 1974. Archiv des Museum of Modern Art, BOX SONTAG.
391 FSG-Rechnung an den New Yorker, FSG-Files, BOX 342 B.
392 Sontag an Straus, 7. Februar 1974, FSG-Files, BOX 342 B.
393 Gespräch des Autors mit Stephen Koch am 23. Februar 2007.

394 Wendy Perron: Susan Sontag. In: Soho Weekly News, 1. Dezember 1977.
395 Ebd.
396 Schultz, S. 4.
397 Gespräch des Autors mit Stephen Koch am 23. Februar 2007.
398 Sontag: Über den Stil. In: Sontag: Kunst und Antikunst, S. 19–38, hier S. 28 f.
399 Vgl. Sontags Brief an Straus, 19. Januar 1975, FSG-Files, BOX 432 B.
400 Vgl. Susan Sontag: Fascinating Fascism. In: Sontag: Under the Sign of Saturn, S. 73–109.
401 Adrienne Rich und Susan Sontag: Feminism and Fascism: An Exchange. In: New York Review of Books, 20. März 1975, S. 65 f.
402 Ebd. S. 66.
403 Gespräch des Autors mit Richard Howard am 21. Dezember 2006.
404 Gespräch des Autors mit Nadine Gordimer am 6. März 2007.
405 Boyers/Bernstein. In: CWSS, S. 63.
406 Gespräch des Autors mit Steven Wasserman am 28. März 2007.
407 Susan Sontag: Krankheit als Metapher, Frankfurt/Main 1981, S. 5.
408 Sontag an Straus; 7. Februar 1974, FSG-Files, BOX 344.
409 Acocella, S.68 ff.
410 Garis, S. 21 ff.
411 Wendy Perron: Susan Sontag. In: Soho Weekly News, 1. Dezember 1977.
412 Charles Ruas: Susan Sontag Found Crisis of Cancer Added Fierce Intensity to Life. In: New York Times, 30. Januar 1978.
413 Gespräch des Autors mit Stephen Koch am 23. Februar 2007 und Susan Sontag: Introduction. In: Peter Hujar: Portraits in Life and Death, New York 1976, ohne Seitenangaben.
414 Garis, S. 21 ff.
415 Benedict, S. 25.
416 Gespräch des Autors mit Stephen Koch am 23. Februar 2007.
417 Ebd.
418 Undatierte Aufrufe in FSG-Files, BOX 342 B.
419 Benedict, S. 25.
420 Cott. In: CWSS, S. 109.
421 Gespräch des Autors mit Sigrid Nunez am 21. März 2007.
422 Gespräch des Autors mit Steven Wasserman am 6. März 2007.
423 Vgl. Acocella, S. 68 ff., und Gespräch des Autors mit Richard Howard am 21. Dezember 2006.
424 Gespräch des Autors mit Richard Howard am 21. Dezember 2006.
425 Ebd.
426 Susan Sontag: Über Fotografie, Frankfurt/Main 1980.
427 Ebd. S. 171 f.

428 William H. Gass: A Different Kind of Art. In: New York Times, 18. Dezember 1977.
429 Lerman, S. 415.
430 Gespräch des Autors mit Stephen Koch am 23. Februar 2007.
431 Cott. In: CWSS, S. 116.
432 Gary Indiana: Susan Sontag (1933–2004). Remembering the Voice of Moral Responsibility – and Unembarrassed Hedonism. In: Village Voice, 4. Januar 2005.
433 Cott. In: CWSS, S. 110.
434 Sontag: Krankheit als Metapher.
435 Costa / Lopez. In: CWSS, S. 230.
436 Gespräch des Autors mit Richard Howard am 21. Dezember 2006.
437 Costa / Lopez. In: CWSS, S. 230.
438 E-Mail von Darryl Pinckney an den Autor vom 14. April 2007.
439 Ebd.
440 Gespräch des Autors mit Sigrid Nunez am 21. März 2007.
441 Ebd.
442 Victor Brockris: Beat Punks, New York 2000, S. 77.
443 Ebd., S. 78.
444 Vgl. Lerman, S. 413.
445 Gespräch des Autors mit Stephen Koch am 23. Februar 2007.
446 Anatole Broyard: Styles of Radical Sensibility. In: New York Times, 11. November 1978, S. 21.
447 E-Mail von Michael Krüger an den Autor vom 19. März 2007.
448 Ebd.
449 CWSS, S. 167.
450 Vgl. James Atlas: The Changing World of New York Intellectuals. In: New York Times Magazine, 25. August 1985. Keine Seitenangabe.
451 Vgl. Kennedy, S. 106–109.
452 Monika Beyer: A Life Style Is Not Yet a Life (Interview with Susan Sontag). In: CWSS, S. 165–175, hier S. 167.
453 Hal Foster: A Reader's Guide. In: Artforum 7, März 2005, S. 188.
454 Ebd.
455 Gespräch des Autors mit Richard Sennett am 22. März 2007.
456 Ebd.
457 Gespräche des Autors mit Richard Sennett und Edmund White im Februar und März 2007.
458 Susan Sontag: Fragen über das Reisen. In: Sontag: Worauf es ankommt, S. 355–368.
459 Gespräch des Autors mit Edmund White am 27. Februar 2007.
460 Gespräch des Autors mit Richard Sennett am 22. März 2007.
461 Susan Sontag: Joseph Brodsky. In: Sontag: Worauf es ankommt, S. 426.

462 Gespräche des Autors mit Richard Howard, Sigrid Nunez, Edmund White und Stephen Koch zwischen Dezember 2006 und März 2007.
463 Gespräch des Autors mit Stephen Koch am 21. Februar 2007.
464 In: Herbert Mitgang: Publishing the Eclectic Susan Sontag. In: New York Times, 10. Oktober 1980, S. 31.
465 Susan Sontag: Joseph Brodsky. In: Sontag: Worauf es ankommt, S. 426.
466 David Rieff: Foreword. In: Susan Sontag: At the Same Time. Essays and Speeches. Herausgegeben von Paolo Dilonardo und Anne Jump, New York 2007. S. XI–XVII.
467 Charles Ruas: Susan Sontag. Past, Present and Future. In: New York Times, 24. Oktober 1982.
468 John Leonard: On Barthes and Goodman, Irony and Eclecticism. In: New York Times, 13. Oktober 1980.
469 Susan Sontag: Mind as Passion. In: Sontag: Under the Sign of Saturn, S. 181–203.
470 Susan Sontag: Remembering Barthes. In: Ebd., S. 169–181.
471 Susan Sontag: Under the Sign of Saturn. In: Ebd., S. 109–137.
472 Garis, S. 21 ff.
473 Richard Lacayo: Stand Aside Sisyphus. In: Time Magazine, 24. Oktober 1988.
474 Hirsch, S. 194.
475 (Ohne Autor): Susan Sontag Provokes Debate on Communism. In: New York Times, 27. Februar 1982.
476 Zitiert in: Ebd.
477 Christopher Hitchens: Ohne Titel. In: The Nation, 27. Februar 1982, S. 237.
478 Diana Trilling: Susan Sontag's God That Failed. In: Soho Weekly News, 24. Februar 1982.
479 Alexander Cockburn: Ohne Titel. In: The Nation, 27. Februar 1982, S. 237.
480 Benedict, S. 33.
481 Charles Ruas: Susan Sontag. Past, Present and Future. In: New York Times, 24. Oktober 1982.
482 Gespräch des Autors mit Edmund White am 27. Februar 2007.
483 Alexander Cockburn: Susan Sontag. In: Village Voice, 11. Oktober 1983.
484 Gespräch des Autors mit Jonathan Galassi am 26. März 2007.
485 Walter Kendrick: In a Gulf of her Own. In: The Nation, 23. Oktober 1982.
486 Susan Sontag: When Writers Talk among Themselves. In: New York Times, 5. Januar 1986.
487 Gespräch des Autors mit Stephen Koch am 21. Februar 2007.
488 Edmund White: Caracole, New York 1985.

489 Gespräch des Autors mit Edmund White am 27. Februar 2007.
490 Email von Darryl Pinckney an den Autor vom 14. April 2007.
491 Gespräch des Autors mit Karen Kennerley am 24. März 2007.
492 Alle folgenden besprochenen Artikel Sontags wurden 2001 in ihrem Aufsatzband »Where the Stress Falls: Essays« (New York) gesammelt, der 2005 in deutscher Übersetzung als »Worauf es ankommt« (München und Wien) erschien.
493 Z. B. Benedict, S. 25.
494 Gespräch des Autors mit Richard Howard am 2. Dezember 2006.
495 Z. B. C-Span-Interview 2003.
496 Gespräch des Autors mit Richard Howard am 2. Dezember 2006.
497 Gespräch des Autors mit Lucinda Childs am 13. April 2007.
498 Ebd.
499 Vgl. Jack Rosenberger: Susan Sontag. In: Splash Magazine, April 1989.
500 Gespräch des Autors mit Robert Wilson am 7. April 2007.
501 Frank Rich: Stage – Milan Kundera's ›Jacques and His Master‹. In: New York Times, 24. Januar 1985.
502 Die deutsche Übersetzung erschien in Nadine Gordimer (Hg.): Telling Tales, Berlin 2004.
503 Susan Sontag: So leben wir jetzt, Zürich 1991.
504 Mackenzie, S. 31ff.
505 Gespräch des Autors mit Lucinda Childs am 13. April 2007.
506 Kenny Fries: AIDS and Its Metaphors: A Conversation with Susan Sontag. In: CWSS, S. 255–261, hier 258. Im Folgenden abgekürzt als »Fries«.
507 Gespräch des Autors mit Richard Howard am 2. Dezember 2006.
508 Email von Robert Hass an den Autor vom 27. Februar 2007.
509 Susan Sontag: When Writers Talk among Themselves. In: New York Times, 5. Januar 1986.
510 Ebd.
511 (Ohne Autor): Pen Plans a Forbidden Reading of ›Forbidden Reading‹. In: New York Times, 11. November 1986.
512 Vgl. Sontags Leserbriefe an die New York Review of Books vom 13. März 1983, 28. März 1985, 14. August 1986 und 24. November 1988.
513 Gespräch des Autors mit Nadine Gordimer am 6. März 2007.
514 Vgl. Francis King: Visiting Cards, London 1990.
515 Gespräch des Autors mit Karen Kennerley am 24. März 2007.
516 Vgl. zum Ost-Block-Engagement Walter Goodman: U.S. PEN Unit Fights for Eastern Block Victims. In: New York Times, 30. Mai 1988.
517 Da auch kein anderer deutscher Verlag die Veröffentlichung wagte, gründete eine Arbeitsgemeinschaft, der u. a. Günter Grass, Hans

Magnus Enzensberger und Günter Wallraff angehörten, den Artikel 19 Verlag, um das umstrittene Buch publizieren zu können.

518 Gespräch des Autors mit Karen Kennerley am 24. März 2007.

519 Christopher Lehmann-Haupt: Shaping the Reality of Aids through Language. In: New York Times, 16. Januar 1989.

520 Vgl. Jack Rosenberger: Susan Sontag. In: Splash Magazine, April 1989.

521 Fries. In: CWSS, S. 260.

522 Mackenzie, S. 31ff.

523 Carlin Romano: Desperately Seeking Sontag. In: FAME Magazine, April 1989, S. 86–95.

524 Hopkins, S. 23 ff.

525 Gespräch des Autors mit Steve Wasserman am 6. März 2007.

526 Bob Thompson: A Complete Picture; Annie Leibovitz Is Ready for An Intimate View of Her Life. In: Washington Post, 19. Oktober 2006, S. C 1.

527 Gespräch des Autors mit zwei Assistenten von Annie Leibovitz, die anonym bleiben möchten.

528 Gespräche des Autors mit Richard Howard und Stephen Koch am 2. Dezember 2006 und am 28. März 2007.

529 Gespräch des Autors mit Richard Howard am 2. Dezember 2006.

530 Gespräch des Autors mit Sigrid Nunez am 21. März 2007.

531 Gespräch des Autors mit Terry Castle am 4. März 2007.

532 Acocella, S. 68 ff., und Mackenzie, S. 31 ff.

533 Gespräch des Autors mit Edmund White am 27. Februar 2007.

534 Gespräche des Autors mit Terry Castle, Richard Howard, Sigrid Nunez, Edmund White und Stephen Koch zwischen Dezember 2006 und März 2007.

535 Edward Guthmann: Love, Family, Celebrity, Grief – Leibovitz Puts Her Life in Foto Memoir. In: San Francisco Chronicle, 1. November 2006.

536 C-Span-Interview 2003.

537 Benedict, S. 29.

538 Sontag: On Self (4. Januar 1966).

539 Jack Rosenberger: Susan Sontag. In: Splash Magazine, April 1989.

540 Vgl. Margarit Fichtner: Susan Sontag's Train of Thought Rolls into Town. In: Miami Herald, 19. Februar 1989, und Gespräch des Autors mit Jonathan Galassi am 26. März 2007.

541 Paula Span: Susan Sontag. Hot at Last. In: Washington Post, 17. September 1995, S. C1 f.

542 Gespräch des Autors mit Andrew Wylie am 20. März 2007.

543 Frank Bruni: The Literary Agent as Zelig. In: New York Times Magazine, 11. August 1996.

544 Gespräch des Autors mit Andrew Wylie am 20. März 2007.

545 Z. B. in Margarit Fichtner: Susan Sontag's Train of Thought Rolls into Town. In: Miami Herald, 19. Februar 1989.
546 Gespräche des Autors mit Andrew Wylie und Jonathan Galassi am 20. März 2007 und am 26. März 2007.
547 Gespräch des Autors mit Steve Wasserman am 6. März 2007.
548 Ebd.
549 Gespräch des Autors mit Jonathan Galassi am 26. März 2007.
550 Hopkins, S. 23 ff.
551 Garis, S. 21 ff.
552 Ebd. und Gespräche des Autors mit Wendy Lesser und Jonathan Galassi im März 2007.
553 Hirsch, S. 204.
554 Sara Mosle: Magnificant Obsessions – Talking with Susan Sontag. In: Newsday, 30. August 1992.
555 Hirsch, S. 205.
556 Ebd.
557 Paula Span: Susan Sontag. Hot at Last. In: The Washington Post, 17. September 1992.
558 Hopkins, S. 23ff.
559 Michiko Kakutani: Historical Novel Flavored with Passion and Ideas. In: New York Times, 4. August 1992.
560 Johannes Willms: Die weltberühmte Dreiecksgeschichte. In: Süddeutsche Zeitung, 31. März 1993.
561 Gespräch des Autors mit Nadine Gordimer am 6. März 2007.
562 Sontag in On Art and Politics (Interview mit Tony Kushner). In: Robert Vorlicky (Hg.): Tony Kushner in Conversation, Ann Arbor 1998, S. 170–187, hier S. 179. Im Folgenden abgekürzt als »Kushner«.
563 Gespräch des Autors mit David Rieff am 29. Mai 2006.
564 Gespräch des Autors mit Terry Castle am 4. März 2007.
565 Gespräch des Autors mit Ariel Dorfman am 22. Februar 2007.
566 Susan Sontag: A Note on the Play. In: Susan Sontag: Alice in Bed. A Play in Eight Scenes, New York 1993, S. 111–117, hier S. 116 f.
567 Ebd.
568 Ebd.
569 Gespräch des Autors mit Darryl Pinckney am 23. Mai 2007.
570 Hirsch, S. 207.
571 Rüdiger Schaper: Schwestern von gestern, Brüder von morgen. In: Süddeutsche Zeitung, 17. September 1993.
572 Gerhard Stadelmaier: Schlafschmock: Bühne und Bett – Bob Wilson inszeniert Susan Sontag. In: Frankfurter Allgemeine Zeitung, 17. September 1993.
573 John Simon: One Singular Vision. Alice in Bed Should Immediately Be Put to Sleep. In: New York Magazine, 20. November 2000.
574 Gespräch des Autors mit Robert Wilson am 7. April 2007.

575 Ebd.
576 Z. B. Acocella, S. 68 ff.
577 Gespräch des Autors mit Ariel Dorfman am 22. Februar.
578 Gespräch des Autors mit Robert Wilson am 7. April 2007.
579 David Rieff: Schlachthaus. Bosnien und das Versagen des Westens, München 1995.
580 Sontag in: Ed Vulliamy: Interview: This Time It's not Personal: Susan Sontag (...). In: The Observer, 21. Mai 2000.
581 Gespräch des Autors mit Carolin Emcke am 19. März 2007.
582 Sontag in: Alfonso Armada: Sarajevo-Susan Sontag. In: The Guardian, 29. Juli 1993.
583 Ebd.
584 Sontag in: Susan Sontag/Noah Richler: The Listener; Reflections on Darkness. In: The Independent, 21. November 1999.
585 Gespräch des Autors mit Mark Danner am 11. April 2007.
586 Ebd.
587 Kushner, S. 180, sowie Paul Berman: On Susan Sontag. In: Dissent, Frühjahr 2005, S. 109 f. Im Folgenden abgekürzt als »Berman«.
588 Sontag in: John Pomfret: Godot Amid Gunfire. In: The Washington Post, 19. August 1993.
589 Ebd.
590 Gespräch des Autors mit Mark Danner am 11. April 2007.
591 Vgl. Susan Sontag: Godot Comes to Sarajevo. In: New York Review of Books, 21. Oktober 1993. John Pomfret: Godot Amid Gunfire. In: The Washington Post, 19. August 1993.
592 Davor Koric: Warten auf das Endspiel. In: Frankfurter Allgemeine Zeitung, 20. August 1993.
593 JR (Kürzel): Susan in den Ruinen. In: Süddeutsche Zeitung, 19. Oktober 1993.
594 Sontag in: Alfonso Armada: Sarajevo-Susan Sontag. In: The Guardian, 29. Juli 1993.
595 Vgl. Susan Sontag: Die europäische Idee (noch eine Elegie). In: Sontag: Worauf es ankommt, S. 369 – 375.
596 Kushner, S. 179.
597 Berman, S. 110.
598 Gespräch des Autors mit Wendy Lesser am 7. März 2007.
599 Ebd.
600 Gespräch des Autors mit Andrew Wylie am 20. März 2007.
601 Gespräch des Autors mit Terry Castle am 4. März 2007.
602 Vgl. Dana Heller: Desperately Seeking Susan. In: The Common Review, Volume 5, Nr. 1, S. 10–16.
603 Vgl. Franklin Foer: Susan Superstar. How Susan Sontag Became Seduced by Her Own Image. In: New York Magazine, 14. Januar 2005.

604 Gespräche des Autors mit Stephen Koch und Sigrid Nunez im März 2007.

605 Gary Younge: Susan Sontag, the Risk Taker. In: The Guardian (London), The Saturday Pages, 19. Januar 2006.

606 Gespräche des Autors mit Richard Howard, Jeff Seroy, Stephen Koch, Terry Castle, Sigrid Nunez und Edmund White zwischen Dezember 2006 und März 2007.

607 Susan Sontag: Worauf es ankommt, S. 353 f.

608 Denby, S. 102 ff.

609 Diese Einführungen und Vorworte wurden später in Sontags Essay-Kollektion «Where the Stress Falls« gesammelt, deutsch: Sontag: Worauf es ankommt.

610 Sontag: Debriefing. In: Sontag: I, etcetera. Stories, New York 2002. S. 33–55, hier S. 45. Zitat aus der Originalausgabe.

611 Vgl. Annie Leibovitz: A Photographer's Life, New York 2006. Ohne Seitenangaben.

612 Ebd.

613 Ebd.

614 David Rieff: Illness as More Than Metaphor. In: Lauren Slater (Hg.): The Best American Essays 2006, Boston und New York 2006. S. 159–171, hier S. 160.

615 Ebd.

616 Gespräch des Autors mit Lucinda Childs am 13. April 2007.

617 Gepräche des Autors mit Andrew Wylie, Stephen Koch, Jeff Seroy zwischen März und April 2007. Mackenzie, S. 31 ff., Kevin Jackson: Susan Sontag - In the Line of Fire. In: The Independent, 9. August 2003. Im Folgenden abgekürzt als »Jackson«.

618 Gespräch des Autors mit Andrew Wylie am 20. März 2007.

619 Gespräch des Autors mit Richard Howard am 21. Dezember 2006. Acocella, S. 68 ff. Mackenzie, S. 31 ff.

620 August Sander: Antlitz der Zeit. Sechzig Aufnahmen deutscher Menschen des 20. Jahrhunderts mit einer Einleitung von Alfred Döblin, Erstausgabe München 1929.

621 Rieff. In: Slater, S. 161.

622 Gespräche des Autors mit Steve Wasserman, Marina Abramovic und Klaus Biesenbach in März und April 2007.

623 Jackson, S. 6 ff., Acocella, S. 68 ff.

624 Liam Lacey: Waiting for Sontag. In: The Globe and Mail (Canada), 23. November 2002. S. R5 ff.

625 Acocella, S. 68 ff.

626 Gespräch des Autors mit Jeff Alexander 2. März 2007.

627 Andrea Köhler: Das Mal der Subjektivität. In: Neue Zürcher Zeitung, 9. Juli 2005, S. 47.

628 Gepräch des Autors mit Jeff Seroy am 21. März 2007.

629 Michiko Kakutani: Love as Distraction that Gets in the Way of Art. In: New York Times, 29. Februar 2000.
630 Richard Lourie: Stages of Her Life. In: The Washington Post, 5. März 2000, S. XO1.
631 Vgl. Doreen Carvajal: So Whose Words Are They, Anyway? A New Sontag Novel Creates a Stir by Not Crediting Quotes From Other Books. In: New York Times, 27. Mai 2000.
632 Susan Sontag: In Amerika. Roman, München 2002. Autorennotiz von Susan Sontag, ohne Seitenangabe.
633 Ebd.
634 Ebd.
635 Gespräche des Autors mit Jonathan Galassi und Jeff Seroy am 26. und am 21. März 2007.
636 Linton Weeks: Susan Sontag Wins National Book Award For Fiction. In: The Washington Post, 16. November 2000.
637 Ebd.
638 Laura Miller: National Book Award Winner Announced. In: Salon.com, 16. November 2000.
639 Z. B. in C-Span-Interview 2003.
640 Gespräch des Autors mit Andrew Wylie am 20. März 2007.
641 C-Span-Interview 2003.
642 Gespräch des Autors mit Carolin Emcke am 19. März.
643 Gespräch des Autors mit Klaus Biesenbach am 4. April 2007.
644 Ebd.
645 Simon Houpt: Goodbye Essays, Hello Fiction, Says Sontag. In: The Globe and Mail (Canada), 23. Oktober 2000.
646 Gary Younge: Susan Sontag, the Risk Taker. In: The Guardian (London), 19. Januar 2002.
647 Lesser, Terry Castle, Marina Abramović, Darryl Pinckney und anderen zwischen Dezember 2006 und Mai 2007.
648 Gespräch des Autors mit Klaus Biesenbach am 4. April 2007.
649 Ebd.
650 Gespräch des Autors mit Marina Abramović am 8. März 2007.
651 Vgl. zu den Projekten: Anne Jump und Paolo Dilonardo: Preface. S. VII. In: Susan Sontag: At the Same Time.
652 Gary Younge: Susan Sontag, the Risk Taker. In: The Guardian (London), 19. Januar 2002, S. 6.
653 David Rieff: Foreword. S. XI und XII. In: Sontag: At the Same Time.
654 Jackson, S. B 01 ff.
655 Gespräche des Autors mit Lucinda Childs und Terry Castle im März und April 2007.
656 Z. B. Alexander Cockburn: What Sontag Said in Jerusalem. In: The Nation, 4. Juni 2001.

657 Sontag, At the Same Time, S. 153 ff.
658 Alexander Cockburn: What Sontag Said in Jerusalem. In: The Nation, 4. Juni 2001. Herbert R. Lottman: For Jerusalem, A Bustling 20th Fair. In: Publishers Weekly, 28. Mai 2001.
659 Susan Sontag: Introduction, S. IX. In: Leonid Tsypkin: Summer in Baden-Baden. A Novel, translated from the Russian by Roger and Angela Keys, New York 2001.
660 Christopher Hitchens: An internationalist Mind. In: Newsday, 9. September 2001.
661 Hilary Mantel: Not Either/Or But Both/And. In: Los Angeles Times Book Review, 7. Oktober 2001.
662 William Deresiewicz: The Radical Imagination. In: New York Times Book Review, 4. November 2001.
663 Ebd.
664 Susan Sontag: Das Leiden anderer betrachten, München und Wien 2003. S. 100.
665 Nini Avins: UCLA Buys Sontag's Archive. In: Los Angeles Times, 26. Januar 2002, Metro Desk.
666 Harald Fricke: »Meinung und nichts als die Meinung; Die Schriftstellerin Susan Sontag wollte an der American Academy nur aus ihrem letzten Roman »In America« vorlesen. Doch dann hat sie die mediale Mobilisierung beim »Krieg gegen Amerika« zu einer Polemik gegen die »Verdummung« gezwungen.« In: taz – die tageszeitung, 15. September 2001, S. 18. Im Folgenden abgekürzt als »Fricke«.
667 breb (Kürzel): »Monströse Realität«. In: Frankfurter Allgemeine Zeitung, 15. September 2001.
668 Fricke.
669 Ebd.
670 Susan Sontag: Feige waren die Mörder nicht. In: Frankfurter Allgemeine Zeitung, 15. September 2001.
671 Ebd.
672 Ebd.
673 Ebd.
674 Susan Sontag: Ohne Titel. In: The New Yorker, 24. September 2001 (Die Ausgabe kam am 18. September an die Zeitungsstände).
675 Celestine Bohlen: Think Tank. In New War on Terrorism, Words Are Weapons, Too. In: The New York Times. 29. September 2001. Arts & Ideas/Cultural Desk, S. 11. Im Folgenden abgekürzt als »Bohlen«.
676 Sontag im Interview mit David Talbot: The ›Traitor‹ Fires Back. In: Salon.com, 16. Oktober 2001. Im Folgenden abgekürzt als »Talbot«.
677 Susanne Ostwald: »Besonnenheit und schrille Töne«. In: Neue Zürcher Zeitung, 17. September 2001.

678 (Editorial): Sontagged. In: The Weekly Standard, 15. Oktober 2001.
679 Lawrence Kaplan: No choice. In: The New Republic, 21. September 2001. Und Charles Krauthammer: Voices of Moral Obtuseness. In: The Washington Post, 21. September 2001.
680 Bohlen. Sowie Tim Rutten: When the Ayes Have It, Is There Room for Naysayers? The U.S. Climate Is Chilly These Days for Those Who Practice Political Dissent. In: Los Angeles Times, 28. September 2001, Southern California Living Section.
681 Vgl. ebd.
682 Sontag: At the Same Time, S. 109.
683 Leibovitz, A Photographer's Life, ohne Seitenangaben.
684 Sontag: At the Same Time, S. 108–117.
685 Gespräch des Autors mit David Rieff am 26. Mai 2006.
686 Talbot.
687 Ebd.
688 Ebd.
689 Ebd.
690 Sontag: At the Same Time, S. 108–117.
691 Talbot.
692 Susan Sontag: One year after. In: Sontag: At the Same Time, S. 122.
693 C-Span-Interview 2003.
694 Ebd.
695 Sontag: Das Leiden anderer betrachten, S. 125.
696 Michiko Kakutani: A Writer Who Begs to Differ … With Herself. In: New York Times, 11. März 2003.
697 Scot McLemee: Understanding War through Photos. In: Newsday, 30. März 2003.
698 Lorrain Adams: Picturing the Worst. In: The Washington Post, 13. April 2003.
699 Neal Scherson: How Images Fail to Convey War's Horrors. In: The Los Angeles Times Book Review, 16. März 2003.
700 Lothar Müller: An den Abgründen der Oberfläche: Sie wäre gerne ein Dandy gewesen. Zum Tod der Essayistin, Schriftstellerin und Moralistin Susan Sontag. In: Süddeutsche Zeitung, 30. Dezember 2004.
701 http://www.boersenverein.de/de/64625.
702 Vgl. Hubert Spiegel: Europas Kind: Susan Sontags Dankesrede in der Paulskirche. In: Frankfurter Allgemeine Zeitung, 13. Oktober 2003.
703 Ivan Nagel: Nur wer sich wandelt, ist vollkommen; Krieg und Frieden im Jahr 2003: Rede zur Verleihung des Friedenspreises des deutschen Buchhandels an Susan Sontag. In: Frankfurter Allgemeine Zeitung, 14. Oktober 2003.

704 Christoph Schröder: Ein ganz gewöhnlicher Sontag-Vormittag. Die US-amerikanische Schriftstellerin und Denkerin Susan Sontag nahm den Friedenspreis des Deutschen Buchhandels entgegen. In: Frankfurter Rundschau, 13. Oktober 2003.
705 Susan Sontag: Literatur ist Freiheit. In: Frankfurter Allgemeine Zeitung, 13. Oktober 2003, S. 9.
706 Gespräch des Autors mit Andrew Wylie am 20. März 2007.
707 Sontag: At the Same Time, S. 16.
708 Ebd. S. 39.
709 Ebd. S. 88.
710 Ebd. S. 89.
711 Ebd. S. 159.
712 Ebd. S. 197.
713 Ebd. S. 212.
714 Ebd. S. 213.
715 Gespräch des Autors mit Nadine Gordimer am 6. März 2007.
716 Gespräch des Autors mit Jeff Seroy am 21. März 2007. Zur Diagnose: Rieff. In: Slater, S. 159, und Leibovitz: A Photographer's Life, ohne Seitenangaben.
717 Rieff. In: Slater, S. 163.
718 Gespräch des Autors mit Andrew Wylie am 20. März 2007.
719 Rieff. In: Slater, S. 160.
720 Susan Sontag: Regarding the Torture of Others. In: New York Times Magazine, 23. Mai 2004.
721 Leibovitz: A Photographer's Life, ohne Seitenangaben.
722 Rieff. In: Slater, S. 161.
723 Leibovitz in: Emma Brockes: My Time with Susan. In: The Guardian (London), 7. Oktober 2006, Saturday Pages.
724 Rieff. In: Slater, S. 167.

大事年表

1933 1月16日，苏珊·李·罗森布拉特出生于纽约。她的父母杰克·罗森布拉特和米尔德丽德·罗森布拉特（娘家姓雅各布森）在中国天津拥有一家皮毛贸易公司，他们把桑塔格，三年后又把她的妹妹朱迪斯托付给亲戚照料。

1938 2月27日，杰克·罗森布拉特因肺结核死于天津，米尔德丽德·罗森布拉特独自回到美国。

1939 在迈阿密居住半年之后，桑塔格全家搬去了亚利桑那州的图森，苏珊在那里开始上小学。

1945 米尔德丽德·罗森布拉特嫁给了美国陆军航空兵团的上尉内森·桑塔格。两个女儿都接纳了继父的姓。

1946 这个小家庭迁往洛杉矶，桑塔格在那里就读于北好莱坞高中，并拜访了托马斯·曼。

1949 桑塔格在加利福尼亚大学伯克利分校注册了春季学期，秋季时便转去了芝加哥大学。

1950 与社会学讲师菲利普·里夫结婚。

1951 桑塔格结束了芝加哥大学的基础课程，搬到波士顿附近居住，并结识了赫伯特·马尔库塞。

1952 9月28日，苏珊与菲利普的儿子戴维·里夫在波士顿出生。桑塔格开始了她在康涅狄格大学的英语文学主修课课程。

1955 转学到哈佛大学，主攻宗教哲学。

1957 取得哲学硕士学位。获得美国大学妇女联合会的留学奖学金以攻读博士，但没有毕业。

1958 桑塔格在英国的牛津大学和巴黎的索邦大学度过了一个学年，返回美国后，与菲利普·里夫离婚。

1959 3 月，桑塔格和儿子戴维搬去纽约。成为智识型杂志《评论》的编辑，之后在纽约城市大学和莎拉劳伦斯学院取得教职。结识玛利亚·艾琳·福尼斯。开始创作第一部小说《恩主》。

1960 成为哥伦比亚大学的讲师和《哥伦比亚观察家日报》的编辑。与 FSG 出版社签订她第一部小说的出版合同，并开始了与出版社老板罗杰·斯特劳斯长达一生的友谊。

1962 为享誉盛名的智识型杂志《党派评论》撰写了第一批散文。在接下来的几年中为《纽约书评》、《常青评论》、《国家》和《评论》撰写文章。

1963 第一本小说《恩主》出版。

1964 桑塔格与哥伦比亚大学解约，辞去讲师职位，成为罗格斯大学（新泽西）的常驻作家，发表散文《关于"坎普"的札记》。开始定期前往欧洲，尤其是法国。

1966 出版散文集《反对阐释》。获得乔治波克纪念奖和古根海姆奖学金。参与和平运动。结识贾斯伯·琼斯、沃伦·比蒂、约翰·凯奇、默斯·坎宁安、保罗·塞克、约瑟夫·查金、罗伯特·威尔逊、约瑟夫·康奈尔、理查德·霍华德和斯蒂芬·科赫。

1967 第二本小说《死亡匣子》出版。

1968 5 月，桑塔格前往越南民主共和国，发表了充满争议的散文《河内之行》。

1969 出版第二部散文集《激进意志的样式》(其中的部分散文后来收录在德文版的《艺术和反艺术》中)。结束在瑞典的《食人族二重奏》的拍摄，5 月，这部电影于戛纳国际电影节的非竞赛单元首映。

1970 在瑞典开始她的第二部电影《卡尔兄弟》的拍摄工作。

1971 5 月，《卡尔兄弟》也在戛纳国际电影节的非竞赛单元首映。桑塔格结识了妮科尔·斯黛芬，搬到巴黎居住。

1973 1 月，桑塔格前往中国。10 月，在以色列拍摄纪录片《应许之地》。开始散文集《论摄影》的创作。

1975 2 月，在《纽约书评》上发表散文《迷人的法西斯》。罹患乳腺癌。

1977 出版《论摄影》，获美国国家书评人协会奖。

1978 出版《疾病的隐喻》以及短篇小说集《我，及其他》。

1979 在意大利都灵演艺剧院导演皮兰德娄的《如你所愿》。结识约瑟夫·布罗茨基。

1980 出版《在土星的标志下》，并在接下来的几年中为《名利场》、《泰晤士报文学副刊》、《纽约客》和《时尚》撰写有关舞蹈、歌剧、电影和戏剧的文章。

1982 2月6日，桑塔格在纽约市政厅发表关于波兰《战争法》的充满争议的演讲。在威尼斯拍摄《没有向导的旅行》。结识卢辛达·柴尔兹。出版《苏珊·桑塔格读本》。

1985 在哈佛大学的美国剧目剧团排演米兰·昆德拉的《雅克和他的主人》。

1986 11月,《纽约客》发表了桑塔格最成功的短篇小说《我们现在的生活方式》，并收录进日后出版的《1987年美国最佳短篇小说》、《1980年代美国最佳短篇小说》和《20世纪美国最佳短篇小说》中。

1987 桑塔格成为美国笔会主席，为被逮捕的东欧作家积极争取权利。

1988 结识安妮·莱博维茨。

1989 出版《艾滋病及其隐喻》。在德国学术交流中心奖学金的资助下，于柏林逗留半年。开始小说《火山情人》的创作。

1990 桑塔格获得麦克阿瑟基金会的奖金。

1991 9月，在波恩上演她的第一部戏剧《床上的爱丽斯》。

1992 出版《火山情人》。

1993 在萨拉热窝排演塞缪尔·贝克特的《等待戈多》。多次前往波黑首都萨拉热窝。

1994 被授予“文化万宝龙艺术赞助奖”，以表彰她在萨拉热窝的社会活动。

1995 开始历史小说《在美国》的创作。同时继续为杂志撰写小品文，比如有关W.G.泽巴尔德、马查多·德·阿西斯和丹尼洛·契斯的文章。

1998 第二次罹患癌症。

1999 出版同安妮·莱博维茨共同构想的摄影集《女性》。

2000 出版《在美国》，获得美国最重要的文学奖项“国家图书奖”。

2001 5月，被授予耶路撒冷奖，在致谢演说中，桑塔格批评了以色列的犹太定居点政策。出版《重点所在》。9·11事件后，桑塔格因文章《杀人犯不是懦夫》引发争议，成为舆论攻击的焦点。

2003 桑塔格发表有关战争摄影的散文《关于他人的痛苦》。10月，被授予德国书业和平奖和西班牙的阿斯图里亚斯亲王文学奖。

2004 第三次罹患癌症。更换多家医院后，于 12 月 28 日在纽约逝世。

2007 《同时》于苏珊·桑塔格死后出版。

参考文献

苏珊·桑塔格的出版作品

书

A Susan Sontag Reader. Introduction by Elizabeth Hardwick, New York 1982

Against Interpretation: And Other Essays, New York 1966

Aids and Its Metaphors, New York 1989

Alice in Bed. A Play in Eight Scenes, New York 1993

At the Same Time. Essays and Speeches. Edited by Paolo Dilonardo and Anne Jump, Foreword by David Rieff, New York 2007

Brother Carl. A Filmscript, New York 1974

Death Kit. A Novel, New York 1967

Duet for Cannibals. A Screenplay, New York 1970

I, etcetera. Stories, New York 1978

Illness as Metaphor, New York 1978

In America. A Novel, New York 2000

On Photography, New York 1977

Regarding the Pain of Others, New York 2003

Styles of Radical Will, New York 1969

The Benefactor. A Novel, New York 1963

The Volcano Lover. A Romance, New York 1992

The Way We Live Now, New York 1991

Trip to Hanoi, New York 1968

Under the Sign of Saturn: Essays, New York 1980

Where the Stress Falls: Essays, New York 2001

德文版译著

Alice im Bett. Stück in acht Szenen, Frankfurt/Main 1991

Camp. Ein Versuch über Nijinsky, Sexfilme, Rosenkavalier, Jugendstillampen, David Bowie, Caravaggio, De Gaulle, Greta Garbo, Jesus, Oscar Wilde, Rokokokirchen – und mehr! Herausgegeben von Armin Kratzert, Frankfurt/Main 1987

Das Leiden anderer betrachten, München und Wien 2003

Der Liebhaber des Vulkans. Roman, München und Wien 1993

Der Wohltäter. Roman, Frankfurt/Main 2003

Ich, etc. Erzählungen, München und Wien 1979

Im Zeichen des Saturn. Essays, München und Wien 1981
In Amerika. Roman, München und Wien 2002
Krankheit als Metapher, Frankfurt/Main 1981
Krankheit als Metapher. Aids und seine Metaphern, München und Wien 2003
Kunst und Antikunst. 24 literarische Analysen, München und Wien 1980
So leben wir jetzt, Zürich 1991
Todesstation. Roman. Mit einem Nachwort der Autorin zur deutschen Ausgabe, München und Wien 1985
Über Fotografie, Frankfurt/Main1980
Worauf es ankommt, München und Wien 2005

散文和短篇小说

Cuban Posters. In: Dugald Sterner und Susan Sontag: The Art of Revolution. 96 Posters from Cuba, New York 1970
Die Briefszene. In: Nadine Gordimer (Hg.): Telling Tales, Berlin 2004, S. 277–304
Feige waren die Mörder nicht. In: Frankfurter Allgemeine Zeitung, 15. September 2001
For Isabelle. In: Nancy Cohen u. a. (Hg.): Isabelle Huppert. Woman of Many Faces, New York 2005, S. 41 ff. (Rede anlässlich der Trophée des Arts Gala an der Alliance Française zu Ehren Isabelle Hupperts in New York, 5. November 2003.)
Godot Comes to Sarajevo. In: New York Review of Books, 21. Oktober 1993
Introduction. In: Peter Hujar: Portraits in Life and Death, New York 1976
Introduction. In: Leonid Tsypkin: Summer in Baden-Baden. A Novel, New York 2001
Literatur ist Freiheit. In: Frankfurter Allgemeine Zeitung, 13. Oktober 2003
Mit Adrienne Rich: Feminism and Fascism: An Exchange. In: New York Review of Books. 20. März 1975
On Self. Tagebuchaufzeichnungen aus den Jahren 1958–1967. In: The New York Times Magazine, 10. September 2006
Pilgrimage. In: The New Yorker, 21. Dezember 1987
Regarding the Torture of Others. In: New York Times Magazine, 23. Mai 2004
Some Thoughts on the Right Way for Us to Love the Cuban Revolution. In: Ramparts, April 1969
The Third World of Women. In: Partisan Review, Nr. 40, Frühjahr 1973
When Writers Talk among Themselves. In: New York Times, 5. Januar 1986

苏珊·桑塔格的访谈

Armada, Alfonso: Sarajevo-Susan Sontag. In: The Guardian, 29. Juli 1993

Chan, Evans: Against Postmodernism, etcetera. A Conversation with Susan Sontag. In: PMC, 12. Januar 2001

Brockris, Victor: The Dark Lady of Pop Philosophy. In: Victor Brockris: Beat Punks. New York's Underground Culture from the Beat Generation to the Punk Explosion, New York 1988, S. 73–89

Conversations with Susan Sontag. Herausgegeben von Leland Poague, Jackson 1995. (In den Anmerkungen abgekürzt als »CWSS«.)

Farnsworth, Elizabeth: Conversation. Interview mit Susan Sontag. In: News Hour with Jim Lehrer. PBS. Channel Thirteen, New York. Sendedatum 2. Februar 2001

Fisher, Philip: Susan Sontag. A Conversation. In: Salmagundi, Saratoga Springs, Sommer 2003, Nr. 139/40

Gussow, Mel: Susan Sontag Talks about Filmmaking. In: New York Times, 3. Oktober 1969

Hirsch, Edward: Susan Sontag: The Art of Fiction CXLIII. In: The Paris Review, Nr. 137, Winter 1995

In Depth with Susan Sontag. Dreistündiges Interview mit Sontag auf dem Washingtoner TV-Sender C-Span. Sendedatum 2. März 2003

Johnson, Sue: Duet for Cannibals. Interview with Susan Sontag. In: Cinema Papers, Juli-August 1975

Kent, Leticia: What Makes Susan Sontag Make Movies? In: The New York Times, 11. Oktober 1970

Kushner, Tony: Sontag in On Art and Politics. In: Robert Vorlicky (Hg.): Tony Kushner in Conversation, Ann Arbor 1998, S. 170–187

Richler, Noah: The Listener; Reflections on Darkness. In: The Independent, 21. November 1999

Rowes, Barbara: Bio – Susan Sontag. In: People Magazine, 20. März 1978

Ruas, Charles: Susan Sontag Found Crisis of Cancer Added Fierce Intensity to Life. In: New York Times, 30. Januar 1978

Schultz, Victoria: Susan Sontag on Film. In: Changes, 1. Mai 1972

Talbot, David: The ›Traitor‹ Fires Back. In: Salon.com, 16. Oktober 2001

Vulliamy, Ed: Interview: This Time It's not Personal: Susan Sontag (...). In: The Observer, 21. Mai 2000

引用文献

已出版书籍

Angell, Callie: Andy Warhol Screen Tests. The Films of Andy Warhol. Catalogue raisonné, Volume II, New York 2006

Benedict, Helen: Portraits in Print. A Collection of Profiles and the Stories behind Them, New York 1991

Bruss, Elizabeth W.: Beautiful Theories. The Spectacle of Discourse in Contemporary Criticism, Baltimore und London 1982

Cornell, Joseph: Theater of the Mind. Edited and with an Introduction by Mary Ann Caws, New York und London 1993

Curie, Eve: Madame Curie. Eine Biographie, Frankfurt/Main 2003 (26. Auflage)

Delgado, Maria M. (Hg.): Conducting a Life. Reflections on the Theatre of Maria Irene Fornes, North Stratford 1999

Dzuback, Mary Ann: Robert M. Hutchins. Portrait of an Educator, Chicago 1991

Fels, Anna: Necessary Dreams. Ambition in Women's Changing Lives, New York 2004

Field, Edward: The Man Who Would Marry Susan Sontag, Madison 2005, S. 160

Halberstam, David: The Fifties, New York 1993

Harvey, Brett: The Fifties. A Woman's Oral History, New York 1993

Howe, Irving: Decline of the New, New York 1970

Judt, Tony: Past Imperfect. French Intellectuals 1944–1956, Berkeley, Los Angeles, Oxford 1992

Karnow, Stanley: Paris in the Fifties, New York 1997

Kazin, Alfred: Bright Book of Life. American Novelists and Storytellers from Hemingway to Mailer, New York 1974

Kennedy, Liam: Susan Sontag. Mind as Passion, Manchester 1995, S. 16–46

King, Francis: Visiting Cards, London 1990

Leibovitz, Annie: A Photographer's Life, New York 2006

Margolis, Jon: The Last Innocent Year – America in 1964, the Beginning of the ‚Sixties', New York 1999

Marvick, Arthur: The Sixties, Oxford und New York 1998, S. 3–41 und S. 288–359

Nobile, Philip: Intellectual Skywriting. Literary Politics and the New York Review of Books, New York 1974

Pascal, Stephen und Lerman, Leo: The Grand Surprise. The Journals of Leo Lerman, New York 2007

Phillips, William: A Partisan View: Five Decades of Literary Life, New York 1983

Podhoretz, Norman: Making It, London 1968

Rieff, David: Going to Miami. Exiles, Tourists and Refugees in the New America, Boston 1987
Ders.: Schlachthaus. Bosnien und das Versagen des Westens, München 1995
Rollyson, Carl/Paddock, Lisa: Susan Sontag. The Making of an Icon, New York 2000
Rorem, Ned: The Later Diaries of Ned Rorem 1961–1972, San Francisco 1983
Sander, August: Antlitz der Zeit. Sechzig Aufnahmen deutscher Menschen des 20. Jahrhunderts mit einer Einleitung von Alfred Döblin, Erstausgabe München 1929
Selzer, Jack: Kenneth Burke in Greenwich Village. Conversing with the Moderns, 1915–1931, Madison 1996
Solomon, Deborah: Utopia Parkway. The Life and Works of Joseph Cornell, New York 1997
Stansell, Christine: American Moderns. Bohemian New York and the Generation of a New Century, New York 2000
Teres, Harvey: Renewing the Left. Politics, Imagination, and the New York Intellectuals, Cambridge 1996
Watson, Stephen: Factory Made: Warhol and the Sixties, New York 2003
Wilson, Edmund: The Sixties. The Last Journals. 1960–1972, New York 1973
Wolfe, Tom: Radical Chic & Mau-Mauing the Flak Catchers, New York 1970

报刊和选集文章

(Ohne Autor): Kommentar: Jede Menge verlorener Zeit. In: Frankfurter Allgemeine Zeitung, 29. März 2007
(Ohne Autor): Pen Plans a Forbidden Reading of ›Forbidden Reading‹. In: New York Times, 11. November 1986
(Ohne Autor): Suicide off L.I. Is Identified as Woman Writer. In: The New York Times, 9. November 1969
(Ohne Autor): Susan Sontag Provokes Debate on Communism. In: New York Times, 27. Februar 1982
Acocella, Joan: The Hunger Artist. Is There Anything Susan Sontag Doesn't Want to Know? In: The New Yorker, 6. März 2000
Adams, Lorrain: Picturing the Worst. In: The Washington Post, 13. April 2003
Atlas, James: Obituary: Roger Straus: Charismatic Co-Founder of Farrar. In: The Independent (London), 31. Mai 2004
Ders.: The Changing World of New York Intellectuals. In: New York Times Magazine, 25. August 1985

Avins, Nini: UCLA Buys Sontag's Archive. In: Los Angeles Times, 26. Januar 2002
Baldwin, James u. a.: Police Shooting of Oakland Negro. In: New York Times, 6. Mai 1968
Bergan, Ronald: Nicole Stèphane; Renowned for her Acting Debut She Later Struggled to Bring Proust to the Screen. In: The Guardian (London), 23. März 2007
Berman, Paul: On Susan Sontag. In: Dissent, Frühjahr 2005
Bernstein, Richard: Susan Sontag, as Image and as Herself. In: New York Times, 26. Januar 1989
Bohlen, Celestine: Think Tank. In New War on Terrorism, Words Are Weapons, Too. In: The New York Times, 29. September 2001
Breasted, Mary: Discipline For a Wayward Writer. In: Village Voice, 4. November 1971
breb (Kürzel): »Monströse Realität«. In: Frankfurter Allgemeine Zeitung, 15. September 2001
Brockes, Emma: My Time with Susan. In: The Guardian (London), 7. Oktober 2006
Broyard, Anatole: Styles of Radical Sensibility. In: New York Times, 11. November 1978
Bruni, Frank: The Literary Agent as Zelig. In: New York Times Magazine, 11. August 1996
Brustein, Robert: If an Artist Wants to Be Serious, and Respected and Rich, Famous and Popular, He Is Suffering from Cultural Schizophrenia. In: New York Times Magazine, 26. September 1971
Carvajal, Doreen: So Whose Words Are They, Anyway? A New Sontag Novel Creates a Stir by Not Crediting Quotes From Other Books. In: New York Times, 27. Mai 2000
Cockburn, Alexander: Ohne Titel. In: The Nation, 27. Februar 1982
Ders.: Susan Sontag. In: Village Voice, 11. Oktober 1983
Ders.: What Sontag Said in Jerusalem. In: The Nation, 4. Juni 2001
Cohen, Sharon: The Nobel-ist of All. University of Chicago Celebrates 100th. In: ATP-Press, 29. September 1991
D'Antonio, Michael: Little David, Happy at Last. In: Esquire, März 1990
DeMott, Benjamin: Diddy or Didn't he? In: New York Times Book Review, 27. August 1967
Ders.: Lady on the Scene. In: The New York Times Book Review, 23. Januar 1966
Denby, David: The Moviegoer. Susan Sontag's Life in Film. In: The New Yorker, 12. September 2005
Deresiewicz, William: The Radical Imagination. In: New York Times Book Review, 4. November 2001
Fichtner, Margarit: Susan Sontag's Train of Thought Rolls into Town. In: Miami Herald, 19. Februar 1989

Foer, Franklin: Susan Superstar. How Susan Sontag Became Seduced by Her Own Image. In: New York Magazine, 14. Januar 2005

Foster, Hal: A Reader's Guide. In: Artforum 7, März 2005

Fox, Margalit: Susan Sontag, Social Critic With Verve, Dies at 71. In: The New York Times, 28. Dezember 2004

Fremont-Smith, Eliot: After the Ticker Tape Parade. In: New York Times, 31. Januar 1966

Ders.: Diddy Did it – or Did He? In: New York Times, 18. August 1967

Fricke, Harald: »Meinung und nichts als die Meinung; Die Schriftstellerin Susan Sontag wollte an der American Academy nur aus ihrem letzten Roman »In America« vorlesen. Doch dann hat sie die mediale Mobilisierung beim »Krieg gegen Amerika« zu einer Polemik gegen die »Verdummung« gezwungen.« In: taz – die tageszeitung, 15. September 2001

Garis, Leslie: Susan Sontag Finds Romance. In: New York Time Magazine, 2. August 1992

Gass, William H.: A Different Kind of Art. In: New York Times, 18. Dezember 1977

Goodman, Walter: U.S. PEN Unit Fights for Eastern Block Victims. In: New York Times, 30. Mai 1988

Grossman, Ron: At the C-Shop with Susan Sontag. In: The Chicago Tribune, 1. Dezember 1992

Guthmann, Edward: Love, Family, Celebrity, Grief – Leibovitz Puts Her Life in Foto Memoir. In: San Francisco Chronicle, 1. November 2006

Hanimann, Joseph: Verpaßtes Rendezvous; Pariser Gedenktopographie. In: Frankfurter Allgemeine Zeitung, 19. Januar 2005

Hansen, Suzy: Rieff Encounter. In: New York Observer, 1. Mai 2005

Heilbrun, Carolyn G.: Speaking of Susan Sontag. In: New York Times Book Review, 27. August 1967

Heller, Dana: Desperately Seeking Susan. In: The Common Review, Volume 5, Nr. 1

Heller, Zoë: The Life of a Head Girl. In: The Independent (London), 20. September 1992

Hitchens, Christopher: An Internationalist Mind. In: Newsday, 9. September 2001

Ders.: Ohne Titel. In: The Nation, 27. Februar 1982

Hopkins, Ellen: Susan Sontag Lightens Up. The ›Dark Lady‹ of American Intellectuals Ventures from her Lofty Terrain into the Steamy Times of an Adultress and her Besotted Lover. In: Los Angeles Times Magazine, 16. August 1992

Houpt, Simon: Goodbye Essays, Hello Fiction, Says Sontag. In: The Globe and Mail (Canada), 23. Oktober 2000

Howard, Richard: Remembering Susan Sontag. In: Los Angeles Times, 2. Januar 2005

Indiana, Gary: Susan Sontag (1933–2004). Remembering the Voice of Moral Responsibility – and Unembarrassed Hedonism. In: Village Voice, 4. Januar 2005

Jackson, Kevin: Susan Sontag – In the Line of Fire. In: The Independent, 9. August 2003

JR (Kürzel): Susan in den Ruinen. In: Süddeutsche Zeitung, 19. Oktober 1993

Kakutani, Michiko: A Writer Who Begs to Differ ... With Herself. In: New York Times, 11. März 2003

Dies.: Historical Novel Flavored with Passion and Ideas. In: New York Times, 4. August 1992

Dies.: Love as Distraction that Gets in the Way of Art. In: New York Times, 29. Februar 2000

Kaplan, Lawrence: No choice. In: The New Republic, 21. September 2001

Kendrick, Walter: In a Gulf of her Own. In: The Nation, 23. Oktober 1982

Kenner, Hugh: The Harold Robbins Built Style to Make it with the Literati. In: The New York Times Book Review, 2. November 1969

Kijowska, Marta: Die Wohltäterin; Eine besondere Beziehung: Polen trauert um Susan Sontag. In: Frankfurter Allgemeine Zeitung, 4. Januar 2004

Köhler, Andrea: Das Mal der Subjektivität. In: Neue Zürcher Zeitung, 9. Juli 2005

Kopkind, Andrew: Communism and the Left. In: The Nation, 27. Februar 1982

Koric, Davor: Warten auf das Endspiel. In: Frankfurter Allgemeine Zeitung, 20. August 1993

Krauthammer, Charles: Voices of Moral Obtuseness. In: The Washington Post, 21. September 2001

Krüger, Michael: Ah, Susan! Toujours fidèle; Vor einem Jahr starb Susan Sontag. Wir alle vermissen sie sehr. In: Frankfurter Allgemeine Zeitung, 1. Januar 2006

Lacayo, Richard: Stand Aside Sisyphus. In: Time Magazine, 24. Oktober 1988

Lacey, Liam: Waiting for Sontag. In: The Globe and Mail (Canada), 23. November 2002

Lehmann-Haupt, Christopher: Roger W. Straus Jr. Book Publisher from the Age of Independents, Dies at 87. In: New York Times, 27. Mai 2004

Ders.: Shaping the Reality of Aids through Language. In: New York Times, 16. Januar 1989

Leonard, John: On Barthes and Goodman, Irony and Eclecticism. In: New York Times, 13. Oktober 1980

Levenson, Michael: The Avant-Garde and the Avant-Guardian. In: The Harvard Crimson, 27. Juli 1973

Löffler, Sigrid: Eine europäische Amerikanerin, Kantianerin und Vordenkerin ihrer Epoche im Gespräch in Edinburgh. Portrait der Friedenspreisträgerin Susan Sontag. In: Literaturen, Oktober 2003

Lottman, Herbert R.: For Jerusalem, A Bustling 20th Fair. In: Publishers Weekly, 28. Mai 2001

Lourie, Richard: Stages of Her Life. In: The Washington Post, 5. März 2000

Luhrman, Henry: A Bored Susan Sontag: ›I Think Camp Should be Retired‹. In: The Columbia Owl, 23. März 1966

Mackenzie, Suzie: Finding Fact from Fiction. In: The Guardian (London), 27. Mai 2000

Mantel, Hilary: Not Either/Or But Both/And. In: Los Angeles Times Book Review, 7. Oktober 2001

Mazzocco, Robert: Swingtime. In: The New York Review of Books, 9. Juni 1966

McLemee, Scott: The Mind as Passion. In: The American Prospect, Februar 2005

Ders.: Understanding War through Photos. In: Newsday, 30. März 2003

Meehan, Thomas: Not Good Taste, Not Bad Taste – It's ›Camp‹. In: New York Times Magazine, 21. März 1965

Miller, Laura: National Book Award Winner Announced. In: Salon.com, 16. November 2000

Mitgang, Herbert: Publishing the Eclectic Susan Sontag. In: New York Times, 10. Oktober 1980

Ders.: Victory in the Ashes of Vietnam? In: New York Times, 4. Februar 1969

Mosle, Sara: Magnificant Obsessions – Talking with Susan Sontag. In: Newsday, 30. August 1992

Müller, Lothar: An den Abgründen der Oberfläche (...) Zum Tod der Essayistin, Schriftstellerin und Moralistin Susan Sontag. In: Süddeutsche Zeitung, 30. Dezember 2004

Nagel, Ivan: Nur wer sich wandelt, ist vollkommen; Krieg und Frieden im Jahr 2003: Rede zur Verleihung des Friedenspreises des deutschen Buchhandels an Susan Sontag. In: Frankfurter Allgemeine Zeitung, 14. Oktober 2003

Navasky, Victor: Notes on Cult; or, How to Join the Intellectual Establishment. In: New York Times, 27. März 1966

Nunez, Sigrid: Sontag Laughs. In: Salmagundi, Saratoga Springs, Herbst 2006, Nr. 152

Ostwald, Susanne: »Besonnenheit und schrille Töne«. In: Neue Zürcher Zeitung, 17. September 2001
Paoli, Dennis V.: Child Admitted only with College Graduate. In: Village Voice, 24. August 1972
Perron, Wendy: Susan Sontag. In: Soho Weekly News, 1. Dezember 1977
Phillips, William: Leserbrief an die New York Times unter dem Stichwort Susan Sontag Finds Romance vom 23. August 1992
Pomfret, John: Godot Amid Gunfire. In: The Washington Post, 19. August 1993
Poore, Charles: Against Joan of Arc of the Cocktail Party. In: New York Times, 28. April 1966
Rich, Adrienne (zusammen mit Susan Sontag): Feminism and Fascism: An Exchange. In: New York Review of Books, 20. März 1975
Rich, Frank: Stage – Milan Kundera's ›Jacques and His Master‹. In: New York Times, 24. Januar 1985
Rieff, David: Foreword. In: Susan Sontag: At the Same Time. Herausgegeben von Paolo Dilonardo und Anne Jump, New York 2007. S. XI–XVII
Ders.: Illness as More Than Metaphor. S. 160. In: Lauren Slater (Hg.): The Best American Essays 2006. Boston und New York 2006. S. 159–171
Ritter, Henning: Sie kam, sah und schrieb (...) Zum Tode von Susan Sontag. In: Frankfurter Allgemeine Zeitung, 20. Dezember 2004
Romano, Carlin: Desperately Seeking Sontag. In: FAME Magazine, April 1989
Rosenbaum, Jonathan: Goodbye, Susan, Goodbye: Sontag and the Movies. In: Synoptique 7, 14. Februar 2005 (URL:http://www.synoptique.ca/core/en/articles/ rosenbaum/)
Rosenberger, Jack: Susan Sontag. In: Splash Magazine, April 1989
Ruas, Charles: Susan Sontag. Past, Present and Future. In: New York Times, 24. Oktober 1982
Rutten, Tim: When the Ayes Have It, Is There Room for Naysayers? The U.S. Climate Is Chilly These Days for Those Who Practice Political Dissent. In: Los Angeles Times, 28. September 2001, Southern California Living Section
Schaper, Rüdiger: Schwestern von gestern, Brüder von morgen. In: Süddeutsche Zeitung, 17. September 1993
Scherson, Neal: How Images Fail to Convey War's Horrors. In: The Los Angeles Times Book Review, 16. März 2003
Schröder, Christoph: Ein ganz gewöhnlicher Sontag-Vormittag. Die US-amerikanische Schriftstellerin und Denkerin Susan Sontag nahm den Friedenspreis des Deutschen Buchhandels entgegen. In: Frankfurter Rundschau, 13. Oktober 2003

Simon, John: One Singular Vision. Alice in Bed Should Immediately Be Put to Sleep. In: New York Magazine, 20. November 2000

Span, Paula: Susan Sontag. Hot at Last. In: The Washington Post, 17. September 1995

Spiegel, Hubert: Europas Kind: Susan Sontags Dankesrede in der Paulskirche. In: Frankfurter Allgemeine Zeitung, 13. Oktober 2003

Spörl, Gerhard: Die Leo-Konservativen. In: Der Spiegel, Nr. 32, 4. August 2003

Stadelmaier, Gerhard: Schlafschmock: Bühne und Bett – Bob Wilson inszeniert Susan Sontag. In: Frankfurter Allgemeine Zeitung, 17. September 1993

Stern, Daniel: Life Becomes a Dream. In: New York Times Book Review, 8. September 1963

Thompson, Bob: A Complete Picture; Annie Leibovitz Is Ready for An Intimate View of Her Life. In: Washington Post, 19. Oktober 2006

Trilling, Diana: Susan Sontag's God That Failed. In: Soho Weekly News, 24. Februar 1982

Weeks, Linton: Susan Sontag Wins National Book Award For Fiction. In: The Washington Post, 16. November 2000

Weinberger, Eliot: Notes on Susan. In: New York Review of Books, 16. August 2007

Willms, Johannes: Die weltberühmte Dreiecksgeschichte. In: Süddeutsche Zeitung, 31. März 1993

Younge, Gary: Susan Sontag, the Risk Taker. In: The Guardian (London), 19. Januar 2002

Zagajewski, Adam u.a.: Writers Pay Tribute to Roger Straus. In: Los Angeles Times Book Review, 6. Juni 2004

演讲、档案与其他资料

Gespräche des Autors mit Marina Abramović, Jeff Alexander, Klaus Biesenbach, Terry Castle, Lucinda Childs, Mark Danner, Ariel Dorfman, Carolin Emcke, Jonathan Galassi, Nadine Gordimer, Elizabeth Hardwick, Richard Howard, Stephen Koch, Michael Krüger, Wendy Lesser, Annette Michelson, Sigrid Nunez, Darryl Pinckney, David Rieff, Ned Rorem, Jeff Seroy, Elliott Stein, Steve Wasserman, Robert Wilson, Andrew Wylie zwischen Mai 2006 und Mai 2007

FSG-Files (Archiv des Verlagshauses Farrar, Straus and Giroux), New York Public Library, Manuscripts and Archives

Archiv der Filmabteilung des Museum of Modern Art

Podiumsgespräch beim Susan Sontag Tribute vom 5. Februar 2007 im 92ndY in Manhattan

Keinem Autor ist es möglich, der Einsamkeit vor dem leeren Laptopbildschirm zu entgehen. Um so schöner ist die Erfahrung, dass man dabei trotzdem nicht allein ist. Viele meiner Freunde, mein ehemaliger Lebensgefährte und meine Therapeutin haben mich während der Arbeit an diesem Buch auf bewundernswerte Weise unterstützt, sei es mit dem Einbringen wichtiger Ideen, mit geduldigen Diskussionen oder mit dem aufwändigen Assistieren beim Korrekturlesen. In diesem Sinne danke ich von ganzem Herzen: Sylvia Bahr, Steffen Behrle, Angelika Boskugel, Norman Hanson, Omry Kaplan-Feuereisen, Mattias und Ksenya Kumm, Ryan Kinsella, Sarah Levine, Marie Naumann, Natalie Nagel, Ona Nierenberg, Siobhan O'Leary, David Snyder, Andrianna Smela, Pierre Vallet und Kornelia Zukowska. Kein Autor könnte sich bessere Weggefährten wünschen.

Mein herzlicher Dank gilt auch den Mitarbeitern der Manuscript and Archives Division der New York Public Library, Charles Silver vom Filmarchiv des Museum of Modern Art und Scott Adkins vom Brooklyn Writer's Space. Eine besonders wichtige Hilfestellung habe ich überdies durch das Engagement, die Kompetenz und die Geduld von Lektorin Franziska Günther und Literaturagentin Aenne Glienke erfahren. Ohne sie wäre dieses Buch nicht zustande gekommen.

人名索引

（此部分页码为德文版页码，即本书页边码。）

图书在版编目(CIP)数据

苏珊·桑塔格：精神与魅力 / （德）丹尼尔·施赖伯（Daniel Schreiber）著；郭逸豪译. -- 北京：社会科学文献出版社，2018.12
ISBN 978-7-5201-3735-5

Ⅰ. ①苏… Ⅱ. ①丹… ②郭… Ⅲ. ①苏珊·桑塔格－传记 Ⅳ. ①K837.125.6

中国版本图书馆CIP数据核字（2018）第240374号

苏珊·桑塔格：精神与魅力

著 者 / ［德］丹尼尔·施赖伯（Daniel Schreiber）
译 者 / 郭逸豪

出 版 人 / 谢寿光
项目统筹 / 尤 雅
责任编辑 / 陈旭泽 尤 雅

出 版 / 社会科学文献出版社·独立编辑工作室（010）59367105
地址：北京市北三环中路甲29号院华龙大厦 邮编：100029
网址：www.ssap.com.cn
发 行 / 市场营销中心（010）59367081 59367083
印 装 / 北京盛通印刷股份有限公司

规 格 / 开 本：889mm×1194mm 1/32
印 张：12.875 字 数：226千字
版 次 / 2018年12月第1版 2018年12月第1次印刷
书 号 / ISBN 978-7-5201-3735-5
著作权合同登记号 / 图字01-2017-0185号
定 价 / 62.00元